VERSTEHEN UND GESTALTEN F6

...uch für Gymnasien

...eben von Konrad Notzon
...von Arthur Bartle, Wolfgang Bick,
...ere, Christine Debold, Konrad Notzon,
...on Schachtmeyer, Eva Schrumpf

...ng von Ulrike Sheldon

Oldenbourg

Liebe Schülerin, lieber Schüler,

dies ist dein neues Sprachbuch für das Fach Deutsch:
Verstehen und Gestalten 6.

Verstehen und Gestalten ist ein **Arbeitsbuch** für den Deutschunterricht.
Verstehen und Gestalten möchte beim Lernen dein **Begleiter**, aber nicht dein Vorsager sein:
Du machst **eigene Entdeckungen und Erfahrungen**!
Verstehen und Gestalten begleitet dich dabei und gibt dir das nötige **Handwerkszeug**,
das du zum selbstständigen Lernen brauchst.

Mit *Verstehen und Gestalten* lernst du in thematischen Zusammenhängen.
Im Inhaltsverzeichnis kannst du sehen, wie das Buch aufgebaut ist.
Jedes der **10 Kapitel** hat zwei Überschriften:
– die erste Überschrift nennt dir das **Thema**, um das es dabei geht,
  z. B. *Freizeit,*
– die zweite Überschrift sagt dir, welcher **Lernbereich** im Mittelpunkt steht,
  z. B. *Sprechen.*

Alle **Kapitel** sind aus gleichen Teilen aufgebaut, damit du dich immer gut zurechtfindest:

Text 1   Die **Texte** sind nummeriert, damit du sie leicht finden kannst.

1a   Die **Aufgaben** sind immer blau nummeriert.

> Wichtige **Sachinformationen/Regeln/Definitionen** sind orange unterlegt, also
> auf einer orangefarbenen Fläche geschrieben. Sie haben am Rand eine blau unterlegte
> Illustration.

> **Tipps** und **Hinweise** oder eine **Erinnerung** an etwas, das du schon kennst, findest du
> in den kleinen, orange unterlegten Kästchen.

> Am Ende eines jeden Kapitels findest du eine blau unterlegte **Zusammenfassung des
> Gelernten** und eine **Ideensammlung**: Ideen zum **Spielen**, **Anregungen** zur weiteren
> Arbeit, **Projektideen** …

Nach jedem Kapitel, wenn du das Wichtigste, z. B. des Erzählens, gelernt hast,
findest du jeweils als Ergänzung des Lernstands **E·V·A**-Seiten. E·V·A bedeutet:
Erweitern – Vertiefen – Anwenden.
Was davon jeweils zutrifft, siehst du oben auf der Seite in dem farbigen Balken,
dem Kolumnentitel.

Sachlexikon Deutsch   Wenn du **Gelerntes** noch einmal **nachlesen oder wiederholen** w[illst, hilft]
dir das **Sachlexikon Deutsch**. Hier ist in Kurzform – nach dem [Alphabet]
geordnet – zusammengefasst, was du an Grundwissen und Han[dwerkszeug]
des Faches Deutsch brauchst. Alle Informationen aus dem Sac[hlexikon der]
Klasse 5 sind auch hier wieder enthalten und durch Neues er[gänzt.]

Register   Das **Register** kann dir zusätzlich helfen. Es sagt dir, auf welc[her Seite]
im Buch du etwas zu einer bestimmten Sache oder einem be[stimmten]
Sachbegriff findest. Auch das Register ist alphabetisch geord[net.]

Wir hoffen, dass du gerne mit *Verstehen und Gestalten* lernst und wüns[chen dir viel]
Spaß und Erfolg!

Inhalt

6		**Freizeit – Freie Zeit: Miteinander sprechen**
8		1. Hallo Nina! – Gesprächssituationen und Sprechabsichten
		Wie verständigen wir uns?
		Sich und andere informieren
		Bitten und auffordern
11		2. Nie erlaubt ihr etwas! – Überreden und überzeugen
12		3. Ich finde, dass ... – Meinungen äußern und begründen
		Gesprächsregeln, Diskussionen leiten
		Erweitern – Vertiefen – Anwenden
16		Sachliche Briefe schreiben
18		Informationen beschaffen und auswerten – Projekt: Freizeitangebote

20		**Wir schreiben ein Buch – Fantastische Geschichten**
22		1. Fantastische Geschichten – Erkennungszeichen
		Erzählbausteine: Orte, Figuren, Zeit, Handlungskerne
		Innere Glaubwürdigkeit
25		2. Wir schreiben ein Buch – Projektfahrplan
		Gemeinsam ein Projekt planen und durchführen:
		planen, produzieren, präsentieren, das Buch fertig stellen
26		3. Fremde Welten bauen – Fantastische Geschichten schreiben
		Handlungsentwurf, Figuren und Handlung, Schreibplan
29		4. Erste Entwürfe überarbeiten und verbessern – Schreibkonferenz
		Texte anhand von Proben überarbeiten:
		Genauigkeit (Ersatzprobe), Anschaulichkeit (Erweiterungsprobe), Abwechslung (Umstellprobe)
		Spannung erzeugen, Höhepunkt gestalten, Buch fertig stellen
		Erweitern – Vertiefen – Anwenden
34		Schreiben nach literarischen Mustern
36		Geschichten weiterschreiben
38		Training: Zeichensetzung bei wörtlicher Rede

40		**Sport und Spaß – Berichten und beschreiben**
42		1. Was ist passiert? – Berichten
		Unfallbericht, Bericht für die Schülerzeitung
46		2. Wege und Vorgänge – Beschreiben
		Wegbeschreibung, Vorgangsbeschreibung (Jonglieren), Spiele beschreiben
		Erweitern – Vertiefen – Anwenden
52		Einen Schreibplan erstellen
54		Ein Sachbuch vorstellen

56		**Erkennen, Trainieren, Überarbeiten – Richtig schreiben**
58		1. „Eine maus were gern ..." – Grundregeln heutiger Rechtschreibung
59		2. Rabenas, Reiterei und Revier – Trainieren und selbst Übungen erfinden
		Groß- und Kleinschreibung, lange und kurze Vokale, s-Laute,
		gleich und ähnlich klingende Laute

64	3. UWOS (Unbekannte Wort-Objekte) – Fremdwörter	
65	4. Rhyth-misch Wör-ter zer-le-gen – Silbentrennung	
66	5. Dafür gibt es doch Computer!? – Texte überarbeiten	
	Rechtschreibprogramm des Computers	

Erweitern – Vertiefen – Anwenden

68	Die Rechtschreibredaktion
70	Rechtschreibung selbstständig trainieren

72 Heldenhaft: Sagen – Fabeln – Jugendbuch

74	1. Helden? – Antike Sagen
	Gattungsmerkmale, Handlungsverlauf, Motive, Tatsachenkern
76	2. Noch mehr Helden? – Germanische Sagen
	Äußere und innere Handlung
78	3. Heldenhafte Wölfe und übermütige Mücken – Fabeln
	Aufbau von Fabeln, Gattungsmerkmale, Schreiben nach literarischem Muster
81	4. Kühne Kämpfer und Kaninchen – Jugendbuch
	Textsignale, folgerichtiges Anknüpfen, Erzählperspektive, Spannungsaufbau

Erweitern – Vertiefen – Anwenden

86	Szenisch interpretieren – Standbilder
88	Vorlesen – Vortragen

90 So schnell vergeht ein Jahr – Gedichte verstehen, gestalten und vortragen

92	1. Herbst: Gedichte verstehen
	Reimordnung, Metrum und Takt, Rhythmus Gedichtvortrag
95	2. Winter: Gedichte gestalten
	Kreativ und spielerisch mit Gedichten umgehen, Einführung in Balladen

Erweitern – Vertiefen – Anwenden

100	Mit Sprache spielen
102	In Bildern sprechen

104 Welt der Bilder – Medien

106	1. Gute Unterhaltung? – Fernsehen
	Reflexion über Mediennutzung, Fernsehformate, Serien und Daily Soaps
111	2. „Vater der Gänse" – Ein Buch wird verfilmt
	Filmidee, Drehbuch, Kameraeinstellungen, -perspektiven

Erweitern – Vertiefen – Anwenden

116	Eine Bibliothek nutzen
118	Projekt Radio

120	**Im Wettstreit – Was Wörter alles können!**	
122	1. Sich verwandeln – Flektierbare Wortarten	
	Artikel, Substantiv, Adjektiv, Pronomen: Personal-, Possessiv-, Reflexiv-, Relativ-, Demonstrativ-, Interrogativ-, Indefinitpronomen	
126	2. Sich treu bleiben – Nicht flektierbare Wortarten	
	Konjunktion, Adverb, Präposition	
129	3. Vielseitigkeit – Das Verb	
	Tempora des Verbs, Zeitenfolge, infinite Formen	
	Erweitern – Vertiefen – Anwenden	
132	Sachverhalte unterschiedlich ausdrücken: Aktiv und Passiv	

136	**Dem Täter auf der Spur – Satzbauwerkstatt**	
138	1. Spürnasen fragen nach – Sätze ausbauen	
	Satzglieder (Subjekt, Objekt, Adverbialien), Präpositionalobjekt, Attribute, Zeichensetzung bei Attributen	
144	2. Die Monsterplage – Haupt- und Nebensätze	
	Konjunktionen, Satzreihe, Satzgefüge, Zeichensetzung	
146	3. Monsterjäger – Satzglieder werden Gliedsätze	
	Subjekt-, Objektsatz, Adverbialsätze, Infinitivgruppen	
	Erweitern – Vertiefen – Anwenden	
150	Die Redaktionskonferenz	
152	Satzbau und Stil	
154	Training: Zeichensetzung in Satzgefügen	

156	**Unterwegs mit der Kneuwö – Wörter und ihre Bedeutung**	
158	1. Das KneuWötöff – Neue Wörter finden	
160	2. Die KneuWö hilft sofort – Wortfelder und Synonyme	
163	3. Was ist eigentlich ein Wort? – Bedeutung und Mehrdeutigkeit	
164	4. Bildwörter und Wortbilder – Metaphern, Redensarten, Sprichwörter	
	Erweitern – Vertiefen – Anwenden	
166	Namen und ihre Herkunft	
168	Ober- und Unterbegriffe	
170	Wortbedeutungen erschließen	

172	**Sachlexikon Deutsch**

200	Register
206	Textquellenverzeichnis
208	Bildquellenverzeichnis

FREIZEIT – FREIE ZEIT

Miteinander sprechen

Wo liegt das Problem? Erläutert, was die Zeichnungen ausdrücken wollen.
Spielt diese Situationen in der Klasse nach und setzt sie dabei fort: Wie reagiert der Angesprochene und wie daraufhin der Sprecher?
– Welche Antwort hat der jeweilige Sprecher vermutlich erwartet?
– Warum kam die erwartete Antwort nicht?

Verändert die Situationen und spielt sie:
– andere Ansprechpartner
– andere Fragen, andere Sprechabsichten
– unterschiedliche Reaktionen der Gesprächspartner
Miteinander sprechen – sich verstehen: Worauf kommt es an?

1. HALLO NINA! – Gesprächssituationen und Sprechabsichten

Wir sprechen jeden Tag mit vielen verschiedenen Gesprächspartnern in unterschiedlichen Situationen.

Text 1   DANIEL: Hallo, Nina! Hier ist Daniel.
NINA: Na, kleiner Cousin, wie geht's denn?
DANIEL: Bin sehr müde, wir sind gestern aus Italien zurückgekommen.
NINA: Und wie war's?
5   DANIEL: Toll, ich war jeden Tag im Meer schnorcheln. Ach, und hier ist es jetzt so langweilig, noch zwei Wochen Ferien und keine Freunde da!
NINA: Dabei gibt's bei euch in Neustadt doch so viel: Kino, Schwimmbad, Skaterbahn …
DANIEL: Allein ist das doch blöd.
NINA: Mensch, ich sitz die ganzen Ferien in diesem Kuhdorf. Sandra ist auch weg. Na ja,
10   da hab ich endlich mal mein Zimmer ausgemistet.
DANIEL: Du Arme.
NINA: Ach, war nicht schlimm. Ich bekomm doch 'n neues Regal, wir fahren deshalb am Montag nach Neustadt. Sag mal, bei euch gibt's doch so 'ne Jugendfarm.
DANIEL: Ja, glaub schon, für kleine Kinder …
15   NINA: Quatsch! Da kann man doch reiten, oder? Da könnt ich Montagnachmittag hingehen. Weißt du, ob da nur Mitglieder reiten dürfen?
DANIEL: Mensch, ich weiß doch nicht mal, wo das ist.
NINA: Na ja, ich werd's schon rausfinden. Warum rufst du eigentlich an?
DANIEL: Ach, nur so. Wollt mich nur unterhalten. Ich häng hier rum und hab nichts zu tun.
20   NINA: Ich auch. Ich hab gerade mein Buch fertig gelesen, den fünften Band von …
DANIEL: Ich hab nichts zum Lesen da und weiß auch nicht was …
NINA: Noch nie was von Büchereien gehört? Sag mal, wir könnten doch am Montagabend gemeinsam ins Kino gehen, in „Splash". Kümmere du dich mal um die Karten!

1a Worüber beklagt sich Daniel? Warum ruft er Nina an?
 b In welcher Situation befindet sich Nina? Wie verhält sie sich?
 c Diskutiert: Was tut ihr, wenn euch langweilig ist?

Text 2   – Herzlich willkommen bei Cinemax Neustadt. – Hier ist Dani…
– Dies ist die automatische Ansage. Für das aktuelle Kinoprogramm wählen Sie bitte die 1, für Reservierungen wählen Sie bitte die 2. – *(Daniel wählt die 2.)*
– Sie hören zunächst die Filmtitel. Möchten Sie Karten für den zuletzt genannten
5   Film, sagen Sie „Ja". Kino 1: Der Kampf der Giganten, Kino 2: Splash … – Ja.
– Nennen Sie nach der Anfangszeit die Zahl der Karten: 16.30 Uhr, 18.30 Uhr … – Zwei.

2a Wer ist Daniels Gesprächspartner in Text 2? Wie würdest du diesen Text sprechen? Probiere es aus.
 b Wie würde das Gespräch mit einem Angestellten an der Kinokasse verlaufen? Spiele es mit einem Partner im Rollenspiel.
 c Warum ist in dieser Gesprächssituation ein direkter Gesprächspartner nicht unbedingt nötig?

Miteinander sprechen

d Welche Voraussetzungen müssen erfüllt sein, damit eine Verständigung überhaupt gelingen kann? Ziehe Rückschlüsse aus den Gesprächssituationen in den Texten 1–3 und aus dem Schaubild.

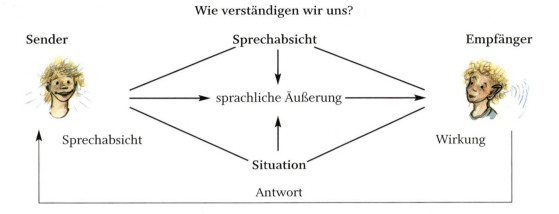

3a Erkläre das Schaubild: Was ist mit Sender und Empfänger gemeint? Wie nennt man sie üblicherweise bei einer mündlichen Äußerung oder bei einer schriftlichen Mitteilung?

b Sammle Beispiele für mögliche Sprechabsichten. Welche könnten z. B. auf dem nebenstehenden Foto vorliegen?

Sich informieren

Text 3   *(Telefon klingelt.)*
– Hier ist Nina. Ich wollte mal fragen, ob man in der Jugendfarm Mitglied sein muss.
5 – Naja, ob man dafür zahlen muss.
– Dafür, dass man reiten darf. Ich wollte schon immer mal reiten und meine Freundin sagt, es ist nicht schwer und ...
10 – Wie teuer ist das denn?
– Im November werde ich 13.

– ...

– Jugendfarm Neustadt.

– Guten Tag, Nina. Wie meinst du das?
– Wofür zahlen?
– Ach so, ausprobieren kannst du das auch ohne Mitglied zu sein. Wenn du oft kommen willst, solltest du aber Mitglied werden.
– Dazu muss ich wissen, wie alt du bist.
– Dann bis du also jetzt noch 12, da kostet es 5 Euro im Monat, ab November dann 8.

9

Gesprächssituationen und Sprechabsichten

4 Sich informieren: Gespräche spielen

a Was ist Ninas Anliegen bzw. ihre Sprechabsicht? Beurteilt ihr Vorgehen.
b Arbeitet am besten mit Partnern: Nehmt Verbesserungen an dem Gespräch vor. Erfindet und spielt eine Fortführung: Was will Nina noch wissen? Welche Informationen bekommt sie?
c Bereitet die folgenden Gesprächssituationen vor: Überlegt euch, welche Informationen ihr erfragen wollt und was der Gesprächspartner wissen muss. Macht Notizen für ein Gespräch.

Sportverein: Du willst Judo/Badminton/Tennis ... lernen.
Museum: Du hast von einer Aktion für Jugendliche gehört und möchtest teilnehmen.
Stadtbücherei: Du möchtest zum ersten Mal Bücher ausleihen.
Bahn: Du willst mit fünf Freunden oder Freudinnen einen Tagesausflug mit dem
                 Zug in die nächste größere Stadt machen.
Tierheim: Du möchtest gerne ab und zu im Tierheim helfen.

d Nutzt eure Notizen um die Gespräche im Unterricht zu spielen. Beurteilt: Waren Nachfragen nötig? Wusste der Gesprächspartner immer, was gemeint war?
e Stellt in einer Liste zusammen: Worauf kommt es an, wenn man sich informieren will?

Andere informieren

Bei einem Gespräch in der 6b möchten Mitschüler von Daniel Näheres über die Jugendfarm erfahren.

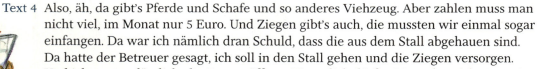

Text 4 Also, äh, da gibt's Pferde und Schafe und so anderes Viehzeug. Aber zahlen muss man nicht viel, im Monat nur 5 Euro. Und Ziegen gibt's auch, die mussten wir einmal sogar einfangen. Da war ich nämlich dran Schuld, dass die aus dem Stall abgehauen sind. Da hatte der Betreuer gesagt, ich soll in den Stall gehen und die Ziegen versorgen.
5 Und ich war so dämlich, die Box zu öffnen. Eigentlich dürfen Neue das nicht. Das eine Mistvieh kam gleich mit gesenktem Kopf an. Weil die gerade Junge haben, regen sie sich nämlich leicht auf. Ich hab's nicht mehr geschafft, die Tür zuzumachen, sondern bin nur wie der Teufel raus aus dem Stall. Draußen im Hof hat mich das Vieh dann erwischt und voll in den Hintern gestoßen. Blöderweise war direkt vor mir der Misthaufen und,
10 na ja, da bin ich dann gelandet. So total verdreckt wie ich war, musste ich noch die Ziegen einfangen. Die müssen nämlich abends in den Stall, wenn um sechs die Jufa zumacht.

5a Was hat die Klasse über die Jugendfarm erfahren? Welche möglichen Fragen der Schüler sind beantwortet, welche bleiben offen?
b Wie kann Daniel bei der Weitergabe von Informationen geschickter vorgehen? Arbeitet am besten in Gruppen.
– Sammelt Hinweise zum Inhalt und dessen Anordnung, zur Wortwahl und zum Sprachstil.
– Denkt an die Adressaten Daniels: Was werden sie wissen wollen?

6a Übe das Informieren in einem kurzen Vortrag: Stelle Informationen über eine deiner Freizeitaktivitäten zusammen und trage sie der Klasse vor.
b Schau dir die Bilder am Rand an. Welche Körperhaltung erscheint dir beim Vortragen am sinnvollsten? Warum?

Miteinander sprechen

Bitten und auffordern

Text 5 A Daniel, räum dein Zimmer auf.
B Papa, du musst mich heute zum „Atlantis" fahren. Da gibt's 'ne neue Rutsche.

7a Wer ist der jeweilige Sender bzw. Empfänger dieser Sätze? Welche Sprechabsicht haben die „Sender"?
b Die Sätze kann man in Tonfall, Lautstärke und Betonung unterschiedlich sprechen. Probiere die Wirkung der Sätze in verschiedenen Sprechweisen aus: Welche Reaktionen des Partners auf die Äußerungen sind denkbar?
c Beurteile, welche Sprechweise beim Partner die gewünschte Reaktion auslöst.
d Formuliere die beiden Sätze jeweils in eine klare Aufforderung und eine Bitte um, sodass der Unterschied deutlicher wird.
e Vergleicht in der Klasse die verschiedenen Möglichkeiten Bitten bzw. Aufforderungen auszudrücken: Wie höflich/freundlich/bestimmt/scharf sind sie? In welchen Situationen sind sie jeweils angemessen?

8a Überlege: Welche Formulierung der Bitte bzw. Aufforderung passt zu den folgenden Situationen?

Mutter zu Kind auf Fahrrad:	vor Kreuzung bremsen
ein Junge zum anderen:	Gameboy ausleihen
ein Junge zum anderen:	ausgeliehenen Gameboy wiedergeben
Schwester zu Bruder:	an ihrer Stelle der Oma im Garten helfen
Schüler zu Lehrer:	Aufsicht bei Klassenparty übernehmen

b Spielt einige dieser Situationen im Rollenspiel. Ihr könnt den gesprochenen Text frei formulieren, sollt euch aber so verhalten, wie es für die jeweilige Rolle typisch ist (z. B. besorgte Mutter).
c Ihr könnt euch auch selbst Situationen ausdenken, in denen um etwas gebeten oder zu etwas aufgefordert wird, und die Klasse anschließend raten lassen, welche Rollen ihr gespielt habt.

2. NIE ERLAUBT IHR ETWAS!
Überreden und überzeugen

Sandra möchte am Abend mit ihrer Freundin in die Jugend-Disko gehen. Sie spricht mit ihrer Mutter darüber:

Text 6 MUTTER: Sandra, du bist doch noch viel zu jung für eine Disko!
SANDRA: Bin ich nicht! Alle anderen aus der Klasse dürfen auch hingehen. Bitte, bitte, ihr seid so verständnisvolle Eltern! Du warst doch auch mal jung und wolltest ...
MUTTER: Meinst du mit allen anderen wieder nur Bettina und Lisa?
5 SANDRA: Nein, noch andere. Ach bitte, ich räum auch ab jetzt immer mein Zimmer auf!
MUTTER: Da wird doch bestimmt Alkohol ausgeschenkt. Ich will nicht, dass du ...
SANDRA: Stimmt nicht ... Schau mal, Mama, wenn ich weg bin, könnt ihr ausgehen und euch einen schönen Abend machen!
MUTTER: Du kannst doch nicht allein nach Hause gehen, das ist viel zu gefährlich!

Überreden und überzeugen

10 SANDRA: Aber Mama, ich lauf doch nicht zurück. Bettinas Vater holt uns ab.
MUTTER: Okay, aber in deinem Alter braucht man noch viel Schlaf, du bist dann am nächsten Tag müde in der Schule. Und nachmittags schläfst du dann statt Hausaufgaben zu machen.
SANDRA: Morgen ist kein anstrengender Tag: Englisch fällt aus und dann ist Sport und
15 Kunst. Da bekommen wir nie Hausaufgaben auf.

1a Woran ist zu sehen, dass sich die beiden Gesprächspartner sehr gut kennen? Welchen Einfluss hat das auf die Gesprächsführung?

b Erstelle eine Liste der Methoden, mit denen Sandra vorgeht:
z. B. andere als Beispiel anführen, schmeicheln, Argumente einsetzen ...

c Sortiere in einer Tabelle: Welche dieser Methoden gehören eher zum bloßen Überreden, welche zum Überzeugen? Ergänze die Tabelle um weitere Techniken des Überzeugens.

d Versuche die Behauptungen und die Einwände der Mutter mit Gegengründen zu entkräften.

e Überlegt gemeinsam:
– Worin besteht der Unterschied zwischen Überzeugen und Überreden? Gibt es auch Gemeinsamkeiten?
– Gibt es Situationen, in denen ihr eher versuchen würdet jemanden zu überreden als zu überzeugen? Nennt Beispiele.
– „Na gut, du hast mich überredet." – „In Ordnung, du hast mich überzeugt." Mit beiden Sätzen könnte Sandras Mutter ihrer Tochter am Ende des Gesprächs den Abend in der Jugend-Disko erlauben. Was meint ihr: Bei welcher Antwort ist es wahrscheinlich, dass Sandra das nächste Mal ohne längere Diskussion ausgehen darf? Begründet eure Meinung.

2a Übt das Überzeugen im Rollenspiel. Ergänzt die folgenden Beispiele durch eigene Vorschläge.

Schülerin – Lehrer: Hausaufgaben verringern
Kind – Vater: einen Gameboy kaufen
Kind – Mutter: mehr Zeit am Computer erlauben
Tochter (Mitglied im Fotoclub) – Vater: neue Kamera mit an den See nehmen
Junge – Freund (faul, träg):   zusammen am Judokurs teilnehmen

b Teilt eine Zuschauergruppe ein, die ihre Beobachtungen zu dem Spiel notiert. Besprecht diese Beobachtungen nach dem Rollenspiel und wertet sie aus:
– Haben die Spieler realistisch und rollengerecht gespielt? Haben sie Mittel des Überzeugens eingesetzt?
– Stellt das Spiel einen „glaubhaften" Verlauf mit einem glaubhaften Ausgang dar oder hätte die Diskussion eurer Meinung nach anders ausgehen müssen? Wenn ihr Zweifel habt, spielt die gleiche Situation mit neuen Spielern.

3. ICH FINDE, DASS ...
Meinungen äußern und begründen

Text 7 THORSTEN: Wir könnten am Dienstag doch mal zusammen ins Kino gehen, da läuft ...
SIMONE: Was heißt denn „zusammen"? Da sitzen wir nebeneinander und jeder starrt auf die Leinwand. Nein, ich finde, bei dem Wetter sollten wir lieber ins Schwimmbad gehen.
NILS: Hör bloß mit Schwimmen auf. Kriegst du in deinem Verein nicht genug davon?

Miteinander sprechen

5   Mir reicht es, wenn ich in der Schule Schwimmen hab. Dann nicht noch in meiner Freizeit! Wie kann man sich nachmittags noch solche Pflichttermine aufladen?
SIMONE: Mensch, ich bin froh, dass ich mich in meiner Freizeit bewegen kann. Wenn du nicht schwimmen willst, Nils, wie wär's mit einem Tischtennisturnier?
LISA: Wir könnten doch mal ins Tierheim gehen und helfen.
10 NILS: Ich hab mir gestern die neue Edition von „Dark Rider" gekauft, zwanzig Level! Wenn wir unsere Computer zusammenschließen, könnten wir gegeneinander spielen.
KIRSTEN: Mensch, Nils! Stell dir mal vor, es gibt auch Leute ohne Computerwahn. Ich mag Computer nicht und Sport auch nicht. Lisas Idee ist doch gut, Tiere machen Spaß.
NICOLE: Auch die dreckige Arbeit? Pfui Teufel, aber wenn man vom Land kommt, macht
15 einem so was ja nichts aus. Ich finde, wir sollten mal hier eine Disko organisieren.
LISA: Dass du mit Tieren nichts am Hut hast, du Zicke, wissen wir ja. Aber es gibt ja auch andere Leute als dich. Ich darf zu Hause kein Tier haben und im Tierheim könnte ich ...
TIM: ... auch mal eine Katze füttern und kraulen. Ach, wie süüüüß! Soll ich wirklich
20 meine Zeit opfern für kläffende Köter und so? Nee, aber null!
MARKUS: Genau, das ist doch Schwachsinn! In der Freizeit auch noch arbeiten!
JONAS: Habt ihr schon gehört? Der Abenteuerspielplatz auf dem Anger wird geschlossen ...
THORSTEN: Sagt mal, worüber reden wir hier eigentlich? Wir wollten doch ausmachen ...

1a Worüber sprechen die Mitglieder der Jugendgruppe in Text 7?
b   Was ist der eigentliche Zweck der Diskussion und warum wird er nicht erreicht?
    Suche in Text 7 Beispiele zu den typischen Fehlern, die in einer Diskussion auftreten:
    – Durcheinanderreden: ins Wort fallen, nicht ausreden lassen, ...
    – mangelnde Fairness: beschimpfen, sich lustig machen, ...
    – Themaverfehlung: Unwichtiges erwähnen, abschweifen, ...
    – ...
c   Wenn eine Diskussion zu einem Ergebnis führen soll, dann braucht man Regeln, die alle Teilnehmer beachten müssen. Ihr erinnert euch sicherlich noch an diese Regeln. Stellt Gesprächsregeln zusammen.

2a Eine wichtige Regel ist, dass man dem Vorredner aufmerksam zuhört.
    Wo kann man in Text 7 vermuten, dass jemand seinem Vorredner nicht zugehört hat?
    Wie wirkt sich das auf das Gespräch aus?
b   Übt in einem Klassengespräch das bewusste Zuhören: Jeder gibt zunächst die Aussage des Vorredners mit eigenen Worten wieder, bevor er seine persönliche Meinung äußert.

3   Eine weitere Regel ist, an die Aussagen der Vorredner anzuknüpfen.
    An welchen Stellen haben die Sprecher an Aussagen ihrer Vorredner angeknüpft? Woran erkennst du das und warum ist das wichtig?

Meinungen äußern und begründen

Text 8
- Ich will im Tierheim arbeiten. Zu Hause darf ich kein Tier haben und dort könnte ich mal mit Tieren spielen, z.B. mit Katzen.
- Kinder werden durch das Engagement im Tierheim selbstständiger. Sie lernen bei der Arbeit Verantwortung zu übernehmen.
5 - Dort werden herrenlose Tiere versorgt und gepflegt.
- Ich mag Tiere, weil sie nicht mit mir streiten.
- Ich finde das Tierheim gut.
- Die Arbeit im Tierheim ist auch für Kinder interessant. Sie können dort den Umgang mit Tieren lernen, von der Pflege und Versorgung bis hin zur richtigen Haltung.

4a Welche der Äußerungen in Text 8 wirken auf dich überzeugend, welche weniger? Wenn du die Äußerungen den richtigen Spalten der Tabelle zugeordnet hast, erkennst du, woran das liegt.

Behauptung/Meinung	Begründung
Ich will im Tierheim arbeiten.	Zu Hause darf ich kein Tier haben und dort könnte ich mal mit Tieren spielen, z. B. mit Katzen.

b Wozu ist die Begründung notwendig?

c Übertrage die Tabelle in dein Heft und schreibe die Sätze aus Text 8 in die richtige Spalte. Wenn in einer Zeile ein Kästchen leer geblieben ist, ergänze nun eine eigene sinnvolle Aussage, die dazu passt.

5 Die folgenden Wörter und Wendungen können uns helfen, bei der Meinungsäußerung die Begründung sprachlich gut anzubinden.

weil – da – deshalb – darum – damit – daher – sodass – wenn ... dann – denn – nämlich – zum Beispiel – das sieht man daran, dass – daraus folgt, dass – es ist doch klar, dass

Suche passende Wendungen aus um alle Angaben einer Zeile in deiner Tabelle zu verbinden.

6 Übt die Meinungsäußerung mit Begründung in Spielen:

Wählt ein Thema, über das ihr diskutieren wollt, z. B.
- ein ernsthaftes: „An unserer Schule soll der Nachmittagsunterricht eingeführt werden."
- ein scherzhaftes: „Schüler dürfen sich im Unterricht nur noch mit der linken Hand melden."

Bestimmt drei Gruppen: – eine Gruppe, die Begründungen für den Vorschlag überlegt, und eine, die gegen den Vorschlag argumentiert
– eine Beobachtergruppe zur Kontrolle

Vorbereitung: Beide Argumentationsgruppen sammeln Begründungen für die eigene Position.

Spiel: Der Sprecher der ersten Gruppe stellt die erste Begründung für den Vorschlag vor. Die Berater der zweiten Gruppe suchen daraufhin aus der eigenen Sammlung eine passende Gegenbegründung aus oder ändern eine so ab, dass ihr Sprecher diese zügig als Antwort vorbringen kann. Dann darf er selbst eine eigene Begründung gegen den Vorschlag vorstellen, auf die wiederum die erste Gruppe antworten muss usw.
Die Beobachter notieren, ob die Gruppen mit überzeugenden Begründungen und Belegen bzw. Beispielen argumentieren und auf die vorher genannte Begründung eingehen.

Miteinander sprechen

Diskussionen leiten

Wenn eine größere Gruppe, zum Beispiel die ganze Klasse, miteinander diskutiert, ist eine Diskussionsleitung sinnvoll, damit alle fair zu Wort kommen.

7a Stelle in einer Tabelle zusammen: Welche Aufgaben hat die Gesprächsleitung in einer Diskussion zu erfüllen?

b Wo müsste die Gesprächsleitung im Gespräch in Text 7 eingreifen?

8 Übt die Diskussion in der Klasse.
– Teilt zur Übung die Aufgaben der Gesprächsleitung auf drei Schüler auf: Einer erteilt das Wort, einer erinnert die Teilnehmer an die Anknüpfung an das Gesagte, einer ermahnt zur Einhaltung der Regeln.
– Bestimmt ein Beobachterteam, das darauf achtet, ob die Gesprächsleitung ihre Aufgaben erfüllt und sinnvoll eingreift. Besprecht die Beobachtungen anschließend.

Themenvorschläge für eine Diskussion:
– Feier der Klasse mit Lehrern und Eltern
– Klassenfahrt über das Wochenende
– Beteiligung der Klasse an der Aktion „Sauberer Wald – Müll sammeln!"

Das hast du in diesem Kapitel gelernt:
– unterschiedliche Gesprächssituationen und Sprechabsichten in Rollenspielen üben
– sich und andere umfassend informieren
– Unterschied zwischen Bitten und Auffordern
– Unterschied zwischen Überreden und Überzeugen
– Meinungen äußern und begründen
– Diskussionen leiten

Ideen und Projekte
Gesprächs-Spiele
– Denkt euch in Gruppen aus, welche Gesprächspartner in welcher Situation miteinander sprechen sollen, und erfindet einen Dialog, der dazu passt. Jetzt könnt ihr die Szene vorspielen; die anderen müssen erraten, *wer* jeweils miteinander spricht.
– Probiert Verkaufsgespräche: Eine Kundin oder ein Kunde möchte sich beraten lassen, etwas kaufen oder einen Kauf wegen eines Mangels wieder rückgängig machen (Reklamation).
– Entwerft Alltagsszenen: auf dem Schulhof, beim Mittagessen, im Schwimmbad … Schreibt in Gruppen jeweils eine Szene auf (Dialog, Regieanweisungen) und spielt sie vor.

Erweitern · Vertiefen · Anwenden

SACHLICHE BRIEFE SCHREIBEN

Text 1 A **Björns Brief**   B **Daniels Brief**

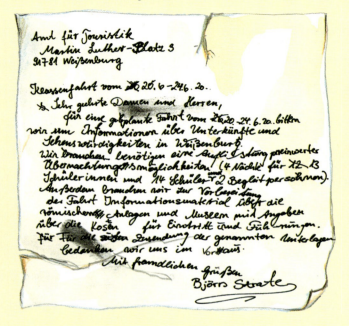

Danni Schwarz
Bogenweg 7
76543 Altenlohe   13. 05. 20...

Amt für Touristik
Martin-Luther-Platz 3
91781 Weißenburg

Wir haben eine Klassenfahrt gewonnen!

Sehr geehrte Touristikauskunft!

Wir haben im Quiz „Römische Spuren" den ersten Preis gewonnen. Jetzt dürfen wir in eine Römerstadt fahren. Von unserer Klassenlehrerin wissen wir, dass in Weißenburg römische Thermen sind. Jetzt sollen wir einen Brief schreiben und uns erkundigen. Deshalb wollen wir mal anfragen, ob wir zu Ihnen kommen können. Wir sind auch bestimmt ruhig und machen nichts kaputt. Bitte schreiben Sie uns auch, wie viel die Jugendherberge kostet. Wir müssen auch wissen, wie teuer die Thermen sind. Gibt es ein Museum? Was gibt es sonst noch? Bitte schicken sie uns bald einen Brief! Wir freuen uns!

Schöne Grüße,
Danni Schwarz

1 a Wie unterscheiden sich die Briefe in Text 1 von einem persönlichen Brief? Vergleiche die Schreibabsicht und das Verhältnis zum Adressaten.
  b Beurteile die äußere Form, den Aufbau, den Sprachstil und die Anrede: Was erscheint dir an den beiden Briefen gelungen, was ist zu verbessern?
  c Welche Informationen braucht der Adressat zur Beantwortung des Briefes? Sind sie in beiden Briefen enthalten? Gibt es überflüssige Angaben?

Der Briefkopf

2 Werte Text 1 A und B aus.
a Welche Angaben zum Absender sind nötig? Wo muss die Anschrift des Empfängers platziert werden, sodass sie im Sichtfenster eines Umschlages zu sehen ist?
b Was ist die Aufgabe der Betreffzeile?
c Warum muss man eine förmliche Anrede wählen? Welche Alternative gibt es zum Komma nach der Anrede? Wie schreibt man danach weiter?

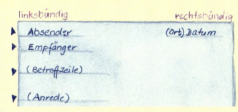

Der Brieftext

3a Welche Aufgabe hat der Einleitungssatz?
 b Ergänze die Liste möglicher Schreibanlässe für
   sachliche Briefe:

> Anfrage: ... ob es für den 3. 2. noch Karten gibt
> ...   ... bestelle ich ein Hemd ...
> ...   ... der Toaster funktioniert nicht ...
> ...   ... dass der Spielplatz erhalten bleibt ...

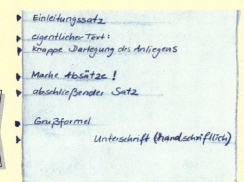

- Einleitungssatz
- eigentlicher Text:
  Knappe Darlegung des Anliegens
- Mache Absätze!
- abschließender Satz
- Grußformel
- Unterschrift (handschriftlich)

Der Schlussteil

4 Welche Anrede- und Grußformeln passen zu welchem Adressaten? Was passt nicht?

Sehr geehrte/r Frau/Herr Müller	Firma/Behörde	Bis bald
Liebe/r Frau/Herr Schmidt	Oberbürgermeister/-in	Mit freundlichem Gruß
Sehr geehrte Damen und Herren	Sachbearbeiter/-in, z. B. Amt	Mit freundlichen Grüßen
Liebe Firma	dein/e Klassenlehrer/in	Hochachtungsvoll

Sprachstil und Ton in sachlichen Briefen

Text 2A Der blöde Kassettenrekorder funktioniert nicht. Die Klappe vorne am Gerät geht nicht auf. Ich habe den Knopf dafür oben drauf gedrückt, aber sie klemmte. Aus dem Radio kommt nur ein Quietschen. Überweisen Sie also sofort mein Geld auf mein Konto!

Text 2B Es tut mir überaus Leid, dass ich Ihnen das Gerät wieder zurückschicken muss, aber es hat leider mehrere Fehler. Deshalb wollte ich Sie ergebenst darum bitten, dass Sie mir vielleicht mein Geld zurückzahlen könnten. Ich wäre Ihnen sehr zu Dank verpflichtet.

5a Warum ist der Ton beider Briefausschnitte nicht angemessen?
 b An welchen Stellen ist der Sprachstil nicht sachlich bzw. der Ausdruck ungenau?
 c Schreibe eine verbesserte Form des Briefausschnitts, in der du den Schaden präzise beschreibst und das Anliegen höflich nennst.
 d Was musst du bei der Schreibung der höflichen Anrede beachten?

Argumentieren in sachlichen Briefen

6a Um welches Anliegen geht es im folgenden Briefausschnitt? Mit welchen Mitteln soll der Adressat überzeugt werden?
„... Die Aufsicht bei der Klassenfeier wird Herr Braun übernehmen. Wir werden das Klassenzimmer selbstverständlich sauber hinterlassen, denn für die Aufräumarbeiten haben wir mehrere Schüler eingeteilt. ..."
 b Welche möglichen Einwände könnte eine Schulleiterin oder ein Schulleiter haben? Warum ist es sinnvoll, sie gleich aufzugreifen? Wie kann man sie entkräften?
Schreibe einen Brieftext, der Einwände entkräftet und Sachfragen klärt.

Erweitern · Vertiefen · **Anwenden**

INFORMATIONEN BESCHAFFEN UND AUSWERTEN – Projekt: Freizeitangebote

Langeweile in der Freizeit? – Prospekt „Freizeitangebote in und um …"
Wenn ihr so einen Prospekt erstellen wollt, könnt ihr in den typischen Schritten eines Projekts vorgehen:

1. Schritt: Ideen sammeln

1a Sammelt Anregungen, welche Freizeitangebote es gibt: Führt dazu in der Klasse, in eurem Jahrgang und im Freundeskreis eine Umfrage zu Freizeitbeschäftigungen durch. Entwerft einen Fragebogen. Ihr könnt z. B. folgende Fragen stellen:

> I. 1. Arbeitest du in einer Jugendgruppe mit? Wenn ja, in welcher, wo?
>   2. Engagierst du dich in der Jugendabteilung einer gemeinnützigen Einrichtung (z. B. Bund Naturschutz, …)? Wenn ja, in welcher, wo?
> II. Besuchst du Kurse (z. B. Sprachen, …)? Wenn ja, welche, wo?
> III. Besuchst du (regelmäßig/gelegentlich) öffentliche Einrichtungen für Jugendliche (z. B. Jugendclubs, …) oder für die ganze Familie (z. B. Zoo, …) Wenn ja, welche, wo?
> IV. Besuchst du gelegentlich Veranstaltungen (z. B. Vorführungen, …)?
> …

b Wertet die Umfrage aus: Legt zu jeder Frage eine Liste an, in der ihr die Antworten sammelt. Ergänzt Angaben aus Veranstaltungskalendern. Eure Listen sagen euch, welche Freizeitangebote es gibt und an welchen Stellen ihr Informationen über Freizeitangebote einholen könnt.

2. Schritt: Planungsgespräch

2a Überlegt gemeinsam: Welche Angaben wollt ihr in euren Prospekt aufnehmen (z. B. dauernde Freizeitangebote und/oder aktuelle, z. B. für die Ferienzeit, Art des Angebots, Adresse, (Öffnungs-)Zeit, Altersgruppe, Kosten)?
Erstellt ein Raster, das durch die gesammelten Informationen gefüllt werden soll, z. B.

Art des Angebots	Adresse	(Öffnungs-)Zeit	Altersgruppe	Kosten
*	*	*	*	*

b Teilt euch in Gruppen auf und legt fest, welche Gruppe welchen Freizeitbereich übernimmt. Eine Gruppe kann dafür zuständig sein, bei der Stadt/im Rathaus zu erkunden, ob es Freizeitangebote von Kinder- und Jugendeinrichtungen gibt.
Überlegt in den Gruppen: – Worüber wollen wir uns informieren?
– Wer ist ein geeigneter Ansprechpartner?
– Wo gibt es Informationsmaterial?
– Wie informieren wir uns?

c Legt in einem Arbeitsplan fest, was bis wann zu erledigen ist.

Miteinander sprechen

3. Schritt: Informationsbeschaffung – Interview

3   Bereitet die Gespräche vor: Schreibt eine Liste von Fragen und legt sie neben das Telefon bzw. nehmt sie zum Gespräch mit, ebenso Stift und Papier um die Antworten mitzunotieren. Überlegt den richtigen Gesprächston und die Art, wie ihr euer Anliegen vortragen wollt.
Erfragt eventuell auch, wo ihr euch sonst noch informieren könnt.

Tipp:
Natürlich könnt ihr auch im Internet nach Material suchen. Schaut doch einmal auf Gemeindehomepages oder auf Homepages von Freizeitparks nach!

4. Schritt: Informationsentnahme – Prospekte, Texte

4   Vorgehensweise: Schlagt unbekannte Wörter nach. Markiert die Informationen, die für euren Prospekt wichtig sind. Schreibt Stichworte heraus und ordnet sie entsprechend den Spalten eures Rasters. Wendet diese Vorgehensweise auf den folgenden Text an.

Text 1

Erlebnispark Schloss Hohenau

Unser Erlebnispark bietet Ihnen ein umfangreiches Angebot für die ganze Familie. Stürzen Sie sich in Spiel, Spaß und Action in unseren Erlebnisbereichen oder genießen Sie die Ruhe in der reizvollen Parklandschaft mit altem Baumbestand. Jeder, ob jung oder alt, findet hier sein Vergnügen.

Unsere Attraktionen:

- *Erlebnisbereich „Mittelalter": Machen Sie einen Zeitsprung zurück in die Vergangenheit, erkunden Sie die Burg mit ihrem Rittersaal und den unterirdischen Verliesen. Turnier-Vorführungen am Wochenende: Ritter Kunibert im Kampf gegen den Raubritter Trutz von Stolzeneck.*
- *Ferienaktion für Kinder: „Ein Tag auf der Burg", mit dem Workshop-Angebot spinnen, weben, töpfern*
- *Erlebnisbereich „Bauernhof": Unsere Kleinen dürfen hier die Tiere (Schafe, Ziegen und Kaninchen) nicht nur aus der Ferne betrachten, sondern auch streicheln und füttern.*
- *Ferienaktion: „Wir leben auf dem Bauernhof" – wir melken, machen Butter und Käse, mahlen Korn, backen Brot. Zusätzliches Workshop-Angebot: Gesunde Ernährung? Kein Problem!*
- *Tierpark: Ein Rundweg führt Sie zu den Freigehegen vieler heimischer Tierarten, wie Hirsche, Rehe, Wölfe, Wildschweine und Otter.*
Aber auch „Exoten" wie Lamas und Kängurus sind zu bewundern. Kleine Reiter kommen bei uns auf ihre Kosten: Pferde und Ponys warten gesattelt auf euch! Sonderaktion in den Ferien: Reitkurse (gestaffelt nach Alter und Können)
- *Erlebnisbereich „Tempo!": Erleben Sie Geschwindigkeit in der Achterbahn, betrachten Sie die Welt von oben aus der Schwebebahn. Genießen Sie eine geruhsame Fahrt in der Kutsche oder der Dampfeisenbahn. Können Sie einen Oldtimer über den Parcours steuern? Versuchen Sie's!*
- *Erlebnisbereich „Wasservergnügen": Von der Gondelfahrt um das Wasserschloss über die Tretboote bis zur Wildwasserrutsche bieten wir ein feucht-fröhliches Vergnügen für die ganze Familie!*
- *Spielplatz mit Hüpfburg, Klettergerüst, Schaukeln, Mega-Rutsche, Reifen-Shuttle und Minigolfplatz*

5. Schritt: Erstellung des Prospektes „Freizeitangebote"

5   Tragt die Ergebnisse aller Gruppen zusammen. Einigt euch über den Umfang des Prospektes und legt dementsprechend den Umfang der Einzelinformationen fest. Ihr könnt die Angaben entweder in Form einer Tabelle zusammenstellen oder für jedes Freizeitangebot einen kurzen zusammenhängenden Text schreiben: Wenn ihr für diese Arbeit den Computer nutzt, könnt ihr verschiedene Schriftarten und -größen ausprobieren, Bilder einfügen und das Layout beliebig oft verändern, bis ihr zufrieden seid.

WIR SCHREIBEN EIN BUCH

Fantastische Geschichten

Die Zeitmaschine   H. G. Wells

… „Dieses kleine Ding", sagte der Zeitreisende …, „ist nur ein Modell. Es ist mein Entwurf für eine Maschine, mit der man durch die Zeit reisen kann … Es hat mich auch zwei Jahre Arbeit gekostet … Nun möchte ich Ihre Aufmerksamkeit auf diesen Hebel lenken, der auf Druck die Maschine in die Zukunft gleiten lässt, während dieser hier sie in die
5 entgegengesetzte Richtung bewegt. Dieser kleine Sattel stellt den Sitz des Zeitreisenden dar. Ich werde jetzt auf den ersten Hebel drücken, und die Maschine wird sich in Bewegung setzen. …"

Wo warst du, Robert?   H. M. Enzensberger

… Robert ist nahe daran, von seinem Hocker zu sinken und einzuschlafen … Er reibt sich die Augen. Auf dem Bildschirm ganz nah tauchen zwei, drei, vier Uniformierte in langen Ledermänteln auf. Ihre Stiefel sind mit Schmutz bedeckt. Neben ihnen steht eine alte Frau, sie blickt direkt in die Kamera. Ihre Augen unter den langen weißen Brauen sind
5 wässrig, blau, sonderbar ausdruckslos. … Neben ihr springt ein Junge ins Bild. … Er ist nur von hinten zu sehen, sein Nacken, seine blaue Jacke. Er sieht aus wie Robert.

Kennt ihr die hier dargestellten Bücher und Geschichten? Wer kennt ähnliche Geschichten aus geheimnisvollen Welten? Bildet einen Erzählkreis und erzählt einander.

Wer „Appetit" bekommen hat, kann natürlich auch eins der Bücher lesen und die anderen darüber informieren.

1. FANTASTISCHE GESCHICHTEN
Erkennungszeichen

Text 1 Vor dem Sichtfenster der Orion tobte ein Neutronensturm. Die Astronauten drosselten den Schub, schwebten vorsichtig auf den Kleinstern Gaia herab und setzten in einer geschützten Mulde sicher auf. Mit ihrem Telesystem prüften sie die Festigkeit des Bodens, den Sauerstoffgehalt der Luft und die Art der Gravitation. Alles war wie vorausberechnet und geeignet für eine Erkundung mit dem Luftkissenboot, auf dem der
5 Energie- und Sauerstoffumwandler beruhigend summte. Sie fuhren gerade auf eine Hügelkette los, als sie bemerkten, dass seltsame Sonden, die aussahen wie große Diskusscheiben, über ihren Köpfen rotierten und dann sirrend abdrehten. Vorsichtig bewegten sie sich weiter und stoppten dann, als sich plötzlich die Landschaft auftat und sie eine vielfarbige Anlage sahen, in der sich bunte Zwitterwesen aufhielten,
10 die auf den ersten Blick wie eine Kreuzung zwischen Mensch und Pflanze aussahen ...

Text 2 Acht Tage saß ich nun schon ohne Wasser und Brot gefangen in diesem Burgverlies. Warum musste ich auch unbedingt den verwunschenen Korridor betreten, der mich in diese geheimnisvolle Welt gebracht hatte? Warum hatte ich mich später im Dämmerwald dazu hinreißen lassen, bei dem Diebstahl des geheimnisvollen
5 Zaubersteins mitzumachen? Natürlich hatten die Druiden ihr Eigentum wiederhaben wollen, uns verfolgt und mich mithilfe eines Bannspruchs unbeweglich gemacht und gefangen genommen. Aber selbst im Verhör hatte ich nicht verraten, dass sich dieser Stein mit seinen magischen Kräften im Besitz des roten Mirlan, meines neuen Magierfreundes, befand. Der saß in seinem verfallenen Turm am Fluss und experi-
10 mentierte mit dem Stein. An mich dachte er nicht mehr.

Text 3 „Corinna, jetzt ist aber Schluss mit dem Lesen!", meinte meine Mutter streng, als sie um zehn Uhr abends noch einmal in mein Zimmer schaute. Ich hatte wieder einmal in meinem Lieblingsbuch von den Riesen und Giganten herumgeschmökert. Die Zauberformel für Riesenwachstum konnte ich inzwischen schon auswendig. Doch als
5 ich das Licht ausschaltete, fand ich keinen Schlaf und wälzte mich unruhig im Bett hin und her. Meine Zehen begannen zu kribbeln und machten mich noch nervöser. Mit einer Hand rieb und massierte ich sie ein wenig, aber sie fühlten sich seltsam groß an, fast wie Kartoffeln. Merkwürdig – auch die Beine begannen sich zu dehnen. „Das kann doch nicht sein!", rief ich voller Panik, als ich mit meinem Kopf plötzlich
10 am Kopfende anstieß. Voller Schreck sprang ich heraus und wollte ins Bad. „Autsch!", jammerte ich, denn ich war mit dem Kopf gegen den Türrahmen gestoßen. Im Bad fingerte ich nach dem Lichtschalter, der mir winzig vorkam, knipste das Licht an und blickte in den Spiegel. Es war unglaublich – ich konnte mich nur bis zu den Schultern sehen. Ich war zu einer Riesin gewachsen! Was tun?

1 Gib den Inhalt der Texte mit eigenen Worten wieder.

2 Tauscht euch aus: Wie könnte sich die Handlung jeweils weiterentwickeln? Worin könnte das Erzählziel oder der Höhepunkt der Geschichten bestehen?

3 Was sind die Gemeinsamkeiten und die Unterschiede dieser drei Texte? Vergleiche Figuren, Schauplätze, die Zeit und den Handlungsverlauf.

4 Woran erkennt man, dass es sich bei den Texten um Fantastische Geschichten handelt?

Fantastische Geschichten

Erzählbausteine

Um die besonderen Merkmale der Texte 1, 2 und 3 genauer kennen zu lernen, ist es hilfreich, die Texte in ihre Bausteine zu zerlegen:

	Erzählwelten		Figuren	Zeit	Handlungskern
	Ausgangs-situation: Orte	Fantas-tische Orte			
Text 1 / Erzählanfang 1	Raumschiff	Science-fiction-Welt: Gaia	Astro-nauten/ Zwitterwesen	Zukunft	Mission im All
Text 2 / Erzählanfang 2	?	?: Burgverlies/ Dämmerwald	Ich-Erzähler/ Druiden/ Magier	?	Streit um einen Zauberstein
Text 3 / Erzählanfang 3	Kinderzim-mer	?: Riesen-welt	Corinna (Mädchen)/ ?	Gegenwart	?

5a Übertrage die Tabelle in dein Heft und ergänze sie.
 b Zu Text 2, Spalte *Zeit*: Besprecht vorher: In welcher Zeit spielt diese Geschichte? Begründet eure Meinung mit Belegen aus dem Text.
 c Zu Text 3, Spalte *Erzählwelten*: Würde hier die Bezeichnung „Normalwelt" passen? Wären die Begriffe *Mischwelt* oder *Parallelwelt* geeigneter? Denkt auch an andere Fantastische Geschichten, die ihr aus Büchern oder Filmen kennt.

6a Wie ließen sich die Texte und Bilder der Seiten 20/21 in die Tabellen einordnen? Wo ergeben sich Schwierigkeiten?
 b Sollte man in der Tabelle weitere Erzählbausteine hinzufügen? Welche?

7 Luzie: *„Auf der einen Seite sind Fantastische Geschichten natürlich ganz anders als Erlebniserzählungen, auf der anderen Seite haben sie auch viel gemeinsam."*
Diskutiert Luzies Äußerung und haltet die Ergebnisse in Stichworten fest.

8 Worin unterscheidet sich eine Erlebniserzählung von einer Fantastischen Geschichte?
a Lege eine Tabelle an, in die du auch die Besprechungsergebnisse aus Aufgabe 7 einträgst.

Erkennungszeichen	Erlebniserzählung	Fantastische Geschichte

b Markiere die Merkmale, die für die Erlebniserzählung bzw. die Fantastische Geschichte zutreffen, in der jeweiligen Tabellenspalte mit einem Kreuz: Trifft ein Merkmal nicht zu, mache einen Strich in das entsprechende Feld.
Achtung: Manche Merkmale treffen auf beide Textarten zu.

9 Lies nochmals die Texte 1–3. Suche dir dann eine der drei Geschichten aus und schreibe sie weiter:
- Welche Abenteuer erleben die Astronauten noch? Sind die fremden Wesen freundlich oder feindlich gesinnt? Sollen die geheimnisvollen Sonden eine Rolle spielen?
- Wie kann der Ich-Erzähler aus dem Burgverlies befreit werden? Spielen Mirlan und der Zauberstein dabei eine Rolle?
- Wird Corinna bald wieder ihre normale Größe zurückgewinnen? Wenn ja, wie? Wenn nein, wie sieht dann ihr Leben aus und welche Abenteuer erlebt sie als Riesin?

Lisa hat Text 3 weitergeschrieben:

Text 4 Da fiel mir ein, dass Vater in seinem Bücherregal einen alten Schinken mit Zaubersprüchen stehen hatte, den er von seinem Großvater geerbt hatte. Der müsste doch auch Gegenzauber enthalten. Ich zog mir noch schnell den Pullover über und hastete ins Wohnzimmer ans Bücherregal. Papa saß gerade vor den Abendnachrichten:
5 „Müsstest du nicht schon im Bett sein, Corinna?" Papa war normalerweise nicht so streng wie Mama. „Ich muss für Deutsch nur noch schnell etwas in diesem Buch nachsehen", beruhigte ich ihn. Mit dem Buch unterm Arm eilte ich wieder in mein Zimmer. Hektisch blätterte ich im Inhaltsverzeichnis: „Gegengifte – Anti-Fluchspruch ..." Da war es: „Antiwuchszauber", S. 77. Mit zittrigen Fingern schlug ich die
10 Seite auf und las nach. Ob es wirken würde? Ich war voller Angst.

10 Tauscht euch aus: Was ist an Lisas Geschichte gelungen, was ist weniger geglückt?

11a Innere Glaubwürdigkeit: Vergleiche Text 4 mit Text 3.
An welcher Stelle in Text 3 wird dem Leser ein möglicher Grund für Corinnas Wachstum angedeutet? Suche die Stellen, an denen man merkt, dass Corinna riesig geworden ist, ohne dass dies ausdrücklich gesagt wird.
  b Untersuche: – Was ist unstimmig an der Reaktion des Vaters (Text 4), als Corinna ins Wohnzimmer kommt?
  – Wo verstößt Text 4 noch gegen die innere Glaubwürdigkeit?
  – Was ist an Text 2 nicht recht glaubwürdig und weshalb?
  c Fasse zusammen: Was ist mit „innerer Glaubwürdigkeit" gemeint?
  d Ergänze die Tabelle auf S. 23 (Aufgabe 8) um das Merkmal „innere Glaubwürdigkeit". Überlege: Trifft dieses Merkmal für beide Erzählungen zu? Erkläre deine Entscheidung.

Fantastische Geschichten

2. WIR SCHREIBEN EIN BUCH – Projektfahrplan

Den Schülerinnen und Schülern der 6a gefallen Geschichten, die magisch-geheimnisvoll sind oder in anderen Welten spielen. Sie beschließen, selbst ein Buch mit fantastischen Erzählungen zu schreiben. Zu solch einem Projekt gibt es viel zu planen und zu besprechen:

1a Welche Ratschläge könntest du der Klasse auf ihre Fragen geben? Was kann man z. B. mit dem fertigen Buch anfangen?
b Was sollte man beim Schreiben eines Buchs außerdem bedenken?
– Ergänzt die Fragen der 6a.
– Notiert euch die einzelnen Schritte in Stichpunkten auf Planungskarten und heftet sie dann z. B. gut sichtbar an die Wand.

2 Führt dieses Projekt selbst durch. Am besten beginnt ihr mit einem **Projektfahrplan**.

> **Schritt 1:** Wir entscheiden uns für einen Arbeitstitel für das Buch.   **Planung**
> **Schritt 2:** Wir legen fest, was wir unter Fantastischen Geschichten verstehen wollen.
> **Schritt 3:** Wir sammeln Erzählideen.
> **Schritt 4:** Jeder entscheidet sich für eine Geschichte und macht seinen Schreibplan
> (Aussehen der Figuren; Handlungskerne etc).
> **Schritt 5:** Wir erstellen einen Zeitplan (bis wann soll was fertig sein?).
>
> **Schritt 6:** Jeder schreibt seine Geschichte auf.   **Produktion**
> **Schritt 7:** Schreibkonferenz
> **Schritt 8:** Wir „machen" das Buch.
>
> **Schritt 9:** Vorstellung des Buches   **Präsentation**

a Beurteilt und ergänzt diesen Fahrplan: Wo ist er noch ungenau?
Legt gemeinsam euren endgültigen Projektfahrplan fest.
b Haltet in einem zweiten Plan fest, wer wann was zu erledigen hat; z. B.: Wer kümmert sich bis wann um Illustrationen?

3. FREMDE WELTEN BAUEN
Fantastische Geschichten schreiben

Der Handlungsentwurf

1a Für ein ganzes Geschichtenbuch braucht man natürlich viele Ideen und Erzähleinfälle. Um Anregungen zu erhalten, ist es hilfreich, möglichst viele Antworten auf folgende Fragen zu finden:
– Wo und wann spielen die Geschichten? Wie sehen die Schauplätze aus?
– Wie kommt die Hauptfigur zum jeweiligen Ort des Geschehens? Oder befindet sie sich von vornherein schon dort?
– Welche anderen Figuren oder Wesen sollen außerdem eine Rolle spielen? Wie sehen sie aus?
– Sollen magische Gegenstände vorkommen? Spielen sie eine gefährdende, rettende, verblüffende, ... Rolle?
b Welche wichtigen Fragen fallen euch zusätzlich noch ein? Sammelt die Fragen und findet Antworten, bevor ihr loslegt.

Bei der Ordnung dieser Einfälle kann man die Erzählbausteine aus der Tabelle von S. 25 nutzen:

Fantastische Geschichten

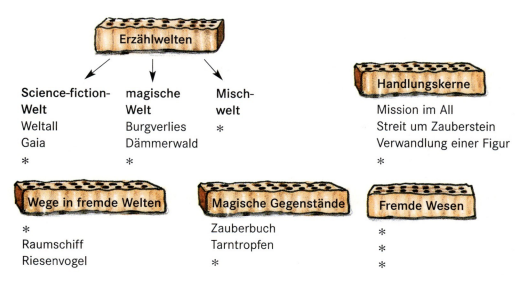

2 Ergänze die Beispiele für die verschiedenen Erzählbausteine.

3 Wie kann man die Bausteine miteinander kombinieren, sodass eine glaubwürdige Geschichte entsteht?

Eine fantastische Erzählmaschine

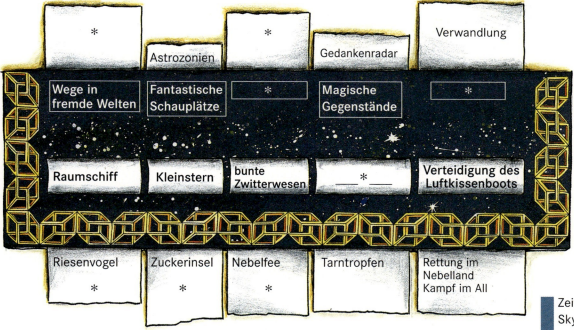

Zeitmaschine
Sky-Wolf
Nebellichtung
Magiestift
Hilfe für Wesen in Not
Verwünschung

4 Erkläre, wie die Erzählmaschine funktioniert und wozu sie dient. Ergänze die fehlenden Angaben und nutze dabei den Wortspeicher. Welche der euch aus diesem Kapitel bekannten Geschichten produziert die Maschine gerade?

5 Bastelt eine solche Erzählmaschine aus Pappe und Papier und erzeugt möglichst viele Erzählideen. Schreibt erste Entwürfe zu solch einer Geschichte und sammelt sie in einem Ordner oder speichert sie im Computer ab.

Geschichten schreiben

Figuren und Handlung

6a Die 6a hat sich für ihr Geschichtenbuch viele fantastische Figuren ausgedacht. Ergänze die Liste mit weiteren fantastischen Figuren.

> *Figurenliste*
> Kürbis-Monster / Weltall-Pirat
> Nektarfee / Roter Magier
> Sky-Wolf / Schoko-Roboter
> ...

b Ordne die Figuren in Gruppen: sympathische Helfer, finstere Gegner, geheimnisvolle Begleiter ... Wo ist die Zuordnung nicht klar?

7a Überlege: Wie könnten diese Figuren aussehen?
b Welchen Handlungsgang lassen sie schon von ihrem Namen her erwarten?

8a Besprecht: Wie sehen Aliens aus, wie Zauberer? Ergänzt den Steckbrief um weitere Gesichtspunkte, die euch wichtig sind.

> *Steckbrief:* *
> • Wo und wann trifft man auf sie?
> • Wie ist ihr Äußeres? (* , Kopf, Rumpf, Arme und Beine, *)
> • Wie sieht ihre Umgebung aus?
> • Was ist das Fantastische an ihr?
> • Wie wirkt sie auf den Betrachter?
> • * oder schadet sie?
> • *

> Spannend und überraschend für den Leser wirkt es, wenn sich anfangs positiv wirkende Figuren zu Feinden entwickeln und umgekehrt.

b Legt euch für euer Geschichtenbuch einen Vorrat an Steckbriefen für fantastische Figuren an.
c Teilt euch auf: Eine Gruppe beschreibt die Figuren, eine andere zeichnet sie oder fertigt eine Collage an.

Text 5   Ein Ungeheuer?

... Auf einmal spürte ich einen seltsam abstoßenden, stechenden Geruch. Ein dumpfes Stapfen näherte sich, jeder Schritt klang wie ein auf den Boden fallender *. Das Holz der geschlossenen Tür barst, und als das Mondlicht fahl durch das Fenster schien, sah ich etwas Riesiges vor uns. Beine wie Türme, mit einer faltigen Haut wie aus
5 Elefantenleder. Nur widerwillig glitt mein Blick nach oben. Vornüber gebeugt stand das Ungeheuer da, weil der Kopf, der wie ein fauler Kürbis auf den Schultern saß, sonst an der Decke angestoßen wäre. Die Augen quollen wie * hervor, wie * hingen die Haare auf die Schultern herab.

9a Wie beurteilst du die Darstellung dieses Ungeheuers?
   – Um welches Wesen aus der Figurenliste handelt es sich?
   – Welche Gesichtspunkte des Steckbriefs sind beachtet worden?
b Überlege dir passende Vergleiche für die Lücken. Diese Vergleiche sollten die besondere Stimmung verstärken, die das Monster verbreitet.
c Untersuche, wie der Erzähler den Auftritt des Ungeheuers vorbereitet und wie er bei dessen Beschreibung vorgeht.
d Zeichne das Monster. Erfinde dazu die fehlenden Angaben: Wie sehen z. B. seine Hände aus, was für Kleidung trägt es ...?

Fantastische Geschichten

Der Schreibplan

Bevor man eine Geschichte niederschreibt, ist es sinnvoll, sich zu den Erzählkernen (s. Erzählmaschine S. 27) Notizen zu machen. So kann man den Aufbau der Geschichte besser planen und während des Schreibens immer wieder überprüfen um Fehler zu vermeiden.

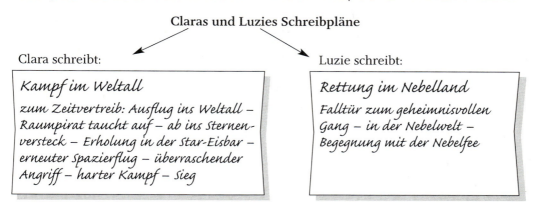

Claras und Luzies Schreibpläne

Clara schreibt:

Kampf im Weltall
zum Zeitvertreib: Ausflug ins Weltall – Raumpirat taucht auf – ab ins Sternenversteck – Erholung in der Star-Eisbar – erneuter Spazierflug – überraschender Angriff – harter Kampf – Sieg

Luzie schreibt:

Rettung im Nebelland
Falltür zum geheimnisvollen Gang – in der Nebelwelt – Begegnung mit der Nebelfee

10a Beurteile beide Schreibpläne:
– Könnte man zur Straffung der Handlung Stichpunkte streichen?
– Fehlen Teile der Handlung? Überarbeite die Schreibpläne, sodass sie als Grundlage einer Fantastischen Geschichte dienen können.

b Erzähle Text 5 weiter, fertige dir einen Schreibplan an und schreibe deine Fortsetzung auf: Ist dieses Wesen wirklich ein fieses Monster?

4. ERSTE ENTWÜRFE ÜBERARBEITEN UND VERBESSERN – Schreibkonferenz

Text 6 **Kampf im Weltall (Claras erster Entwurf)**
Ich flog auf meinem Düsenrohr, das man wie ein Teleskop zusammenschieben oder verlängern konnte … Ich sah mir die Welt von oben an. „Oh je, ist das langweilig", dachte ich mir und beschloss, weiter in den Weltraum hineinzufliegen um Abenteuer zu erleben. Dort ließ ich mir den Wind um die Ohren wehen. Dann sah ich auch
5 schon meinen Feind, es war aber nicht Sky-Wolf selbst, sondern nur einer aus seiner Bande der Gesetzlosen. Dann flog der auch schon auf mich zu. Schnell setzte ich das Gedankenradar auf. Und dann wusste ich, dass mich mein Feind von schräg oben anfliegen und mit einem Torpedo beschießen wollte. Gerade noch rechtzeitig konnte ich ausweichen. Dann schoss mein Feind schon wieder eine Breitseite auf mich ab
10 und beschädigte mein Düsenrohr. Ich schoss zurück. Ich traf aber nicht, denn der Schurke wich aus. Dann kam er schon viel näher. Ich war in großer Gefahr. Also griff ich zu meinem Nuklearmesser und warf es auf meinen Feind. Ich traf meinen Feind auch und es gab eine große Flamme und das Fluggerät flog brennend auf den Mars. Doch dann ging der Fallschirm auf und der Schurke flog langsam tiefer.

Text 7 **Rettung im Nebelland (Luzies erster Entwurf)**
Der unheimliche Schacht änderte allmählich seine Richtung und plötzlich konnte ich vorne Tageslicht sehen, das unheimlich in meinen feuchtkalten Tunnel hineinfiel. Was würde mich am Ausgang erwarten? Vorsichtig schlich ich ins Freie und blickte

Schreibkonferenz

mich um. Es gefiel mir gar nicht, was ich sah. Seltsam unheimlich sah die Landschaft
aus. Die Wiese war feucht, Nebelschwaden zogen darüber hin und eine leichte Brise
wehte mir modrigen Geruch in die Nase. Wo war ich da bloß hingeraten? Mein
Gesicht streiften Zweige von Trauerweiden, die sich in Wasserdunst verwandelten,
sobald ich hinfasste. Innerlich verfluchte ich meine Neugier. Warum nur hatte ich die
Falltür geöffnet und war in den Schacht hinuntergestiegen? Da! Vorne am Strauch
bewegte sich etwas. Es war nur schemenhaft zu sehen, kam und verschwand wieder.
Eigentlich glaubte ich nicht an Gespenster, aber unheimlich wurde mir schon
zumute. Vorsichtig tastete ich mich näher heran. Tatsächlich – dort drüben war eine
unheimliche Figur zu sehen. Sie schien nur keine festen Umrisse zu haben! Fast
übergangslos verloren sich ihre Gewänder in die Nebelschleier hinein. Ihr Gesicht
schien sich in Tropfen aufzulösen. Ich traute meinen Augen nicht – das Wesen schien
mir zuzuwinken. Wie magisch angezogen kam ich näher.

1 Was ist an Luzies und Claras Texten gelungen, welche Tipps könntest du den beiden noch zur Überarbeitung geben?

Geschichten sind nach dem ersten Entwurf in der Regel noch nicht fertig und brauchen einen Feinschliff. Wirkungsvoll kann man dies in einer **Schreibkonferenz** tun.

1. Die Verfasser kopieren ihre Entwürfe für ihre Gruppe und lesen sie vor.
2. Die Gruppenmitglieder notieren „um den Aufsatz herum" ihre Ratschläge:
    – zum Handlungsaufbau und Spannungsbogen
    – zur inneren Glaubwürdigkeit
    – zu Wortwahl und Satzbau
    – zur Ausgestaltung mit direkter Rede und innerer Handlung
3. Die Verfasser überarbeiten ihre Erstfassungen mithilfe dieser Ratschläge.
4. Die Verfasser lesen die überarbeitete Fassung noch einmal vor und lassen sich letzte Ratschläge geben.

2 Kopiert die Texte 6 und 7 auf ein DIN-A3-Blatt und überarbeitet sie in einer Schreibkonferenz. Die folgenden Tipps können dabei helfen.

Tipps für die Schreibkonferenz

Tipp 1: Wortwahl / Genauigkeit – die Ersatzprobe

Fantastische Geschichten

3a Ergänzt die Wortfelder in euren Heften und macht auf dieser Grundlage Vorschläge zur Überarbeitung von Text 6 und Text 7.

Wortwahl / Anschaulichkeit – die Erweiterungsprobe

a) Ich flog auf meinem Düsenrohr.	b) Ich flog **unternehmungslustig** auf meinem Düsenrohr.
c) Ich ließ mir den Wind um die Ohren wehen.	d) Ich ließ mir **vergnügt** den Wind um die Ohren wehen.

b Stellt euch die Figuren der Sätze a) bis d) vor: Was bewirkt die Adjektiverweiterung?

c Probiert noch an anderen Sätzen aus Text 6 die Erweiterungsprobe aus und untersucht deren Wirkung.

Tipp 2: Satzbau / Abwechslung – die Umstellprobe

a) Ich konnte plötzlich vorne Tageslicht sehen. →	b) Plötzlich konnte ich vorne Tageslicht sehen.
c) Ich ging vorsichtig ins Freie. →	d) Vorsichtig ging ich ins Freie.

4a Vergleicht: Wie lauten die Sätze im Original? Welche Wortstellung findet ihr jeweils besser? Begründet eure Meinung.

b Sucht aus den Texten 6 und 7 weitere Beispiele für eintönigen Satzbau und macht Verbesserungsvorschläge.

Tipp 3: Einleitung – Interesse wecken

5 Du weißt, dass die Einleitung zwei Aufgaben hat:
– Sie soll dem Leser helfen, sich in der Geschichte zurechtzufinden
– und sie soll sein Interesse wecken, damit er gespannt weiterliest.

a Prüfe die Einleitungen der Texte 1–3 und 6–7: Welche Einleitung erfüllt ihre Aufgabe am besten? Welche noch nicht oder wo fehlt sie sogar noch?

b Schreibe zu Text 8 eine Einleitung, die zum Text passt und ihre Aufgabe möglichst gut erfüllt.

Tipp 4: Spannung aufbauen

Mein Gegner sauste auf mich zu ...

Was würde mich am Ausgang erwarten? ...

Wo war ich da bloß hingeraten?

Wieder schoss mein Feind eine Breitseite auf mich ab ...

6a Vergleicht die Beispiele aus Text 6 und Text 7: Auf welche Weise wird jeweils Spannung erzeugt?

b Untersucht den Aufbau von Text 7: Wie wird durch Andeutungen die Neugier des Lesers geweckt? Mit welchen Tricks wird hier Spannung erzeugt?

c Übertragt die folgende Liste der Mittel zur Spannungssteigerung in eure Hefte und ergänzt sie.

Schreibkonferenz

Spannung erzeugen

- ausdrucksstarke Verben
-     *
- Wörter, die Überraschung ausdrücken:
  auf einmal; völlig unerwartet;
      *
-     *
- Ausrufezeichen;   *
- Einwortsätze: *
- Unsicherheit ausdrücken:
  Ob das wohl die gefährliche Morastechse war?
      *
- Weitere Spannungsmittel:
      *

Text 6A Claras Geschichte nach der Überarbeitung:
Unternehmungslustig saß ich auf meinem Düsenrohr, das man wie ein Teleskop zusammenschieben oder verlängern konnte, ließ mir vergnügt den Wind um die Ohren wehen und sah mir die Welt von oben an. „Na ja,
5 so spannend ist die alte Erde auch wieder nicht", dachte ich nach einiger Zeit gelangweilt. Warum also nicht auf Abenteuersuche gehen? Per Knopfdruck aktivierte ich das Sauerstofffeld wie eine Schutzhülle um mich herum, bevor ich in den luftleeren Raum hineinstieß. Ob sich die
10 Alien-Bande mit ihrem Commander Sky-Wolf noch immer in der Stratosphäre herumtrieb? Sie waren gefährliche Gegner, auch wenn sie alleine auf Beutezug ausgingen.

7 Vergleiche Text 6A mit Text 6: Was ist in der Schreibkonferenz geändert worden? Welche Mittel zur Spannungssteigerung sind eingesetzt worden, die noch nicht auf deiner Liste stehen? Ergänze sie entsprechend in deinem Heft.

Den Höhepunkt gestalten

Luzie hat einen Höhepunkt und einen Schluss zu ihrer Geschichte geschrieben:

Text 8 … Immer wärmer schienen die Sonnenstrahlen auf die Lichtung und damit auf die gefangene Nebeltochter. Das feine Gespinst des Kleides dampfte, sodass für das arme Wesen die Gefahr bestand noch weiter zu zerfließen. Da war guter Rat teuer. Schier unentwirrbar war der Schleier in der Dornenhecke verheddert. Meine Finger waren
5 einfach nicht geschickt genug um die feinen Knoten zu lösen. Die Zeit drängte. Da hatte ich plötzlich eine rettende Idee: Warum die Ästchen nicht einfach abbrechen? Gesagt, getan. Zweig um Zweig entferne ich und Stückchen um Stückchen löst sich das Kleid. Gebannt schaut mir die Nebelfee zu und angstvoll schaut sie auch auf die aufsteigende Sonne. Es dauert zu lange – so werde ich es nicht schaffen! Ich muss mir
10 doch das Messer aus meinem Rucksack holen! Schwitzend haste ich hin, nestle das Messer aus der Seitentasche und bin im Nu wieder zurück bei der Arbeit. „Ich schaffe es!", denke ich voller Freude und greife prompt in einen Dornenzweig. „Autsch!", schreie ich auf und will mich erst einmal um meinen blutenden Finger kümmern. Dann aber sehe ich das kleine Wesen, das schon allmählich zerfließt, und ändere
15 meinen Vorsatz. Noch ein beherzter Schnitt und der Dunstschleier löst sich vom Strauch. Geschafft! Erleichtert schwebt das Nebelmädchen, Blätter und Gezweig noch in ihrem Kleid, auf ihre Mutter im Schatten zu.

8a Tauscht euch aus – wie beurteilt ihr diese Ausgestaltung des Höhepunktes? Hat Luzie den Schluss gut oder zu lange hinausgezögert (Verzögerung)? Sollte man den Schluss noch erweitern?

b Unterscheidet die Stellen mit innerer und äußerer Handlung: Was bewirkt die innere Handlung?

9 *Zweig um Zweig entferne ich ...* (Z. 7). Was ist das Besondere an der Tempusverwendung in diesem Satz? Besprecht die Wirkung.

10 Zeichne eine Spannungskurve von Text 8. Hast du den Höhepunkt eher als Spitze oder als Hochfläche eingezeichnet? Warum?

11 Besprecht: Müssen alle interessanten Geschichten einen Höhepunkt haben und spannend sein?

Das Buch fertig stellen

Überlegt das weitere Vorgehen bis zur Fertigstellung eures Buches:

- in der Schreibkonferenz die Geschichten nochmals vorlesen und überprüfen
- die Rechtschreibung (evtl. mit dem Rechtschreibprogramm des Computers) überprüfen
- die Illustrationen besprechen und erstellen
- das Binden des Buches organisieren (Schreibwarenhandel: Plastikschienen, Heftstreifen!)
- Ort und Art der Präsentation festlegen (Vorlesestunde für Parallelklasse, Lesecafé, ...)
- Verantwortliche für die einzelnen Aufgaben festlegen
- ...

Das hast du in diesem Kapitel gelernt:
- Merkmale einer Fantastischen Geschichte beim eigenen Schreiben anwenden
- eine Fantastische Erzählung von einer Erlebniserzählung unterscheiden können
- ein Buch mit Fantastischen Geschichten erstellen: planen, Erzählideen sammeln, Figuren und Handlung entwerfen, Texte überarbeiten und verbessern, in Schreibkonferenzen arbeiten, das Buch fertig stellen

Ideen und Projekte
Stopp-Geschichten
Bildet eine Erzählrunde und erzählt spannende Geschichten:
- Eine oder einer beginnt und erzählt so lange, bis die Spielleiterin oder der Spielleiter „stopp!" ruft; nun erzählt die rechte Nachbarin oder der rechte Nachbar weiter – wieder bis zum Stopp-Signal – usw.
- Ihr könnt auch ein Wollknäuel o. Ä. nehmen und einander zuwerfen; wer es fängt, erzählt jeweils weiter; wem nichts mehr einfällt, wirft das Knäuel einer oder einem anderen zu.

Foto-Geschichten
Teilt euch in Gruppen auf und macht aus einer kurzen Geschichte eine Foto-Geschichte.
Dazu müsst ihr zunächst genau besprechen
- welche Szenen fotografiert werden sollen,
- welcher Text hinzugefügt werden soll, z. B. als Sprechblasen,
- wie viele Fotos gemacht werden müssen, damit der Zusammenhang der Geschichte klar werden kann.

Nun könnt ihr die ausgewählten Szenen nachstellen (Standbilder) und fotografieren.

Erweitern · Vertiefen · Anwenden

SCHREIBEN NACH LITERARISCHEN MUSTERN

Lasst euch auch einmal von Freiherr von Münchhausen (1720-1797), der als der unterhaltsamste Lügner gilt, anregen „nach seinem Vorbild" faustdicke Lügengeschichten zu schreiben.

1 Wer kennt diese oder andere Münchhausengeschichten? Erzählt sie euch gegenseitig. Tauscht euch aus: Wie gefallen euch Münchhausengeschichten? Was kann daran reizvoll sein? Wenn man nach einem Muster oder Vorbild schreiben will, muss man die Machart des Ausgangstextes genau kennen:

Text 1 **Die Enten an der Schnur** Nach Münchhausen

Während der Jagd bemerkte ich eines schönen Morgens ein paar Dutzend Wildenten, die friedlich auf einem kleinen See herumschwammen. Hätte ich eine Ente geschossen, wären die anderen davongeflogen, und das wollte ich natürlich nicht. Da kam mir ein guter Gedanke. Ich nahm meine geflochtene Hundeleine auseinander, ver-
5 knotete die Teile, sodass sie jetzt viermal so lang war wie bisher, und band an einem Ende ein Stück Schinkenspeck fest, das von meinem Frühstück übrig geblieben war. Dann versteckte ich mich im Schilf und warf vorsichtig meine Leine aus. Schon schwamm die erste Ente herbei und verschlang den Speck. Da er sehr glatt und schlüpfrig war, kam er bald samt dem Faden an der Rückseite der Ente wieder
10 heraus. Da kam auch schon die nächste Ente angerudert und verschlang das Speckstückchen. Auch bei ihr tauchte es kurz darauf hinten wieder auf, und so ging es weiter! Der Speck machte seine Reise durch alle Enten hindurch, ohne dass die Leine riss, und sie waren daran aufgereiht wie die Perlen an einer Schnur.
Ich zog meine Enten an Land, schlang die Leinen sechsmal um mich herum und ging
15 nach Hause. Doch plötzlich begannen die Enten mit den Flügeln zu schlagen und stiegen in die Luft! Mit mir! Denn ich hatte ja die Leine um mich herumgewickelt! Schnell benutzte ich meine Jacke als Ruder und steuerte sie bis in die Nähe meines Hauses. Nun drehte ich der ersten Ente den Hals um, dann der zweiten, schließlich einer nach der anderen, und so sank ich sanft auf mein Haus hinunter, mitten durch
20 den Schornstein und haargenau auf den Küchenherd, wo die Enten ja auch hin sollten. Mein Koch staunte nicht schlecht!
Zum Glück brannte auf dem Herd noch kein Feuer. Sonst hätte es womöglich Münchhausenbraten gegeben statt Entenbrust mit Preiselbeeren!

Fantastische Geschichten

2a Unterscheide: Bis zu welchem Punkt könnte sich die Geschichte so zugetragen haben, wie Münchhausen sie erzählt? Was hältst du für unwahrscheinlich und übertrieben, was kann in Wirklichkeit unmöglich so geschehen sein?
b Nenne die Textstellen, in denen Glaubhaftes ins Übertriebene und Unglaubhafte übergeht. An welchen Stellen hast du Schwierigkeiten? Woran könnte das liegen?
c Wieso kann man sagen, dass die Münchhausengeschichten eine „Logik innerhalb der Lüge" aufweisen?
d Besprecht: Was bezweckt eigentlich eine Lüge? Sind die Münchhausengeschichten eigentlich „Lügen"-Geschichten?

Selbst Münchhausengeschichten schreiben

3a Überlege: Wie könnte Münchhausen in seine jetzige Situation geraten sein? Worin besteht sein Problem und wie löst er es auf „seine" Weise?
b Erzähle die Geschichte in der Art Münchhausens.

Text 2 Ich bin geschäftlich viel zwischen Hamburg und Frankfurt unterwegs. Die Zeit ist immer knapp und da ist es wichtig, dass ich meinen eigenen Hubschrauber besitze, den ich auch bei schlimmstem Wetter selbst steuere. Einmal im Winter allerdings hätte ich meinen Wagemut beinahe mit meinem Leben bezahlt. Ich war wieder ein-
5 mal zu einer wichtigen Sitzung nach Frankfurt unterwegs, als ich in einen Schneesturm geriet. Es hörte und hörte nicht auf und ich musste meinen arktistauglichen Autopiloten einschalten. Dies ging eine Weile gut, bis ich bemerkte, dass einer der Rotoren unter der meterdicken Schneelast abknickte. Nun war guter Rat teuer. Fest stand, dass ich notlanden musste.

4a Was ist an diesem Textbeginn wahrscheinlich oder möglich, was wirkt übertrieben?
b Finde eine unglaubhafte Wendung für die Geschichte und erzähle sie im Stile Münchhausens zu Ende.
5 Erfindet selbst solche „Lügengeschichten". Vielleicht könnt ihr sogar ein Buch zusammenstellen.

Ideen:
Münchhausen beim Segeln
Münchhausen im Stau
Münchhausen im LKW

Verfolgt von Wölfen
Auf der treibenden Eisscholle
Leck im Fesselballon

Erweitern · Vertiefen · Anwenden

GESCHICHTEN WEITERSCHREIBEN

Text 1 **Die Nacht der toten Soldaten**   KÄTHE RECHEIS

Yuan Chen, ein junger Mann, den das abenteuerliche Leben der Soldaten lockte, zog vom Süden des Landes nach Schantung, um sich dort anwerben zu lassen. Auf seiner Reise kam er in eine einsame Gegend und die Dunkelheit überraschte ihn, bevor er eine Herberge erreichte. Noch dazu wehte ein eiskalter Nordwind, der von Minute
5 zu Minute heftiger wurde. Yuan Chen kämpfte gegen den Sturm an und spähte nach einer menschlichen Behausung aus, wo er Obdach finden könnte. Als er schon fast die Hoffnung aufgegeben hatte, erblickte er plötzlich eine Herberge, aus deren Fenster das trübe Licht einer Öllampe fiel. Er trat ein. In der Herberge standen Wein und Reis bereit, als würde eine Schar Gäste erwartet. Der junge Mann bestellte Essen
10 und Quartier, zu seinem Erstaunen wurde ihm aber beides verweigert.
Die Aussicht, wieder in die Sturmnacht hinaus zu müssen, war alles andere als verlockend. Yuan Chen ließ sich nicht abweisen und bat so lange, bis der Wirt Mitleid mit ihm zu bekommen schien. Nach einigem Zögern führte er ihn in eine winzige Kammer nebenan und erlaubte ihm, die Nacht dort zu verbringen.
15 Endlich schlief er ein, schreckte aber bald darauf wieder aus dem Schlaf. Es musste gegen Mitternacht sein. Aus der Wirtsstube drang Becherklirr. Das werden die erwarteten Gäste sein, dachte Yuan Chen. Ihn wunderte, dass er keine Stimmen hörte, allem Anschein nach nahmen die nächtlichen Besucher ihr Mahl in völligem Schweigen ein. Neugierig erhob er sich von seinem Bett, schlich zur Tür und lugte
20 durch einen Spalt ...

1 Beschreibe in wenigen Sätzen die Situation, in der sich Yuan Chen befindet.

> Wenn du eine **Geschichte weiterschreiben** möchtest, solltest du den vorgegebenen Anfang zunächst gründlich lesen, um zu verstehen, worum es genau geht.
> Da deine Fortsetzung möglichst gut zur bisherigen **Handlung** und zu **Verhalten** und **Eigenart** der **Figuren** passen sollte, ist es wichtig, auf Angaben im Text zu achten, die Hinweise auf die weitere Handlung geben (**Textsignale**).

2 In der Geschichte finden sich viele Textsignale. Damit du sie leichter erkennst, sind bereits einige davon unterstrichen.

a Schreibe die unterstrichenen Textsignale heraus und ergänze jeweils die mögliche Bedeutung für die Ausgestaltung der weiteren Handlung:

Textsignal	mögliche Bedeutung, Fragen, Erwartungen
Die Nacht	– handelt es sich um eine besondere Nacht? – nachts ist es dunkel, häufig unheimlich
der toten Soldaten	– die Soldaten leben nicht mehr, warum? – Die Nacht „gehört" den toten Soldaten, wieso? Wird vielleicht in dieser Nacht ihr Andenken geehrt? Handelt es sich um Gespenster? ...

b Suche weitere Textsignale und ergänze die Tabelle im Heft.

Fantastische Geschichten

3 Überlege dir eine Erzählidee, die deine Fortsetzung lesenswert macht, z. B.:
   – Welche mögliche Fortsetzung lässt sich durch möglichst viele Textsignale begründen?
   – Welches sind die besonderen Eigenschaften Yuan Chens, die für die Handlung wichtig sind?
   – Welche Überraschung, welches Ereignis könnte eintreten? Wie wird Yuan Chen darauf reagieren?
   – …

> Auch die **sprachliche Gestaltung** deiner Fortsetzung muss zu der vorgegebenen Geschichte passen. So solltest du z. B. nicht plötzlich Yuan Chen in der Ich-Form erzählen lassen oder ein anderes Erzähltempus wählen.

Text 2 **Schluss der Geschichte:**
Chen sah viele blass aussehende Menschen. Der Wirt trug mit seiner Frau Reis und Wein aus der Küche herein und stellte die Sachen auf den Tisch. „Guten Appetit!", sagte er freundlich, woraufhin die Anwesenden schon mit vollem Mund „Danke" murmelten. Es handelte sich wahrscheinlich um eine Wandergruppe, die sehr spät von ihrem Ausflug
5 zurückgekehrt war. Chen legt sich wieder ins Bett und schläft weiter. Am nächsten Morgen fährt er weiter nach Schantung und lässt sich als Soldat anwerben.

4 Hier haben sich inhaltliche und sprachliche Fehler eingeschlichen. Benenne die Fehler und erläutere genau, was verbessert werden müsste.
5 Schreibe einen Schluss, der besser zu der Geschichte „Die Nacht der toten Soldaten" passt. Berücksichtige dabei deine Ergebnisse aus den Aufgaben 2 und 3.
6 Lest eure Geschichten vor und überprüft, ob sie inhaltlich und sprachlich zu dem vorgegebenen Text passen. Überarbeitet sie gegebenenfalls in Schreibkonferenzen.

TRAINING: Zeichensetzung bei wörtlicher Rede

Text 1 ... Unverwandt starrte Tim aus sicherer Deckung auf die geschlossene Tür, die grünlich im Mondlicht schimmerte. „Das muss der Keller von Oma Zauberberg sein!", flüsterte er aufgeregt. „Nun sei doch mal still!", entgegnete Lisa, „hörst du denn nicht dieses merkwürdige Klimpern?" Angestrengt lauschte Tim: „Ja, komisch, nicht? Es kommt direkt aus
5 dem Inneren der Höhle."

1a Kennst du noch die Regeln der Zeichensetzung bei wörtlicher Rede? Du kannst sie leicht aus Text 1 ableiten. Einigt euch auf die Regeln, schreibt sie auf und gebt jeder Regel eine Nummer.
 b Partnerübung:
   – Diktiert Text 2 im Partnerdiktat. Jeder lässt sich eine Texthälfte diktieren.
   – Anschließend überprüft und korrigiert ihr jeweils Rechtschreibung und Zeichensetzung und markiert die Zeichensetzungsfehler bei der wörtlichen Rede.
   – Berichtigt die markierten Fehler bei der wörtlichen Rede und schreibt die Nummer der jeweiligen Regel an den Rand.

Text 2 ... Lisa zog sich noch ein Stück weiter hinter den Strauch zurück. „Die hat da eine Maschine drin", vermutete sie, „damit kann sie herstellen, was sie will. Melli hat gesagt, die Maschine arbeitet ohne Strom. Wenn Oma Zauberberg sie anspricht, geht sie an!" Da! Plötzlich ein Motorengeräusch von der nahen Straße. Tim duckte sich ganz tief in
5 den Graben und fluchte still vor sich hin. Dass er auch noch in den Wassergraben abrutschen musste! „Der fährt genau bis zu der grünen Tür", berichtete Lisa erregt, „der will bestimmt Oma Zauberbergs Maschine! Nun sei doch nicht so feige und tu was!" Doch Tim stand bis zu den Knien im Morast und wollte eigentlich nur noch nach Hause. „Na, du bist ja gut!", schimpfte er, „und was soll ich tun? Vielleicht die grüne Tür verzaubern?
10 Oder den Typen, der da aus dem Lieferwagen gestiegen ist, mal eben so fesseln?" Lisa musste Tim insgeheim Recht geben. Eigentlich konnten sie gar nichts machen. Zwei Männer waren aus dem Lieferwagen gestiegen. Einer schob ein Blechstück in der Tür zur Seite und tippte in das in trübem Licht erkennbare Zahlenfeld eine Nummernfolge. „Da ist ja ein Ding", flüsterte Lisa erregt, „wenn man nur sehen könnte, was der da
15 tippt!" „61, äh, 61, ja, 61488, nee 89!" Erstaunt sah Lisa, wie Tim mit dem Spezialfernrohr in der Hand doch wieder Feuer gefangen hatte. Fast lautlos öffnete sich nach kurzer Zeit die grüne Eisentür ...

Text 3 Oma Zauberberg wohnt eigentlich in Rottweil, sie ist die verrückteste Oma, die ich kenne. Sie hat in ihrem geheimnisvollen Kellergewölbe, das nie ein Mensch betreten darf, bereits die merkwürdigsten Erfindungen gemacht. Du kennst sie noch nicht? Wenn du in deinem Zimmer ein geheimnisvolles Kichern hörst oder wenn deine Freundin
5 plötzlich unsichtbar wird, dann kannst du sicher sein: Dahinter steckt Oma Zauberberg.

Ihre Erfindungen sind nie gemein – oder zumindest sind sie nicht so gemeint. Sie sind lustig, listig, raffiniert, nützlich. Aber urteile selbst! Sie hat z. B. erfunden: die sprechende Rose; das Hundefutter, das Hunde miauen lässt; die Mütze, die den Kopf unsichtbar macht; die Hausaufgabenmaschine; Lachwasser; die Verjüngungskabine; den wandern-
10 den Schneemann; die Apfelsine, die sich nicht pellen lässt ... Ach, ich könnte noch lange aufzählen. Und erzählen und erzählen, was ihre Erfindungen alles anrichteten ...

2a Was könnte Oma Zauberberg noch erfunden haben? Ergänzt gemeinsam die Liste.

Fantastische Geschichten

- b Wähle eine der Erfindungen aus und erzähle dazu eine Geschichte: Was geschah mit der Erfindung? Wer hat sie wozu benutzt? ...
- c Lest eure Geschichten vor: Welche gefallen euch am besten?

3a Verändere deine Geschichte, indem du an möglichst vielen Stellen wörtliche Rede verwendest. Lass dabei Anführungszeichen und Satzzeichen weg.
- b Tauscht eure Texte aus und ergänzt die fehlenden Zeichen.
- c Überprüft abschließend: An welchen Stellen wird durch die wörtliche Rede die Geschichte interessanter, wo sollte man die wörtliche Rede besser weglassen?

Text 4 **Besuch bei Oma Zauberberg**

Nach den nächtlichen Erlebnissen die Lisa und Tim hinter sich hatten waren sie sicher dass sie sich mehr um Oma Zauberberg kümmern mussten also ich kann mir nicht denken was die beiden Kerle bei ihr wollten meinte Lisa Tim stimmte zu nicht auszudenken wenn ihr etwas zugestoßen ist vielleicht hätten wir den beiden doch in
5 den Keller folgen sollen inzwischen waren sie am Haus von Oma Zauberberg angekommen es lag etwas einsam vor einem dunklen Wäldchen du klingelst sagte Lisa und versteckte sich etwas unsicher hinter Tim so ganz geheuer war ihr Oma Zauberberg doch nicht Tim nickte cool und zog an der silbernen Kette neben der Haustür ein lautes Poltern ertönte aus dem Innern sodass Tim am liebsten im Erdboden verschwunden
10 wäre was ist das rief Lisa nervös das ist doch ... das haben wir doch noch nie ... aber schon öffnete sich die Tür und Oma Zauberberg winkte sie freundlich herein das ist aber lieb dass ihr mich besucht kommt doch rein ihr beiden na was ist Lisa Tim seid ihr angewachsen Oma Zauberberg schlurfte ins Haus na kommt schon oder hat euch die Hausaufgabenmaschine nicht gefallen ok sie war nur für Mathe aber für die anderen
15 Fächer brauche ich einfach mehr Zeit doch doch die ist schon klasse stotterte Lisa aber wir kommen wegen gestern Abend was war denn gestern Abend entgegnete Oma Zauberberg interessiert ja also nahm sich Tim ein Herz also gestern Abend da wollten wir eigentlich also da wollten wir eigentlich probieren ob wir nicht durch irgendeine Luke oder durch die Kellertür in deinen Zauberkeller schauen könnten was wolltet ihr
20 fragte Oma Zauberberg amüsiert und dann kamen da die beiden Männer mit ihrem Lieferwagen und dem Geheimcode ... Tim wusste nicht so recht wie er fortfahren sollte aber Lisa kam ihm zur Hilfe was wollten die denn von dir wir hatten einfach Angst um dich Oma Zauberberg ja also da gibt es so viele Gerüchte ergänzte Tim ungeduldig hast du denn da eine Maschine die ohne Strom läuft na klar lachte Oma Zauberberg genau
25 und die haben die beiden Serviceleute geholt der Stromanschluss war kaputt ungläubig schauten sich Lisa und Tim an wer spinnt jetzt sie oder Oma Zauberberg na ja ergänzte Oma Zauberberg morgen ist die Maschine repariert aber bis dahin muss ich mir anders helfen und mit einen Fingerschnippen und einer merkwürdigen Körperbewegung zauberte Oma Zauberberg zwei riesige Tassen mit heißer Schokolade auf den Tisch na dann
30 trinkt man erst mal nickte sie ermunternd dann sehen wir weiter ja so ist sie unsere Oma Zauberberg einfach klasse

Achtung Fehlertext!

5a In Text 4 fehlen alle Satzzeichen. Schreibe den Text ab oder scanne ihn ein und arbeite am Computer weiter. Ergänze alle fehlenden Satzzeichen und beachte dabei auch die korrekte Schreibung der Wörter bei Satzanfängen. Ihr könnt euch den Text auch gegenseitig im Partnerdiktat diktieren.
- b Überprüft gegenseitig die Zeichensetzung. Seht im Zweifelsfall im Sachlexikon nach.
- c Markiere alle Zeichen, die bei wörtlicher Rede gesetzt sind, und notiere daneben die Nummer der Regel (vgl. Aufgabe 1).

Berichten und beschreiben

Welche Sportarten kannst du auf den Bildern erkennen? Handelt es sich um Mannschafts- oder Individualsportarten, um olympische Disziplinen?

Betreibst du eine Sportart oder bist du Fan einer bestimmten Mannschaft bzw. eines Sportlers? Beschreibe diese Sportart und berichte von deinen Erfahrungen.

Beschreibt möglichst genau, was mit dem Schlittschuhläufer passiert.
Stellt euch vor, ihr habt den Vorfall beobachtet und werdet nun von der Aufsicht in der Eissporthalle als Zeugen befragt. Was ist passiert? Spielt diese Zeugenbefragung als Rollenspiel.

1. WAS IST PASSIERT? – Berichten

Text 1 Da es Freitag war, waren wir alle gut gelaunt. Vielleicht zu gut gelaunt, denn Julia war zum Beispiel so aufgedreht, dass sie Lisa den ganzen Morgen mit blöden Sprüchen und gemeinen Briefen auf Zettelchen ärgerte. Das macht sie häufig. Am Ende der Sportstunde fragte uns Frau Willmann, was wir spielen wollten. Wir stimmten mit überwältigender Mehrheit für Basketball und teilten die Mannschaften ein. Schon auf dem Weg zur Sporthalle waren Julia und Lisa aneinander geraten. Ich weiß zwar nicht, wer zuerst geschubst hat, aber ich traue Julia zu, dass sie angefangen hat. Und natürlich wurden die beiden in gegnerische Mannschaften gewählt. Ich durfte übrigens wählen und Britta auch. Aber ich kann nichts dafür, dass der Unfall nachher passierte. Und Britta auch nicht. Wir haben uns eben sofort die besten Spielerinnen in unser Team geholt und das sind nun einmal unbestritten Julia und Lisa. „Los geht's!", rief Frau Willmann und pfiff an. Wir starteten direkt mit einem Dreier. Da ist Stefanie Expertin. Danach verlieren die anderen den Ball. Klasse Aktion von Madlin! Wir stürmen wieder und unter dem Korb passiert dann das Schreckliche! Lisa foult, Julia schreit sie an, Frau Willmann pfeift, Lisa schubst und schon war der Knöchel angebrochen. Natürlich Julias. Der Krankenwagen kam sofort, nachdem Frau Willmann erste Hilfe geleistet und angerufen hatte. Unser Basketballspiel hatte sich erledigt. Ich war völlig fertig! Eigentlich schade. Jetzt müssen wir eine ganze Weile ohne Julia spielen.

1 Sabrina erzählt von einem Unfall. Nun soll sie als Zeugin einen Bericht für die Versicherung schreiben.

a Nenne überflüssige Angaben und fehlende Informationen. Denke dabei an die W-Fragen, die ein Bericht beantworten sollte: Wer? Wann? Wo? Was? Wie? Warum? Welche Folgen? Welche Frage sollte am ausführlichsten beantwortet werden?

b An welchen Stellen ist die Wortwahl nicht sachlich genug? Wo finden sich persönliche Wertungen, Vermutungen und Gefühlsäußerungen?

c Sabrina hält sich nicht immer an die zeitliche Reihenfolge. Nenne Beispiele.

2a Welches Tempus hat Sabrina vorwiegend verwendet?
Warum ist auch für einen Bericht gerade dieses Tempus besonders zweckmäßig?

b An mehreren Stellen wechselt Sabrina das Tempus. Benenne die entsprechenden Textstellen und erläutere die Funktion der Tempuswechsel.

c Beurteile, ob der Tempuswechsel auch für einen schriftlichen Bericht sinnvoll ist. Schreibe dazu die folgende Tabelle in dein Heft und ergänze sie.

Tempuswechsel		
Textstelle/Tempuswechsel	Aufgabe	sinnvoll für Bericht?
„Das macht sie häufig." (Z.3) Präsens	Angabe, dass etwas häufig oder immer so ist.	+
„Ich weiß zwar nicht" (Z.6) Präsens		

Berichten und beschreiben

3 Überarbeite nun auf der Grundlage deiner Ergebnisse aus den Aufgaben 1 und 2 den Text und schreibe einen Bericht für die Versicherung.

4 Auch Lisa und Julia sollen zu dem Unfallgeschehen einen Bericht schreiben.
a Versetze dich in eines der beiden Mädchen und schreibe einen Bericht aus ihrer Sicht.
b Lest jeweils einen Bericht von Lisa und Julia vor. Wessen Bericht überzeugt euch mehr? Begründet eure Meinung.

5 Versicherungen verwenden meistens ein genau festgelegtes Formular um Informationen zu einem Unfall aufzunehmen: das Formular zur Unfallanzeige.

Text 2

UNFALLANZEIGE
für Kinder in Tageseinrichtungen,
Schüler, Studierende

1 Name und Anschrift der Einrichtung (Tageseinrichtung, Schule, Hochschule)
2 Träger der Einrichtung
3 Unternehmensnummer des Unfallversicherungsträgers
4 Empfänger
Bitte auswählen und mit der Eingabetaste bestätigen
5 Name, Vorname des Versicherten
6 Geburtsdatum Tag Monat Jahr
7 Straße, Hausnummer Postleitzahl Ort
8 Geschlecht □ männlich □ weiblich
9 Staatsangehörigkeit Bitte auswählen
10 Name und Anschrift der gesetzlichen Vertreter
11 Tödlicher Unfall? □ ja □ nein
12 Unfallzeitpunkt Tag Monat Jahr Stunde Minute
13 Unfallort (genaue Orts- und Straßenangabe mit PLZ)
14 Ausführliche Schilderung des Unfallhergangs (insbesondere Art der Veranstaltung, bei Sportunfällen auch Sportart)

Die Angaben beruhen auf der Schilderung □ des Versicherten □ anderer Personen
15 Verletzte Körperteile
16 Art der Verletzung
17 Hat der Versicherte den Besuch der Einrichtung unterbrochen? □ nein □ sofort □ später am Tag Monat Stunde
18 Hat der Versicherte den Besuch der Einrichtung wieder aufgenommen? □ nein □ ja, am Tag Monat Jahr
19 Wer hat von dem Unfall zuerst Kenntnis genommen? (Name, Anschrift von Zeugen) War diese Person Augenzeuge? □ ja □ nein
20 Name und Anschrift des erstbehandelnden Arztes/Krankenhauses
21 Beginn und Ende des Besuchs der Einrichtung Beginn Stunde Minute Ende Stunde Minute
22 Datum Leiter (Beauftragter) der Einrichtung Telefon-Nr. für Rückfragen (Ansprechpartner)

a Worin bestehen die Vorteile eines solchen Formulars? Siehst du auch Nachteile? Begründe deine Meinung.
b Erkläre, warum die Antworten auf die Fragen 17, 18 und 19 wichtig sein könnten.
c Julia muss eine solche Unfallanzeige ausfüllen. Hilf ihr dabei. Übertrage die Nummern der einzelnen Fragen in dein Heft und beantworte sie.
  – Stelle zuerst fest, auf welche W-Fragen die Unfallanzeige Antworten verlangt.
  – Welche Fragen kann Julia vermutlich nicht oder nur schwer beantworten?
  – Wo müssen Sabrina und Lisa ebenfalls Angaben machen?
  – Welche Fragen kannst du aufgrund von Sabrinas Bericht nicht beantworten? Ergänze die fehlenden Angaben soweit wie möglich.

Berichten

Beim Leichtathletiktraining im Sportverein ist ein Unfall passiert. Jonas war Zeuge und schreibt folgenden Bericht:

Text 3
(U) Zwei Trainingspartner, Peter Krüger und Bruno Schneider, (tragen) Timo zum Ausgang. Sie (kümmern) sich um ihn, bis der Krankenwagen (kommen).
(P) Sein Knöchel (anschwellen) sofort stark und er (nicht mehr auftreten können).
(C) Als Erster (starten) Timo Fuchs.
(G) Er (nicht teilnehmen können) in den nächsten sechs Wochen am Training.
(O) Nachdem wir uns kurz (aufwärmen), (bestimmen) unser Trainer, Herr Lampe, die Reihenfolge der Springer.
(N) Im Krankenhaus (röntgen) Timos Knöchel. Dabei (sich herausstellen), dass er einen Bänderriss (haben).
(H) Am Donnerstag, dem 4. 12. 20.., (sich ereignen) beim Hochsprungtraining des LV Südlingen gegen 16.30 Uhr in der Sporthalle am Jahnplatz ein Unfall.
(S) Dann (anlaufen) er mit großen Schritten und (umknicken) mit dem rechten Fuß kurz vor dem Absprung.
(R) Herr Lampe (ansehen) sich die Verletzung genau und (es für erforderlich halten), einen Krankenwagen (anrufen).
(H) Er (konzentrieren) sich zunächst auf den Ablauf des Sprungs.

6 Die einzelnen Teile des Berichts sind durcheinander geraten.
a Stelle die richtige Reihenfolge her. Die Buchstaben vor den Sätzen ergeben nun ein Lösungswort.
b Schreibe den Bericht ab und ergänze dabei die korrekten Verbformen. Achte dabei auf die richtige Wortstellung im Satz.

7a Schreibe zur Übung einen Bericht für einen Schadensersatzantrag an das Sekretariat eurer Schule, das solche Anträge entgegennimmt und weiterleitet:
– Einer deiner Fahrradreifen wurde zerschnitten.
– Du bist auf den Fliesen in der Pausenhalle ausgerutscht, dabei ist deine Brille auf den Boden gefallen und kaputtgegangen.
– Du hast dir am Mülleimer auf dem Schulhof deine Jacke eingerissen.
b Fülle auch für diesen Unfall in deinem Heft eine Unfallanzeige (Text 2) aus. Ergänze fehlende Angaben.

Text 4 **Ich war der große Held**   Sören Olsson/Anders Jacobsen

Gestern hatten wir Fußballpremiere auf dem Kiesplatz. 7A gegen 7B. Die 7A begann stark. 35 Sekunden lang. Dann schoss die 7B ein Tor. Björna drohte dem Gegner Dresche an. Das half nicht. Nach drei Minuten und fünf Sekunden führte die 7B mit 2:0. Björna ließ den Ball fallen, als er ihn zu Nicke rauswerfen wollte.

5 „Das war Nickes Schuld", sagte Björna wütend.
Nach dem 3:0 spielten alle in der Verteidigung außer Arne. Er hatte neben dem Platz eine gute Regenwurmstelle gefunden.
„Schieß zu mir zurück!", schrie Björna Nicke zu.
Dann fiel das 4:0.
10 Daraufhin ging Nicke duschen.
Christoph sprang ein und machte einen Satz, weil er köpfen wollte, knallte dabei aber gegen die Latte. Nachdem die 7B und die Zuschauer mit Lachen fertig waren, war Pause.
„Hab mir eine Taktik ausgedacht!", sagte Björna.
„Was für eine?", fragten wir.

Berichten und beschreiben

15 „Erst kriegen sie einen Tritt ans Schienbein und dann fallen wir in ihrem Strafraum hin."
In der nächsten Halbzeit lag unsere ganze Mannschaft nach sechzehn Sekunden im Strafraum des Gegners am Boden.
„Stellt euch nicht so an!", schrie die 7B und schoss das 5:0.
Torleif hatte eine Trillerpfeife mitgebracht. Er trillerte ein bisschen damit. Da wurde er
20 vom Platz gewiesen.
Björna wurde im Strafraum des Gegners umgerempelt – von mir.
Wir kriegten einen Elfmeter.
„Der Schiedsrichter macht, was er will, aber in seinem Schädel steht es still!", schrien die Mädchen aus der 7B. Benny Goldfuß schoss den Elfmeter. Er trat daneben und
25 verstauchte sich zwei Zehen.
„Benny Klumpfuß!", sagte Björna.
„Halt den Bagger!", sagte Benny. „Bin ja bloß über meinen Fußpilz gestolpert!"
Die Schulschwester holte Benny ab. Ich durfte den Elfmeter schießen. Ich schoss ein Tor! Alle Mädchen aus der 7A jubelten. Das tat gut. Ich war der große Held – 48 Sekun-
30 den lang. Dann fiel das 6:1 für die 7B.

8a Stell dir vor, das Spiel endet 10:1. Schreibe die Geschichte weiter (mindestens zehn Sätze).
 b Stellt eure Fortsetzungen der Klasse vor. Besprecht, ob und inwieweit sie inhaltlich und formal zu dem Originaltext passen.
9   Benny soll eine Unfallanzeige im Sekretariat abgeben.
 a Welche Fragen der Unfallanzeige lassen sich anhand von Text 4 nicht beantworten?
 b Schreibe aus Bennys Sicht einen Bericht über diesen Unfall. Welche Angaben aus Text 4 musst du verwenden, welche sind für einen Bericht überflüssig?

In der nächsten Ausgabe der Schülerzeitung entdecken Björna und seine Klassenkameraden folgende Schlagzeile:

Text 5

Vernichtende Niederlage für die 7A

Beim Finale des Unterstufen-Fußballturniers unterlag die chancenlose Mannschaft der 7A der haushoch überlegenen Auswahl der 7B mit 1:6.

Beschreiben

10a Zeitungsberichte sind anders gestaltet als Unfall- oder Schadensberichte. Besprecht:
– Welche Funktion hat die Überschrift? Welche W-Fragen können hier bereits beantwortet werden?
– Warum werden die wichtigsten W-Fragen oft gleich am Anfang eines Zeitungsberichts beantwortet? Besorgt euch eine Tageszeitung und sucht Beispiele.
– Welche Gründe könnte es haben, dass Zeitungsberichte manchmal nicht nur rein sachlich informieren? Denkt an die Adressaten und den Zweck.

b Schreibe den fehlenden Hauptteil des Berichts. Beachte dabei, dass die Leser der Schülerzeitung wissen wollen, wie es zu dieser hohen Niederlage gekommen ist.

11 Denkt euch interessante Begebenheiten aus, die an eurer Schule passiert sein könnten.
– Schreibt die W-Fragen auf einen Zettel und ergänzt die entsprechenden Angaben in Stichworten (z. B. Was? Sportfest, Wo? Auf dem Sportplatz der Schule, ...).
– Tauscht eure Zettel aus und schreibt aus den vorgegebenen W-Fragen einen Bericht für eure Schülerzeitung.

12 Abschließend kannst du deine Kenntnisse über Berichte noch einmal überprüfen, indem du folgenden Lückentext abschreibst und ergänzt. Wähle hierzu den jeweils passenden Begriff aus dem Wortspeicher:

Ein **Bericht** dient der (1) über den Ablauf eines (2) Geschehens.
Achte deshalb auf Genauigkeit und (3), aber beschränke dich auf (4).
Beantworte die **W-Fragen**: Wer? Wann? Wo? Was? Wie? Warum? Welche Folgen?
Berücksichtige dabei den Zweck des Berichts.
Schreibe (5). Vermeide persönliche Wertungen, Vermutungen und (6). Verwende klare Ausdrücke. Bezeichne Dinge und Sachverhalte möglichst (7).
Die Zeitform (Tempus) des Berichts ist das (8), weil über ein abgeschlossenes Geschehen in der Vergangenheit berichtet wird.

1 amüsanten Darstellung / sachlichen Information / Spekulation
2 einmaligen / immer wiederkehrenden / häufig auftretenden
3 Unvollständigkeit / Vollständigkeit / Umfang
4 das Notwendige / jedes Detail / Nebensächlichkeiten
5 spannend und abwechslungsreich / sachlich und objektiv / fantasievoll und anregend
6 sachliche Formulierungen / Informationen / Gefühlsäußerungen
7 genau / umständlich / farbenfroh
8 Präsens / Präteritum / Plusquamperfekt

2. WEGE UND VORGÄNGE – Beschreiben

Wie komme ich zum Stadion? – Einen Weg beschreiben

1a Beschreibe auf einem Extrablatt einen Weg von eurem Klassenzimmer aus zu einem beliebigen Ort eurer Schule.

b Überprüft anhand von ein oder zwei Beispielen, wie genau und verständlich ihr beschrieben habt. Mischt dazu eure Wegbeschreibungen und bestimmt Versuchspersonen, die einen Zettel ziehen, sich unwissend stellen und genau den Angaben der Wegbeschreibung folgen. An welchen Stellen gibt es Probleme?

Berichten und beschreiben

Text 6 Timo stieg aus dem Zug und sah sich irritiert um. In so einer großen Stadt war er noch nie gewesen! Mit einem freundlichen Lächeln ging er auf einen Reisenden zu, der zwei Koffer auf Rollen hinter sich herzog. „Wissen Sie, wie ich zum Stadion komme?" „Ja", antwortete der Mann und hastete weiter. Timo versuchte sein Glück bei einer jungen Frau,
5 die offensichtlich auf einen Zug wartete und wahrscheinlich mehr Zeit hatte. „Können Sie mir bitte erklären, wie ich zum Stadion komme?" „Gern", antwortete die Frau. „Wenn du aus dem Hauptausgang herausgehst, kommst du auf den großen Bahnhofsvorplatz. Geh einfach geradeaus. Kümmere dich nicht um die erste Abzweigung. Auch nicht um die zweite. Nimm die dritte. Du kannst sie leicht erkennen, weil an der Ecke ein
10 Geschäft ist, vor dem ein Hund angebunden ist. Lauf ein Stück weiter und biege dann an einer kleinen Kastanie, an der nur noch drei Blätter hängen, links ein. Geh die Straße bis zu einem roten, parkenden Auto hinunter. Dort biegst du rechts ein. [...] Nach kurzer Zeit wirst du einen unangenehmen Geruch wahrnehmen. Dem musst du so lange folgen, bis du zu einigen Mülleimern kommst. Biege links ab. Wenn du richtig gelaufen
15 bist, kommst du an einem alten Mann vorbei, der von seinem Fenster aus die Straße beobachtet. Frag ihn, ob du die Abkürzung durch seinen Garten nehmen darfst. Von dort aus ist es nicht mehr weit. Folge einfach dem nächsten Fußballfan bis zum Stadion."
„Danke!", sagte Timo.

2 Zeige an möglichst vielen Beispielen, welche Schwierigkeiten sich für Timo ergeben könnten, den Weg zum Stadion anhand dieser Wegbeschreibung zu finden.

3 Fülle die Leerstelle in Zeile 12. Denke dir dazu einen ähnlich unpassenden Orientierungspunkt aus und lass Timo dort abbiegen.

4 Schreibe die folgenden Tipps zur Anfertigung einer Wegbeschreibung in dein Heft und fülle die Lücken aus. Begründe, warum es bei (2) verschiedene Lösungen gibt.

Wenn man einen **Weg beschreibt,** benutzt man das (1), das auch ausdrücken kann, dass etwas nicht nur jetzt, sondern zu jeder Zeit so ist.
Stell dir den (2) Weg zum Ziel vor und beschreibe ihn (3) in der richtigen Reihenfolge. Wichtig sind dabei Richtungsangaben (rechts, geradeaus), Straßennamen (Rossinistraße, ...) und besondere (4) (Kirche, Telefonzelle, Turm, ...).

1 Präsens / Präteritum / Plusquamperfekt
2 schnellsten / umständlichsten / einfachsten / sichersten
3 besonders gut ausgeschmückt / sachlich und knapp / nur für Einheimische verständlich
4 Orientierungspunkte / Sehenswürdigkeiten / Lieblingsplätze

5 Verändere Text 6 so, dass eine brauchbare, ernst gemeinte Wegbeschreibung entsteht. Straßennamen und besondere Orientierungspunkte kannst du erfinden.

6 Beschreibe den kürzesten, den am leichtesten zu finden oder den sichersten Weg von deiner Schule aus zu dir nach Hause. Benenne mögliche Gefahrenpunkte, auf die man achten muss, wenn man mit dem Fahrrad unterwegs ist.

7 Tim besucht in den Ferien seine Großeltern in Hamburg, die in der Neanderstraße in der Nähe der Michaeliskirche (im Stadtplan Ziffer ⑩, S.48) wohnen.
a Sieh dir den Stadtplan an. Wo befindet sich der Hauptbahnhof? Wo wohnen Tims Großeltern?
b Beschreibe den kürzesten Weg vom Bahnhof zur Neanderstraße.

Beschreiben

8a Suche auf dem Stadtplan einen beliebigen Standort aus und frage eine Mitschülerin oder einen Mitschüler nach dem Weg zur Binnenalster, zur U-Bahn-Station St. Pauli oder …

b Beurteilt eure Wegbeschreibungen anhand des Stadtplans:
– Sind die Wegbeschreibungen zutreffend und genau?
– Werden Straßennamen und wichtige Orientierungspunkte benannt?
– Wird der kürzeste bzw. der einfachste Weg beschrieben?

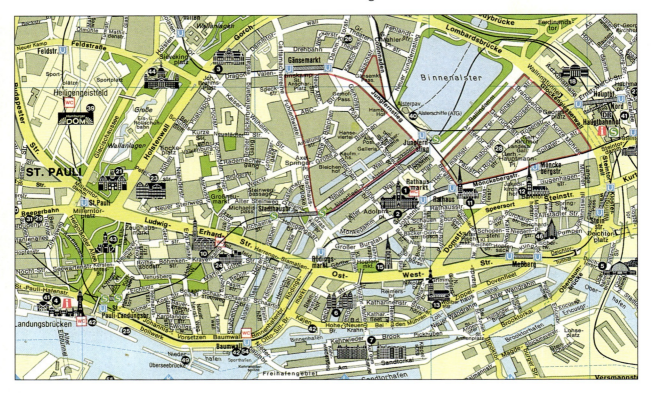

Jonglieren und Spielen – Vorgänge beschreiben

Text 7 Jonglieren kann man überall: in der Pause auf dem Schulhof, in einer Turnhalle oder zu Hause. Auf jeden Fall ist es ein ausgezeichnetes Mittel, Konzentrationsfähigkeit, Geschicklichkeit und Gleichgewichtssinn zu verbessern. Es dient der Entspannung und baut somit Stress ab. Beim Jonglieren vergisst man alles um sich herum. Man wird
5 innerlich ruhig und ist anschließend wieder aufnahmefähiger und konzentrierter. Jonglieren kann man leicht erlernen, da es sich um eine gleichmäßige Abfolge von einfachen, leicht nachvollziehbaren Bewegungen handelt. Die Grundform des Jonglierens mit drei Bällen beherrscht man in knapp einer Stunde.

9 Erläutere, warum durch das Jonglieren Konzentrationsfähigkeit, Geschicklichkeit und Gleichgewichtssinn verbessert werden.

10 Hast du schon einmal versucht zu jonglieren oder Jonglierkünstler im Zirkus beobachtet? Zeige dein Können vor der Klasse.

11 Falls du den folgenden Jonglierkurs nicht nur theoretisch, sondern auch praktisch durchführen möchtest, solltest du dir Jonglierbälle besorgen oder sie selbst nähen.

12 Beschreibe anhand der Bilder, wie man Jonglierbälle herstellen kann.

Vorbereitung:

13 Beschreibe die Haltung beim Jonglieren.

Erste Übung: Einen Ball werfen und fangen

14 Schreibe die einzelnen Schritte der Vorgangsbeschreibung (Text 8) in der richtigen Reihenfolge in dein Heft. Wie lautet das Lösungswort? Es ergibt sich aus den Buchstaben am Anfang der Sätze.
Beachte die Regeln der Groß- und Kleinschreibung.

Text 8 N) WIEDERHOLT NUN DEN VORGANG MIT DER LINKEN HAND.
G) HALTET DIE LINKE HAND NEBEN EUREN KÖRPER UND GREIFT ERST DANN NACH DEM BALL, WENN ER IN EURE HAND FÄLLT.
V) NEHMT DEN BALL IN DIE RECHTE HAND UND HOLT SCHWUNG.
R) DIE FLUGBAHN DES BALLES MUSS DABEI PARALLEL ZUM OBERKÖRPER VERLAUFEN.
G) WERFT DEN BALL ABSCHLIESSEND IN EINEM REGELMÄSSIGEN RHYTHMUS MEHRMALS VON EINER HAND IN DIE ANDERE.
A) VERSUCHT, EUCH BEIM FANGEN NICHT ZU BEWEGEN.
O) WERFT DEN BALL ZUNÄCHST MIT DER RECHTEN HAND VON UNTEN NACH OBEN ZUM LINKEN AUGE UND LEICHT NACH LINKS.

Zweite Übung: Mit zwei Bällen jonglieren

15 Beschreibe den Vorgang anhand des Bildes und folgender Tipps:
– Am Anfang ist es hilfreich, verschiedenfarbige Bälle zu verwenden und immer mit einer bestimmten Farbe zu beginnen.
– Den zweiten Ball erst werfen, wenn der erste Ball den höchsten Flugpunkt erreicht hat.

Dritte Übung: Mit drei Bällen jonglieren

16a Beschreibe anhand des Bildes und der vorangegangenen Übungen, wie man mit drei Bällen jongliert.
b Tauscht eure Vorgangsbeschreibungen aus und überarbeitet sie. Folgende Kriterien können euch dabei helfen:
– sachliche Wortwahl
– Genauigkeit
– richtiges Tempus
– abwechslungsreiche Satzanfänge
– knappe Darstellung
– Vollständigkeit der Handlungsschritte
– Reihenfolge beachten

Beschreiben

17a Bei welchen Gelegenheiten wird nach deiner Erfahrung sonst noch beschrieben oder erklärt? Nenne konkrete Situationen.

b Schreibt – als Beschreibungstraining – Vorgangsbeschreibungen. Jeder denkt sich dazu eine einfache und von allen lösbare Aufgabe aus (z. B. Spiegeleier braten, Vogelkäfig säubern, Flieger aus Papier falten) und schreibt sie auf.
Mischt die Aufgabenzettel und verteilt sie.

c Tauscht eure Beschreibungen aus, korrigiert sie oder überarbeitet sie in einer Schreibkonferenz.

> Beginnt noch nicht sofort mit dem Schreiben. Notiert zunächst in Stichworten untereinander die einzelnen Schritte des Vorgangs in der richtigen Reihenfolge.

18 In Sachbüchern findet man häufig Vorgangsbeschreibungen. Der folgende Textauszug stammt aus einem Spiele-Buch. Um einen Sachtext richtig verstehen zu können, helfen dir die folgenden Schritte der **Texterschließung**:

1. Schritt: a Lies den Text und verschaffe dir dadurch einen ersten inhaltlichen Überblick. Schreibe alle Begriffe heraus, die du nicht verstehst.

2. Schritt: b Erkläre die für dich unverständlichen Begriffe mithilfe eines Wörterbuchs, Lexikons oder aus dem Textzusammenhang.

Text 9 Knöchelspiel

Im antiken Griechenland wurden die Fußknöchel der Hammel, die *astragaloi*, geworfen um die Zukunft zu deuten. Sie wurden aber auch als Würfel zum Spielen verwendet und besonders häufig für ein Spiel, das man heute noch als Knöchelspiel kennt. Griechische Vasen zeigen sowohl Götter als auch Sterbliche bei diesem Spiel und Ähnliches ist
5 in der Ilias und der Odyssee erwähnt. Sophokles schreibt die Erfindung dem Palamedes zu und behauptet, er habe es während des Trojanischen Krieges den griechischen Soldaten beigebracht; wahrscheinlicher ist aber, dass das Spiel aus Asien kommt. Die Römer verbreiteten das Knöchelspiel in vielen Ländern, jedoch ist es auch
10 in den Teilen der Welt zu Hause, in denen die Römer nie gewesen waren, von Russland bis Polynesien. Eine moderne Art davon, „Fünf Steine" – *fivestones* oder *jacks*, ist bei den Schulkindern in aller Welt beliebt. Das Knöchelspiel kann zwar von beliebig vielen
15 gespielt werden, doch lässt die Aufmerksamkeit bei mehr als vier Spielern leicht nach. Das Spiel besteht darin, die Knöchel in einer bestimmten Abfolge und Art (Figuren) zu werfen und zu fangen. Die Bezeichnung der Figuren mag in verschiedenen Regionen dif-
20 ferieren, jedoch sind die meisten Abläufe überall auf der Welt die gleichen. Hier folgen einige der bekanntesten. Eine der ursprünglichsten Knöchelspielfiguren ist auf einem pompejanischen Fresko zu sehen: Ein Spieler wirft alle fünf Knöchel in die Luft und ver-
25 sucht, sie mit seinem Handrücken zu fangen. Dann wirft er sie wieder hoch und fängt sie mit der Innenhand. Eine Grundfigur, „der Einser": Der Spieler wirft alle Knöchel auf den Boden bis auf einen. Den wirft er hoch, hebt einen vom Boden auf und fängt

30 ihn wieder auf. Der aufgehobene ist gewonnen und wandert in die freie Hand. Das wird wiederholt, bis er alle Knöchel gewonnen hat. Lässt er einen Knöchel fallen, ist er „aus" und muss die Figur wiederholen, bevor er eine neue beginnt. Darauf ist der „Zweier" an der Reihe; da müssen die Knöchel paarweise aufgehoben werden. Beim „Dreier" sind es erst drei, dann einer und beim „Vierer" alle auf einmal. Bei der „Brücke" spannt der
35 Spieler mit Daumen und Zeigefinger seiner freien Hand in der Nähe der Knöchel auf dem Boden einen Bogen. Jetzt muss er seine Einser, Zweier usw. durch die Brücke holen, während sich der andere Knöchel in der Luft befindet. [...]

Schritt: 19a Lies den Text nun ein zweites Mal. Falls du eine Kopie vorliegen hast, unterstreiche beim Lesen alle wichtigen Textstellen. Achte darauf, dass du nicht zu viel unterstreichst.
Schritt: b Gliedere den Text und finde treffende Überschriften für die einzelnen Abschnitte.
Schritt: c Schreibe die Überschriften in dein Heft und notiere darunter in Stichpunkten die wichtigsten Informationen, die der Leser in dem jeweiligen Abschnitt erhält.

20 Schreibe nun selbst eine Spielerklärung zu einem einfachen Spiel. Probiert aus, ob man das Spiel nach deiner Anleitung wirklich spielen kann.

Das hast du in diesem Kapitel gelernt:
Berichten:
- Abfolge von Geschehnissen einhalten
- Unfallbericht und Unfallanzeige
- Tempus im Bericht
- Merkmale des Zeitungsberichts
- Bericht für die Schülerzeitung
- anschaulich und übersichtlich informieren

Beschreiben:
- Wege und Vorgänge beschreiben
- Spiele erklären

Ideen und Projekte
Spiele-Buch
Verfasst zu einfachen Spielen, die man mit der ganzen Klasse spielen kann, Spielerklärungen. Ihr könnt sie anschließend überarbeiten und testen, damit man sie nach der Erklärung wirklich spielen kann!

Spiele unterschiedlicher Kulturkreise
Recherchiert im Internet nach Spielen aus unterschiedlichen Kulturkreisen. Ihr könnt sie beschreiben, nachbasteln und vielleicht auf einer Projektwoche an einem eigenen Stand präsentieren und spielen.

Klassenzeitung
Zu einem Wandertag, einem Ausflug oder einer besonderen Unternehmung der Klasse könnt ihr eine kleine Klassenzeitung erstellen: Berichte, Beschreibungen – aber auch Bilder, Reportagen, Umfragen ...

Text-Verwandlungen
Ihr könnt auch einen Bericht oder eine Beschreibung „verwandeln", indem ihr daraus möglichst viele verschiedene andere Texte macht, also z. B. aus einem Bericht ein Gedicht, eine Erzählung, eine Beschreibung, eine Reportage usw. Welche Gruppe hat die kreativsten Ideen?

Erweitern · **Vertiefen** · Anwenden

EINEN SCHREIBPLAN ERSTELLEN

Schulfest am Heinrich-Heine-Gymnasium:

Wenn du einen Text schreibst, ist es oftmals sinnvoll, vorab einen Schreibplan zu erstellen, damit du nichts Wichtiges vergisst und deinen Text geschickt aufbaust. Da jeder Mensch anders lernt und arbeitet, gibt es keinen allgemein gültigen Schreibplan. Probiere die folgenden Tipps aus.

Tipp Nr. 1: Kriterienliste

> Überlege, was für einen Text du schreiben möchtest (Textart) und für wen du schreibst (Adressat). Schreibe als Gedächtnisstütze in Stichpunkten sprachliche und formale Besonderheiten auf, die du bei dieser Textart und bei diesem Adressaten beachten musst. Nachdem du den Text geschrieben hast, kannst du zur Kontrolle die einzelnen Stichpunkte abhaken oder durchstreichen.

1 Jan möchte einen Bericht über das Schulfest für die Schülerzeitung schreiben. Notiere in Stichpunkten, was Jan beachten muss.

Tipp Nr. 2: Mindmap und Cluster

> Überlege, worüber du genau schreiben möchtest. Sammle Ideen (z. B. auf einem Stichwortzettel, in einem Cluster oder in einer Mindmap). Wenn du vorher weißt, dass du über ein bestimmtes Ereignis schreibst, mache dir möglichst während des Ereignisses oder unmittelbar danach Notizen.

2 Da Jan nichts Wichtiges vergessen möchte, erinnert er sich mithilfe einer Mindmap an alle Einzelheiten des Schulfestes. Übertrage die angefangene Mindmap in dein Heft und ergänze fehlende Angaben.

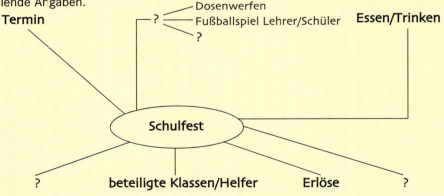

3 Während man bei einer Mindmap Gedanken strukturiert und ordnet, bietet sich ein Cluster an, um erste Ideen ungeordnet zu sammeln. Dies kann hilfreich sein, wenn man viele Einfälle z. B. für eine Erlebniserzählung sammeln will. Erstelle einen Cluster zum Thema *Planung eines Schulfestes*.

Berichten und beschreiben

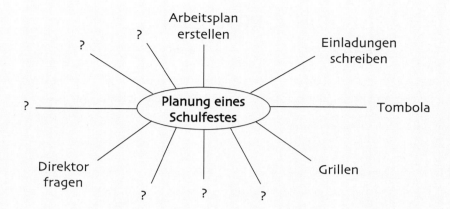

Tipp Nr. 3: Ideen-Auswahl

Wähle aus deinen Ideen diejenigen aus, die für deinen Schreibanlass (Schülerzeitung) wichtig sind. Die Auswahl fällt leichter, wenn du dich in die jeweiligen Adressaten hineinversetzt.

4 Sieh dir Jans Mindmap noch einmal genau an und versetze dich dabei in die Situation eines Lesers der Schülerzeitung. Kennzeichne die Informationen, die für dich interessant sind, mit einem Plus (+), die anderen mit einem Minus (–). Du kannst auch mit verschiedenen Farben arbeiten (z. B. rote Markierung = wichtig).

Tipp Nr. 4: Gliederung

Fertige eine Gliederung an. Bedenke dabei, welche Reihenfolge aufgrund der Textart, der Adressaten und der vorhandenen Informationen sinnvoll ist. Nummeriere deine ausgewählten Ideen, indem du sie mit Zahlen versiehst oder sie jeweils auf einen kleinen Zettel schreibst, verschiedene Möglichkeiten der Anordnung ausprobierst und sie in der endgültigen Reihenfolge hinlegst.

5 Nimm ein leeres Blatt und gliedere es in die drei Bereiche **Einleitung**, **Hauptteil** und **Schluss**. Ordne alle Informationen, die du an Jans Stelle in den Bericht aufnehmen würdest, den entsprechenden Bereichen zu und bestimme die jeweilige Reihenfolge.

Tipp Nr. 5: Ausgestaltung

Überlege dir, wie ausführlich du die einzelnen Bereiche ausgestalten möchtest. Achte dabei wiederum auf Textart, Adressaten und vorliegende Informationen.

6 Schreibe nun auf der Grundlage deines Schreibplans Jans Bericht für die Schülerzeitung.
7 Überprüfe ihn aufgrund der Kriterien aus Aufgabe 1.
8 Suche dir einen der folgenden Schreibanlässe aus: Kochrezept für deine Freundin/ deinen Freund; Erlebnisaufsatz: „Geschichten, die das Leben schreibt" für einen Aufsatzwettbewerb; Bericht über einen Diebstahl für die Polizei. Erstelle einen Schreibplan dazu.

Erweitern · Vertiefen · Anwenden

EIN SACHBUCH VORSTELLEN

Zum Thema „Sport und Spaß" gibt es viele interessante Jugendsachbücher. Informiert euch in einer Bibliothek, in einer Buchhandlung oder im Internet über das vorhandene Angebot und aktuelle Neuerscheinungen. Wählt ein Buch aus und stellt es der Klasse vor. Anregungen und Hilfen für eure Buchvorstellung findet ihr auf den folgenden beiden Seiten.

Ein Sachbuch auswählen
Bei der Auswahl eines geeigneten Sachbuchs können dir folgende Tipps helfen:
a Interessiert dich das Thema? Beantwortet das Sachbuch deine Fragen?
 – Titel, Titelbild, Inhaltsverzeichnis, Klappentext und manchmal auch die Einführung zeigen dir, worüber informiert wird.
 – Häufig gibt es am Buchende ein Stichwortregister, dem du entnehmen kannst, ob Informationen, die du suchst, in dem Buch enthalten sind.
b Ist das Sachbuch für dich verständlich?
 – Überprüfe anhand von Leseproben, ob du die Sprache verstehst.
 – Werden Bilder und Grafiken zur Veranschaulichung eingesetzt?
 – Werden Fachbegriffe im Text, als Fußnote oder am Schluss des Buches erläutert?
c Ist die Gestaltung des Sachbuches so interessant und ansprechend, dass es Spaß macht, darin zu lesen?

1 Marie angelt gern und hat deshalb für ihre Buchvorstellung „Das große Buch vom Angeln" von Casper Verner-Carlsson ausgewählt.

a Beschreibe, was auf dem Titelbild zu sehen ist. Wie gefällt dir die Gestaltung? Welche Informationen wird der Leser vermutlich in diesem Sachbuch erhalten?
b Würdest du bei einer Buchvorstellung den Zuhörern das Titelbild zeigen? Begründe deine Meinung.
c Marie hat sich entschieden, ihren Zuhörern das Titelbild vorzustellen. Sammelt Vorschläge, wie sie dabei vorgehen kann, und besprecht mögliche Vor- und Nachteile der jeweiligen Methode.

2 Wenn man ein Sachbuch vorstellt, ergibt sich häufig das Problem, dass sich einige Zuhörer nicht für das Thema interessieren oder sogar Vorbehalte dagegen haben.
a Was hältst du vom Sachbuchthema „Angeln?"
b Wie könnte Marie bei ihrer Buchvorstellung vorgehen, um die Aufmerksamkeit möglichst vieler Zuhörer zu erhalten?

Berichten und beschreiben

Ein Buch vorstellen

Ziel deiner Buchvorstellung ist es, deine Mitschülerinnen und Mitschüler über das Buch zu informieren und ihre Lust zu wecken, es selbst zu lesen.
Deshalb gehst du am besten so vor:

- Leite deine Buchvorstellung ein, indem du z. B. erläuterst, warum du gerade dieses Buch vorstellst, oder indem du die Aufmerksamkeit deiner Zuhörer durch einen Gegenstand fesselst, der zu dem Thema passt (z. B. eine Angel oder verschiedene Blinker).
- Schreibe Titel, Verfasser, eventuell auch Verlag, Erscheinungsort und -jahr sowie den Preis an die Tafel oder auf Folie.
- Erkläre im Überblick, worüber das Buch informiert.
- Lies einen interessanten Abschnitt als Kostprobe vor.
- Begründe zusammenfassend, warum du das Buch empfiehlst.

Gestalte deinen Vortrag möglichst interessant und abwechslungsreich (z. B. durch Bilder), damit sich deine Zuhörer nicht langweilen und deinen Ausführungen interessiert folgen. Die Länge deines Vortrags sollte möglichst zehn Minuten nicht überschreiten.

3 Marie möchte folgenden Abschnitt aus dem Buch bei ihrem Vortrag vorlesen.
Nenne Vor- und Nachteile des Textausschnitts.

Text 1 **Die Pose**

Früher glaubte man, die Pose oder auch Schwimmer genannt, sei nicht so wichtig. Wenn sie versank, hing ein Fisch am Angelhaken. Erst später merkte man, dass die Chance, einen Fisch zu fangen, umso größer ist, je weniger Widerstand der Fisch von der Pose spürt. Man kauft also besser lange, schmale Posen als große, dicke. Hier siehst du die
5 verschiedenen Posen. Es gibt viele Sorten.

4 Sammelt Tipps für die Auswahl einer Textstelle. Besprecht zum Beispiel, wie umfangreich solch eine Lesekostprobe sein sollte und welche Anforderungen die ausgewählte Textstelle erfüllen muss, damit die Zuhörer nicht das Interesse verlieren.

Abschließend noch einige nützliche Tipps für deine Buchvorstellung:

- Halte einen freien Vortrag, lies also keinen ausgearbeiteten Text ab!
- Schreibe dir als Gedächtnisstütze Stichwortzettel (z. B. Karteikarten). Schreibe möglichst wenig Text darauf, dafür aber so groß, dass du die Informationen sofort findest.
- Halte deine Buchvorstellung vor einer Freundin/einem Freund oder Verwandten zur Probe. Dadurch fühlst du dich bei dem richtigen Vortrag sicherer und kannst mögliche Fehler bereits im Vorfeld erkennen.
- Sprich langsam, laut und deutlich, damit dich alle verstehen können.
- Sieh deine Zuhörer zwischendurch immer wieder an und sprich direkt zu ihnen. Dieser Kontakt ist wichtig, damit sie sich auch angesprochen fühlen.

ERKENNEN, TRAINIEREN, ÜBERARBEITEN

Richtig schreiben

Welche Rechtschreibfehler hat Tobias gemacht?

Inwiefern können undeutliches Schreiben und Rechtschreibfehler auch das Textverständnis behindern?

Auf welche Weise versucht Tobias die jeweils korrekte Rechtschreibung herauszufinden und seine Fehler zu verbessern?

1. „EINE MAUS WERE GERN ..."
Grundregeln heutiger Rechtschreibung

Als sich die 6c mit Fabeln beschäftigt, stößt die Klasse auf einen Text aus dem Jahr 1530, der auf alle zunächst seltsam und fremd wirkt:

Text 1 **Vom frosch und der Maus** MARTIN LUTHER
Eine maus were gern uber ein Wasser gewest und kundte nicht / und bat einen frosch umb rat und hulffe / Der frosch war ein schalck und sprach zur maus / binde deinen fus an meinen fus / so will ich schwimmen und dich hinuber zihen / Da sie aber auffs wasser kamen / tauchet der frosch hin untern / und wolt die maus ertrencken /
5 Inn dem aber die maus sich weret und erbeitet / fleuget ein weyhe* daher / und erhasschet die maus / zeucht den frosch mit eraus / und frisset sie beide [...]

* die Weihe: ein Greifvogel

1a Lest den Text laut vor und klärt Verständnisprobleme.
 b Erzählt den Inhalt der Fabel nach und besprecht das Verhalten von Frosch und Maus.
 c Welche Lehre hat die Fabel?

2a Trotz der ungewohnten Schreibung hat der Text dir wahrscheinlich keine besonderen Schwierigkeiten bereitet. Die 6c hat allerdings damit begonnen, ihn für eine Fabelsammlung in moderne Rechtschreibung zu übertragen, wobei auch einzelne Wörter durch andere ersetzt wurden. Ergänze den Text in deinem Heft und achte dabei auch auf korrekte Zeichensetzung:

Text 2
Vom Frosch und der Maus
Eine Maus wäre gern über ein Wasser geschwommen und konnte es nicht und bat einen Frosch um Rat und Hilfe. Der Frosch ... : „Binde ...
(Indem) Als aber die Maus sich wehrt und (arbeitet) abmüht, fliegt eine Weihe vorbei und ...

 b Vergleicht eure Ergebnisse und korrigiert mögliche Fehler.

3a Martin Luther hat nicht nur als Kirchenreformator, sondern auch für die deutsche Sprache große Bedeutung, da er als Erster die Bibel ins Deutsche übersetzte und sie so auch für weniger gebildete Menschen verständlich machte. Allerdings gab es vor mehr als 470 Jahren noch keine einheitliche Rechtschreibung.
 – Stelle nach folgendem Vorbild Wörter in Luthers Schreibweise und in der modernen Rechtschreibung in deinem Heft gegenüber.
 – Füge hinzu, gegen welche heute gültigen Rechtschreibregeln Luther „verstoßen" hat.

Luther	heutige Rechtschreibung	heute gültige Regel
frosch	Frosch	...*...
*	wäre	„wäre" schreibt man mit „ä", weil ...*...
*	*	...*...
schalck	*	„ck" steht nur nach ...*...
fus	*	...*... s-Laut nach ...*... Vokal schreibt man ...*...
wolt	*	*

b Tragt die von euch aufgeschriebenen Regeln für die heutige Rechtschreibung zusammen und ergänzt sie mit Regeln, die ihr bereits kennt.
c Sortiert die nach heutiger Rechtschreibung anders geschriebenen Wörter und ordnet die korrigierten Wörter folgenden Bereichen zu:
(1) Groß- und Kleinschreibung: der Frosch, *
(2) Schreibung von langen Vokalen: *
(3) Schreibung von kurzen Vokalen: *, Schalk, *
(4) s-Laute: *
(5) gleich und ähnlich klingende Laute: wäre, *
(6) sonstige Wörter: über, *
d In welchen Bereichen habt ihr selbst „Fehler" nicht erkannt oder sogar selbst gemacht?

2. RABENAS, REITEREI UND REVIER
Trainieren und selbst Übungen erfinden

Die 6c ist auf die Idee gekommen, unter Anleitung ihrer Deutschlehrerin selbst Übungen zu erfinden, die dazu dienen, einzelne Bereiche der Rechtschreibung zu wiederholen. Zuerst müssen sie – und ihr natürlich auch – testen, ob sie selbst die Regeln beherrschen.

Groß- und Kleinschreibung

Ruth, **A**xel, **B**ea und **E**nno bilden das RABE-Team. In ihren Übungen sollen Raben eine Hauptrolle spielen, denn Raben gelten als geheimnisvoll und genau so kommt ihnen die Groß- und Kleinschreibung vor.

Ruth und Enno haben eine Einsetzübung gemacht:

1 Schreibe den Text ab und ergänze die Lücken mit den Wörtern aus dem Wortspeicher. Manche Wörter kannst du mehrfach einsetzen.

> – **Groß**geschrieben werden * (z. B. Ich mag Raben.) und * (z. B. Schnabel, Feder).
> – **Klein**geschrieben werden * (z. B. krächzen, flattern) und * (z. B. schwarz, geheimnisvoll).
> – Auch * und * können Substantive/Nomen werden. Man erkennt sie oft an ihrem *.
> – Begleiter sind * (z. B. ein, das), * (z. B. mein, dein), * (z. B. im, zum) und * (z. B. etwas, viel).
>
> ■ Adjektive, Artikel, Begleiter, Possessivpronomen, Präpositionen, Satzanfänge, Substantive/Nomen, unbestimmte Zahlwörter, Verben.

Axel hat eine Geschichte geschrieben, in der alle Wörter großgeschrieben sind. Die Hauptfigur Rudi hat einen verletzten Raben gefunden und gesund gepflegt. Das wäre ja noch nichts Besonderes, aber nach einiger Zeit geschehen seltsame Dinge …

Text 3
> ZUERST BEMERKTE RUDI DIE VERÄNDERUNGEN KAUM. ES BEGANN IM GROSSEN UND GANZEN DAMIT, DASS ER AUF SEINEN JÜNGEREN BRUDER AUFPASSTE, WÄHREND DER AUF DEM SPIELPLATZ MIT DEN ANDEREN KLEINEN HERUMTOBTE. RUDI HOLTE SEIN BUCH ZUM LESEN HERAUS, DOCH
> 5 EIN SELTSAMES SCHARREN HINTER IHM ERREGTE SEINE AUFMERKSAMKEIT. BEIM UMDREHEN STELLTE ER ETWAS ERSTAUNLICHES FEST:

Selbstständig üben

AUF EINEM KLETTERGERÜST HATTEN SICH EIN DUTZEND RABEN NIEDERGE-
LASSEN, DIE IHN NEUGIERIG ANSTARRTEN. RUDI DACHTE NICHT IM ENT-
FERNTESTEN DARAN, DAS WEITE ZU SUCHEN. ER WOLLTE IHNEN ETWAS
ZURUFEN, DOCH DAS SPRECHEN FIEL IHM SCHWER. SEINE STIMME KLANG
PLÖTZLICH SO HEISER, DASS IHM NUR EIN KRÄCHZEN GELANG. AUCH BEIM
ABENDBROT EREIGNETE SICH ALLERLEI SELTSAMES. ZUM ESSEN KAM ER
KAUM, DENN ER BEGANN PLÖTZLICH MIT DEN ARMEN ZU FLATTERN. AM
NÄCHSTEN MORGEN ENTDECKTE ER BEIM KÄMMEN SEINER HAARE, DASS
DREI KLEINE FEDERN ZU BODEN SCHWEBTEN.

2 Schreibe den Text in korrekter Groß- und Kleinschreibung ins Heft und unterstreiche alle
13 substantivierten/nominalisierten Wörter und deren Begleiter.

3 Setze die Geschichte in Großbuchstaben als Übung für andere fort und baue dabei viele
Substantivierungen/Nominalisierungen ein. Wie könnte es mit Rudis seltsamen
Veränderungen weitergehen?

4 Groß oder klein? Schreibe die Bezeichnungen in korrekter Rechtschreibung in dein Heft:
DER HAMBURGER HAFEN, DAS ROTE MEER, DIE SCHWARZWÄLDER UHR, DAS
ITALIENISCHE EIS, DER ENGLISCHE FUSSBALL, DIE ROTE JACKE, DER GROSSE BELT,
DAS BAYERISCHE BIER, DAS KAP DER GUTEN HOFFNUNG, EIN FRANKFURTER
WÜRSTCHEN, DER HUND BELLT

Enno hat weitere wichtige Regeln der Großschreibung von Adjektiven in einer Sachinformation zusammengefasst. Fülle die Lücken mit den Wörtern aus dem Wortspeicher:

Großgeschrieben werden
– Adjektive als * von * (z. B. die **Vereinten** Nationen, die **Deutsche** Bahn).
– alle * auf **-er** (z. B. der Schweize**r** Käse, der Berline**r** Bär).
Aber! * werden * von * auf **-(i)sch** (z. B. der holländ**ische** Käse).

*Bestandteile – Kleingeschrieben – Ableitungen – Eigennamen – Orts- und Ländernamen –
Eigennamen*

Lange und kurze Vokale

An dem Wort „Rabe" fällt vor allem das lange „a" auf. Deshalb hat Bea bei ihrem Raben-
Gedicht möglichst viele Wörter mit diesem Laut ausgewählt und jedes Mal durch das
R🐦ben-🐦 ersetzt.

5a Lies das Gedicht laut und deutlich vor. Hat Bea wirklich nur Wörter mit langem „a"
markiert? Welche sind es?

b Schreibe das Gedicht in korrekter Rechtschreibung ab. Bei welchen Wörtern muss das
lange „a" mit einem Dehnungszeichen versehen werden (a*a*, a*h*)?

Text 4 Der R🐦benvogel, ohne Fr🐦ge,   5 Hierzul🐦nde ist er r🐦r,

ist ein schw🐦rzer, schlauer Kn🐦be.   lebt lieber in Amerik🐦,

Geheimnisvoll ist sein Geh🐦be,   in Asien auch d🐦s g🐦nze J🐦r

sein sch🐦rfer Blick die größte G🐦be.   sowie im w🐦rmen Afrik🐦.

Die Leute lassen, dAs ist wAr,   Sein SchnAbel hackt auch ohne ZAn

10 an RAben oft kein gutes HAr.   in jeden FrAß sich seine BAn.

Ob RAbenmutter, RAben As,   15 Doch mit BehAgen, wie ich sA,

solche NAmen sind kein SpAß.   mAg er gebrAtene PAprikA.

c Übernimm die nachfolgende Tabelle in dein Heft und trage die Wörter mit langem „a"-Laut ein.
Wörter mit langem Vokal (Vokaldehnung)

ohne Dehnungszeichen Rabenvogel ...	mit Dehnungs-h (-ah-) *	mit Vokalverdoppelung (-aa-) *

d Liste die mit dem RAben-A markierten Wörter, die nur einen kurzen „a"-Laut haben, getrennt auf: schwarzer, ...

6 Ergänze das Gedicht noch um ein oder zwei Strophen. Du könntest z. B. auch ein Gedicht über einen „Aal", einen „Esel" (Wörter mit langem „e"), eine „Ziege" oder einen „Tiger" (Wörter mit langem „i"), ein „Fohlen" (Wörter mit langem „o") oder einen „Pudel" (Wörter mit langem „u") schreiben.

7 Ruth hat festgestellt, dass die Vor- und Nachsilben (Präfixe und Suffixe) ur-, -tum, -sam, -bar, -sal alle ohne Dehnungs-h geschrieben werden, und daraus folgende Aufgabe gebastelt.

> Ergänze die Prä- und Suffixe zu mindestens einem Dutzend Wörtern: z. B. **ur**wüchsig, Irr**tum**, streb**sam**, erreich**bar**, Trüb**sal** ...

8 Hier findest du waagerecht und senkrecht Wörter mit kurzen Vokalen. Schreibe sie heraus und sortiere sie alphabetisch. Achte auch auf korrekte Groß- und Kleinschreibung. Wie viele Wörter kannst du finden?

```
S L U Z Z B O S S
T A S S E A F B K
I C O A L L E S A
M K N T E L L E R
M U N T E R L N R
E W E L L I G F E
A G L A T T S O K
W A L L S T A M M
```

9 Zum Wiederholen: Schreibe den folgenden Text ab und ergänze die vier Lücken mit den Wörtern aus dem Wortspeicher.

> Nach **kurzen** Vokalen findest du oft Konsonanten**häufungen** * oder * (z. B. wetten, Sinn).
>
> Doppelkonsonanten vor einem weiteren Konsonanten findest du nur bei Wörtern, die von einem * abgeleitet sind, das bereits im Infinitiv einen Doppelkonsonanten hat (z. B. ke**nn**en: beka**nn**t, Beka**nn**tschaft, Ke**nn**tnisse), oder bei Wortzusammensetzungen (z. B. Ball-kleid).
>
> Auch „ck" und „tz" sind eigentlich Doppelkonsonanten, denn sie stehen für „kk" und „zz" – und zwar nur direkt nach * (z. B. zucken, Sack; blitzen, Katze).

■ *Konsonanten**verdoppelungen** – kurzem Vokal – Verb – (z. B. springen, Wald)*

Selbstständig üben

10a -z oder -tz?

Noti*, Sa*, Klo*, schwar*, Trape*, Ne*, ste*, Pla*, Gese*, Quar*, tro*, Wi*, Justi*

Vorsicht: In einem Fall ist weder das eine noch das andere richtig!

b -zen oder -tzen? schwa*, pe*, du*, si*, glo*, Kapu*, he*, pro*, schwi*, nu*

c k oder ck? Dru*, Spu*, Bli*, Anora*, Ru*, Fabri*, Schmu*, schi*

d g, k oder ck? Setze die richtigen Buchstaben ein.

ich fra*e, der Gärtner har*te, der Tischler sä*te, das Gespenst spu*te, der Schlüssel ste*te, der Frosch qua*te, der Verkehr sto*te

s-Laute

11a Ordne die folgenden Sätze (1–5) jeweils einem der Merksätze (a–e) aus der Sachinformation zu und ergänze die fehlenden s-Laute:

1) *ieben Wie*el *au*en *icher durch *aftige Grä*er.
2) Drei*ig gro*e Genie*er a*en flei*ig Blumensträu*e.
3) Die Mau* verspei*te mit Genu* und ohne Ha*t den Klo* mit Apfelmu*.
4) Ke*e Horni*en bi*en gela*en unwi*ende Dro*eln.
5) Als der Wind immer stärker blie*, erbla*te er und stie* gegen den Mast.

a Bei **hartem, stimmlosem s-Laut** nach **langem** Vokal oder Doppellaut (Diphthong) **in der Wortmitte** schreibe ß.

b Bei hartem, **stimmlosem** s-Laut nach **kurzem** Vokal **in der Wortmitte** schreibe ss.

c Am Wortanfang und Silbenanlaut wird der s-Laut immer stimmhaft/weich gesprochen. Schreibe also einfaches s.

d Am **Wortende** von **Substantiven/Nomen** musst du untersuchen, wie sich der s-Laut bei einer **Verlängerung** verhält (z. B. Gras > Gräser, Gruß > Grüße, Fass > Fässer). Einen **s-Laut vor einem t-Laut** schreibst du als **-st** (z. B. Nest, Rost, Last).

e Am **Wortende** von **Verben** musst du untersuchen, wie sich der **s-Laut beim Infinitiv** verhält (z. B. du liest < lesen, es fließt < fließen, es passt < passen).

b Schreibe die folgenden Wörter mit korrekten s-Lauten in dein Heft, und zwar in alphabetischer Reihenfolge:

Pre*e, Fe*t, Blu*e, Me*ung, Ka*ten, verge*en, Moo*, Schlü*el, Erlö*, sü*, Grima*e, Kä*e, bü*en, be*er

12 das oder **dass?**

a Wie lautet die **Ersatzprobe:** Kannst du * oder * einsetzen, schreibe *!

b Vervollständige die Sätze in deinem Heft:
 I) Ich sehe da drüben * Lineal, * mir gehört.
    Ich sehe * nicht ein.
 II) Eine Nachtwanderung ist *, was ich am Wochenende vorhabe.
    Eine Nachtwanderung ist so spannend, * ich mir nichts Aufregenderes vorstellen kann.
 III) Paul weiß, * er einen Fehler gemacht hat.
    Paul weiß, * * nicht alles richtig war.

Richtig schreiben

Gleich und ähnlich klingende Laute

Ruth hat sich ein paar Übungen ausgedacht, in denen nicht nur die Tiere **Bär** und **Eule** eine wichtige Rolle spielen, sondern auch ein **Ei**, das in verschiedene Buchstabennester gelegt worden ist. Und dann sind da noch diese seltsamen **Zahl**-Wörter …

> Bei den folgenden Übungen helfen dir besonders deutliches Sprechen sowie die **Ableitungsmethode** (z. B. Kälte < kalt, Mäuse < Maus) und das **Verlängern von Wörtern** (z. B. richtig > die richtige Lösung). Du wirst jedoch auf einige Fremdwörter stoßen, die du wahrscheinlich nicht kennst oder bei denen du dir unsicher bist. Benutze in diesen Fällen am besten ein Wörterbuch.

13 Schreibe die folgenden Abschnitte ab und ersetze dabei die **Symbole** und die **Zahlen**. Beachte auch die Groß- und Kleinschreibung!

a -bär- oder -ber- oder -beer- oder -behr-?

Es waren einmal zwei Braun🐻en, die hießen Hu🐻t und 🐻bel. Sie kamen aus 🐻lin. In den Ferien fuhren die beiden 🐻enstarken Urlau🐻 in die 🐻ge. Dort mussten die Schlau🐻ger nichts ent🐻en, denn der O🐻 servierte ihnen sau🐻e Him🐻en. Als ihre Bäuche bis zum 🐻sten gefüllt waren, gähnten sie und konnten ihre Schläfrigkeit nicht länger ver🐻gen.

b -äule- oder -eule-?

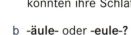

Neulich flog eine scheue 🦉 heran und setzte sich auf eine S🦉; davor standen zwei feurige Pferde. Die 🦉 nahm mit Geh🦉 eine K🦉 und haute ihnen auf die M🦉r. Da gab es B🦉n bei den G🦉n.

c -ai- oder -ei?-

🥚ne kl🥚ne M🥚se mit 🥚ner Schl🥚fe um den L🥚b kaufte 🥚nen L🥚b W🥚ßbrot und flog zu 🥚nem T🥚ch. Pf🥚fend schnitt sie dr🥚 Sch🥚ben ab, legte zw🥚 b🥚s🥚te und fütterte 🥚nen W🥚ßfisch, der gerade gel🥚cht hatte. Zur gl🥚chen Z🥚t saß 🥚n W🥚senkind auf 🥚nem br🥚ten St🥚n und spielte l🥚se G🥚ge, bis 🥚ne S🥚te riss.

d Zwei Sätze: In ihnen geht es nicht nur um s oder st, um tz oder z.
Der Ver1beste wird den 11meter 2fellos ver7.
1t im letzten Jahr100 saßen 3 8lose W8eln mit Sch0ern auf dem kl1ten 2g neben einer ver2felten Galapago6e.

e Drei Sätze und acht einzelne Wörter: f oder ff oder ph oder v oder w?
Das Scha∗ sinkt bra∗ in den Schl∗.
Der Philoso∗ findet es doo∗ am Ho∗ des Gra∗en.
4 täto4te 11en reno4en gem1am 2 Kla4e.
telegra4en, ser4en, aussta4en, Re4, substanti4en, trium4en, reser4en, chau4en

f Sechs Sätze: chs oder gs oder ks oder cks oder x?
Ma∗ ist mitta∗ stets auf A∗e mit seiner Ta∗e.
Da∗e schicken zu Pfin∗ten keine Fa∗e.
Der Fu∗ macht aus Ju∗ keinen Mu∗.
Die Ni∗e machte fi∗ ein paar Kni∗e.
Können O∗en bo∗en?
Die He∗e backt Ke∗e und macht Kle∗e auf die Te∗te.

g -ig oder -lich? Substantive/Nomen werden zu Adjektiven.
Mache die folgenden Substantive/Nomen durch Anhängen der Suffixe *-ig* oder *-lich* zu Adjektiven und ordne sie alphabetisch: Gewicht, Ärger, List, Sommer, Appetit, Kind, Absicht, Wind, Monat, Rost, Vorsicht, Freund, Sport

> **Für alle Übungen gilt:**
> Wenn du dir bei der korrekten Schreibung von Wörtern oder bei bestimmten Regeln nicht sicher bis, dann helfen dir folgende **Methoden**:
> – die betreffenden Rechtschreibregeln im Sachlexikon Deutsch nachlesen
> – deutliches Sprechen
> – Wörter verlängern (z. B. Dan**k** > dan**k**en) oder ableiten (z. B. Bä**ck**er < ba**ck**en)
> – Nachschlagen im Wörterbuch

Selbstverständlich müssen alle Übungen am Ende gemeinsam mit eurer Deutschlehrerin oder eurem Deutschlehrer besprochen und korrigiert werden.
Jetzt könnt ihr, wenn ihr weiter trainieren wollt, selbst weitere Übungen wie in diesem Kapitel erfinden.
– Jede Übung schreibt ihr am besten auf ein eigenes Blatt. Dazu gehört jeweils ein zweites Blatt als Lösungsblatt.
– Die Blätter werden gesammelt und nach Fehlerschwerpunkten sortiert.
– Nun kann jeder zu eigenen Fehlerschwerpunkten Übungen heraussuchen und üben.
– Mit den Lösungsblättern könnt ihr zum Schluss eure Lösungen überprüfen.
Ihr könnt das Ganze auch als Wettbewerb durchführen und für jede richtige Antwort einen Punkt vergeben.

3. UWOS (UNBEKANNTE WORT-OBJEKTE) Fremdwörter

Fremdwörter sind aus anderen Sprachen ins Deutsche gekommen und bereiten uns deshalb wegen ihrer ungewöhnlichen Schreibung häufig Probleme.

1a Notiere die nachfolgend umschriebenen Fremdwörter in deinem Heft. Als kleine Hilfe ist jeweils der erste Buchstabe angegeben. Wenn du dir bei der Schreibung nicht sicher bist, benutzt du am besten ein Wörterbuch.

b Unterstreiche dann bei jedem Wort den in Klammern bezeichneten Buchstaben: Hintereinander aufgeschrieben ergibt sich das Fremdwort für „Rechtschreibung".

1. L... – Zugmaschine bei der Eisenbahn (2. Buchstabe), 2. K... – Berichtigung (3. Buchstabe), 3. N... – schriftlicher Vermerk (3. Buchstabe), 4. K... – großes Unglück (10. Buchstabe), 5. K... – Gerät zum Feststellen der Himmelsrichtung (2. Buchstabe), 6. D... – ärztlicher Untersuchungsbefund (4. Buchstabe), 7. I... – Mitteilung (5. Buchstabe), 8. F... – begeisterter Anhänger (2. Buchstabe), 9. P... – Vollkommenheit, Vollendung (1. Buchstabe), 10. A... – Lufthülle der Erde (7. Buchstabe), 11. C... – Innenstadt (2. Buchstabe), 12. I... – Aufmerksamkeit, Beachtung (4. Buchstabe).

4. RHYTH-MISCH WÖR-TER ZER-LE-GEN
Silbentrennung

1a Welche Teile der Merksätze gehören zusammen?

1) Wörter werden ...
2) Ein Konsonant zwischen zwei Vokalen ...
3) Stehen zwischen Vokalen mehrere Konsonanten, ...
4) Untrennbar sind ...
5) Ein einzelner Vokal am Wortende ...

a) ... ch, ck, sch, ph, th.
b) ... wird nicht abgetrennt.
c) ... nach Sprechsilben getrennt.
d) ... kommt auf die folgende Zeile.
e) ... so kommt der letzte von ihnen auf die folgende Zeile.

b Ordne die folgenden Beispiele den Merksätzen zu.

sit-zen, Klaue, So-cke, knusp-rig, Sa-ge, Ku-chen, Schreie, Fa-mi-li-en-ur-laub, Kar-re, Schläue, Fa-bel, sump-fig, Rau-haar-da-ckel, Ta-sche, Som-mer-fe-ri-en, A-po-the-ke, Ra-sen, Ste-phan, sü-ßen, auf-pas-sen

2 Erfindet – am besten in Gruppen – Übungsaufgaben, Rätsel oder Spiele zur Silbentrennung für die anderen.

a Entwerft z. B. Wortlisten. Welche der anderen Gruppen kann als erste die Wörter richtig trennen?

anstimmen	borgen	charmant	dunkel
Antwort	Boote	Chemie	dass
aber	billig	China	dreckig
...	...	...	...
...	...	...	...

b Denkt euch Spiele zur Silbentrennung aus, z. B. Würfelspiele: Jeder würfelt einmal und schreibt ein Wort mit so vielen Silben auf, wie der Würfel anzeigt. Jede Silbe bringt einen Punkt. Natürlich kann man das Spiel auch mit zwei Würfeln spielen.

Die **Trennung eines Wortes in Sprechsilben** kann dir helfen, wenn du dir bei der Schreibung von **s-Lauten** nicht sicher bist. Beispiele:
- Wenn du das Wort *Rose* bei langsamem und deutlichem Sprechen in seine Silben zerlegst, kommst du auf Ro-se mit weichem, stimmhaftem s-Laut. Also schreibst du ein einfaches „s".
- Bei den Wörtern *Straße* und *beißen* sprichst du die Silben Stra-ße und bei-ßen: Der harte, stimmlose s-Laut nach einem langem Vokal oder Diphthong wird jeweils **nur einer Silbe** zugeordnet. Deshalb schreibst du „ß".
- Bei den Wörtern *Kasse* und *wissen* sprichst du die Silben Kas-se und wis-sen: Der harte, stimmlose s-Laut nach einem kurzen Vokal wird **zwei Silben** zugeordnet. Deshalb schreibst du „ss".

3a Bestimme so durch deutliches Silbensprechen die s-Laute von lau∗ig, Ra∗el, grü∗en, Ki∗en, lei∗e, Wa∗erke∗el, flei∗ig.

b Schreibt eigene Wortlisten, tauscht sie untereinander aus und markiert jeweils die Silbentrennung.

5. DAFÜR GIBT ES DOCH COMPUTER!?
Texte überarbeiten

1 Tauscht euch in der Klasse aus: Welche Erfahrungen habt ihr mit Texteingaben am Computer und mit Programmen, die Rechtschreibfehler korrigieren?

Miriam hat am Computer eine Erzählung für ein Buch mit Fantastischen Geschichten geschrieben, das ihre Klasse gerade zusammenstellt. Auf dem Höhepunkt des Spannungsbogens wird die Heldin ihrer Ich-Erzählung von einem geheimnisvollen Raben zu einem einsamen Haus geführt, in dem scheinbar niemand wohnt. Aber dann ist da plötzlich diese seltsame Tür …

Text 5

… Ich war am Ziel. Nur die Tür vor mir trennte mich noch von der Lösung des Geheimnisses. Draussen war die Nacht schwarz wie ein Grab. Auch im Haus war es düster, denn das flackern der Kerze in meine rHand sorkte nur für ein trübes Zwielicht und wraf den vergrößerten Schatten des Raben auf meiner
5 Schulter an die Wende. Aber was wahr das? Unter der Tür vor mir war ein seltsames Leuchten zu sehen: ein schauriges, schimmerndes rot in der Finsternis ringsum. Plötzlich drang ein greller lichtstrahl durch das Schlüsselloch und viel in die dunklen Augen des Raben, die nun geheimnisvoll zu blizen begannen. Als ich ihrem Blikc folgte, bemerkte ich, das sich die Klinke langsam senkte,
10 Millimeter um Millimeter. Im nächsten Augenblick würde sie sich öfnen …

2 Das Computer-Programm hat Fehler rot unterringelt. Gegen welche Rechtschreibregeln hat Miriam hier verstoßen? Korrigiere die Fehler.

3 Welche der vom Computer markierten Fehler kommen zumeist nur durch Unachtsamkeit beim Tippen, selten aber beim Schreiben im Heft vor?

4a Untersuche den Text noch einmal genauer:
– Welche Fehler hat das Rechtschreibprogramm nicht erkannt und markiert?
– Welche Erklärung hast du dafür?
b Korrigiere auch diese Fehler.

5 Besprecht in der Klasse: Inwiefern sind Rechtschreibprogramme nützlich? Wo liegen die Grenzen der Programme? Folgende Fragen können euch helfen:
- Wie reagiert ein Rechtschreibprogramm bei Wörtern, die es nicht kennt, die aber richtig geschrieben sind?
- Wie könnt ihr dem Rechtschreibprogramm „beibringen" neue Wörter zu „lernen"?
- Welche Möglichkeiten gibt es, dass ein Rechtschreibprogramm manche Fehler „von allein" korrigiert?

Das hast du in diesem Kapitel gelernt:
- Grundregeln der heutigen Rechtschreibung
- selbstständiges Arbeiten an eigenen Fehlerschwerpunkten
- eigenes Übungsmaterial erstellen
- Anwenden unterschiedlicher Arbeitsmethoden (Wörterbuch, Anwenden von Rechtschreibhilfen, Rechtschreibprogramm des Computers)
- Groß- und Kleinschreibung
- lange und kurze Vokale
- s-Laute (das/dass)
- gleich und ähnlich klingende Laute
- Fremdwörter
- Silbentrennung

Ideen und Projekte

Regelheft
Fertigt doch einmal ein Rechtschreib-Regelheft für die Parallelklasse oder für Klasse 5 an! Überlegt vorher:
- Was soll das Regelheft enthalten? Rechtschreibregeln, Beispiele, Übungen, Rechtschreibspiele ...?
- Welchen Umfang und welches Format soll es haben?
- Wer (welche Gruppe) soll welche Aufgaben übernehmen?
- Wer prüft, ob auch alles richtig ist?
- Wollt ihr das Regelheft verschenken, verkaufen ...?

Regel-Geschichten
Probiert kleine Geschichten oder Gedichte zu schreiben, in denen (fast) nur Wörter vorkommen, die zu einem oder zwei Rechtschreibproblemen gehören, z. B.:
- s-Geschichten: Es sah Sonntag so aus, dass ...
- Silbentrennungs-Gedichte:

Wär-	sechs-
me	te
Hit-	Stun-
ze	de –
Schweiß –	Puuhh!

Zeit-Stationen-Lauf
Ihr könnt auch einen Stationenlauf für eure Klasse erfinden:
- Teilt euch in Gruppen auf. Jede Gruppe erfindet jeweils zu einem Rechtschreibproblem drei interessante Übungen, mit denen man noch einmal seine Kenntnisse trainieren kann.
- Die Übungen werden in den Ecken des Klassenzimmers verteilt; das sind die „Stationen". An jeder Station liegt als Hilfe ein Rechtschreibwörterbuch.
- Welche Gruppe hat die Übungen der anderen Gruppen als erste richtig gelöst?

Erweitern · Vertiefen · **Anwenden**

DIE RECHTSCHREIBREDAKTION

Die Klasse 6c stellt ein Buch mit eigenen Fantastischen Geschichten zusammen. Natürlich müssen die verschiedenen Texte, bevor sie vervielfältigt und auch an die Eltern verteilt werden, fehlerfrei sein und deshalb auf Rechtschreib- und Zeichensetzungsmängel hin überprüft werden. Das geht besser, wenn jeder Text von mehreren unter die Lupe genommen wird, und außerdem macht Team-Arbeit mehr Spaß. Also hat die Klasse eine Rechtschreibredaktion mit Spezialistenteams eingerichtet.

Vorbereitung

Zuerst berät die Klasse, welche Hilfsmittel benötigt werden und welche Arbeitsgänge durchgeführt werden sollen. Die Klasse ist sich einig, dass alle Teams **Wörterbücher** benötigen. Außerdem sollen zuerst gemeinsam **Merkzettel** zusammengestellt werden, die ungefähr so aussehen könnten:

Merkzettel

1. Die Rechtschreibredaktion bildet Spezialistenteams. Somit überprüfen jeweils zwei bis drei Spezialisten bei einem Arbeitsdurchgang gemeinsam eine Fehlerart:
   - Groß- und Kleinschreibung,
   - Schreibung von langen und kurzen Vokalen,
   - s-Laute und Fremdwörter,
   - gleich und ähnlich klingende Laute,
   - Zeichensetzung und das/dass-Schreibung,
   - ausgelassene Wörter oder Endungen.

2. Häufig helfen deutliches Sprechen sowie Verlängerungs- und Ableitungsverfahren weiter. Schau jedoch in allen Zweifelsfällen immer im Wörterbuch nach!

3. Angestrichen werden auch alle unleserlichen oder undeutlichen Wörter, Buchstaben und Satzzeichen, i-Punkte, Umlautzeichen und t-Striche.

4. Zum Berichtigen verwenden wir Bleistifte. Die Fehlerworte werden mit Lineal durchgestrichen und das ganze Wort neu an den Rand geschrieben.

1a Was meinst du: Warum bietet es sich an, dass „Groß- und Kleinschreibung" sowie „Zeichensetzung" und „das/dass-Schreibung" jeweils von **einem** Team korrigiert werden?
 b Was versteht man unter dem Verlängerungs-, was unter dem Ableitungsverfahren?
 c Welche weiteren Rechtschreibtipps kennt ihr?

Wenn ihr wollt, könnt ihr natürlich auch die grundlegenden Regeln der einzelnen Rechtschreibbereiche auf dem Merkzettel oder auf Plakaten notieren und sie gut sichtbar in der Klasse aufhängen.

Durchführung

Die Rechtschreibredaktion erhält mehrere Texte zur Korrektur, sodass die Spezialistenteams gleichzeitig arbeiten können. Natürlich kann ein Spezialistenteam auch mehrere Rechtschreibbereiche korrigieren. Haben die Teams ihre Korrekturen an einem Text beendet, vermerken sie dies, geben ihn an ein anderes Team weiter und nehmen sich den nächsten Text vor, bis alle Texte in allen Bereichen überprüft worden sind. Stehen euch Computer zur Verfügung, könnt ihr die Texte zusätzlich mit Rechtschreibprogrammen überprüfen. Aber Vorsicht: Rechtschreibprogramme „übersehen" auch Fehler!

Probedurchlauf

2 Teilt die Klasse in zwei bis drei Rechtschreibredaktionen auf. Jede Rechtschreibredaktion bildet Spezialistenteams, die für die einzelnen Rechtschreibbereiche zuständig sind. Schreibt dann aus dem folgenden Text unter Angabe der Zeilennummer alle Fehlerwörter und Satzzeichenfehler in korrigierter Form heraus. Wenn ihr unterschiedlicher Meinung über die Schreibung eines Wortes seid, verwendet ein Wörterbuch.

Fehlertext! Insgesamt sind 51 Fehler in dem Text zu finden. Die Zahlen am rechten Rand geben die Anzahl der Fehler in der jeweiligen Zeile an.

Text 1

Ein fantastische Fahrradtur 2

Tina und mir schwirte die Ide zu dem Ausflug schon lange im Kopf 2
herrum. 1
Entlich war der Tag gekommen und wir furen mit unseren Rädern, hinaus 3
5 ins Grüne. Gegen Mittag stant die Sonne hell am Himmel, das Wetter war 1
herlich und die Fögel zwitscheten. Doch als der Ratweg in ein einsames 5
Waldstück hineinführte, dass uns beiden unbekannt wahr, geschah etwas 2
seltsames. Auf einmal verschwant die Sonne hinter den Baumkrohnen und 3
es schien als sei es schlakartig Nacht geworden. Ringsum herschte tiefste 3
10 Stille, von den Vögeln, war nichts mehr zu hören, und ausserdem zogen 3
auch noch dichte Nebelschwahden auf für die es eigentlich keinen Grund 2
gap. Tina und ich fühlten uns ziemlich beklomen und verzagt. Wir gerieten 2
ins grübeln. Was hatte das Alles zu bedeuten? Wir hofften schwizend, 3
das der Schpug bald ein Ende hatte. Gruselige Vorstellungen quelten uns 3
15 und lähmten unsere Schlotternden Glieder. Zu allem Unglück sprank auch 2
noch meine Kette ab die ich erst mit zitternden Händen reparieren muste, 2
befor wir wieder in die Pedale treten konnten. 1
Hecktisch sezten wir die Fahrt fort, als were uns ein Monster auf den 3
Wersen. Doch je mehr wir uns bemühten, desto häftiger wehte uns ein Wint 3
20 entgegen, der uns zufor garnicht aufgefallen war. Als führen wir gegen eine 2
Wand, kamen wir praktisch garnicht mer von der Stele … 3

Erweitern · Vertiefen · **Anwenden**

RECHTSCHREIBUNG SELBSTSTÄNDIG TRAINIEREN

Wenn du deine Rechtschreibung verbessern willst, musst du aus deinen Fehlern lernen, die du in Diktaten, Aufsätzen und Hausaufgaben gemacht hast.

Ein Korrekturblatt ausfüllen und auswerten

Das Korrekturblatt gibt dir einen Überblick über **Art** und **Anzahl** deiner **Fehler**. Durch Auswerten erfährst du, bei welcher Fehlerart du die meisten Fehler gemacht hast: Du erkennst deine Fehlerschwerpunkte – hier solltest du also noch üben!

Name		Klasse	Datum
	Korrekturblatt		
Fehlerart			Fehleranzahl
1 lange Vokale: **S**aat, Be**t**rieb, **Fo**hlen, grub			4
2 Konsonantenhäufung / -verdoppelung nach kurzen Vokalen: Galo**pp**			1
3 z/tz und k/ck			0
4 s-Laute: Blä**ss**e, drau**ß**en, Gla**s**, Gru**ß**, na**ss**			5
5 „das" und „dass"			0
6 Groß- u. Kleinschreibung: beim **S**chwimmen			1
7 gleich und ähnlich klingende Laute: ä-e: j**ä**mmerlich			1
8 Silbentrennung			0
9 Zeichensetzung			2

1a In welchen Bereichen bestehen die meisten Schwierigkeiten?
 b Gegen welche Regeln der s-Schreibung ist verstoßen worden?
 c Welche auf dem Korrekturblatt vermerkten Fehlerarten lassen sich nur im ganzen Satz korrigieren?

Ein ABC-Ringbuch führen

Die falsch geschriebenen Wörter trägst du – natürlich in korrekter Schreibung – in dein ABC-Ringbuch ein, und zwar alphabetisch geordnet, weil du die Wörter so leichter wiederfindest. Und du ergänzt sie um weitere Wortformen und -verwandte, damit du dir die korrekte Schreibung dann besser merken kannst.

Außerdem fügst du ebenfalls am oberen Rand die jeweilige Fehlerart hinzu. So kannst du jede Ringbuchseite auf zweierlei Weise einsortieren: alphabetisch nach dem Anfangsbuchstaben des Wortes, das dir Probleme bereitet hat, und nach der Fehlerart (hier z. B. s-Laute). Darüber hinaus ergänzt du den Satz, in dem du das Wort falsch geschrieben hast, sowie einen weiteren Satz, den du dir selbst ausdenkst.

Eine Fehlerkartei anlegen

Du kannst auch – entweder zusätzlich oder statt des ABC-Ringbuches – eine Fehlerkartei anlegen. Auf einzelnen Karteikarten vermerkst du oben jeweils eines der Wörter, die du im Diktat falsch geschrieben hast, natürlich auch hier in korrekter Schreibung. Jede Karteikarte kannst du mit Angaben wie im ABC-Ringbuch ergänzen. Zum Üben kannst du deinen Karteikasten in drei Fächer unterteilen. Ganz vorn stehen die Karten mit Wörtern, die du oft falsch schreibst; ganz hinten die Karten, die du in der letzten Zeit nicht mehr falsch geschrieben hast.

Regelmäßiges Üben und Wiederholen

Ob du nun die Wörter in einem ABC-Ringbuch vermerkst oder in einer Fehlerkartei – am wichtigsten ist das regelmäßige Üben und Wiederholen der Wörter, und zwar folgendermaßen:

- Du lässt dir jeden Tag zehn bis zwanzig der falsch geschriebenen Wörter von jemandem diktieren (oder du sprichst die Wörter selbst auf einen Kassettenrekorder oder einen Walkman).
- Anschließend vergleichst du sie genau mit deinen Eintragungen im ABC-Ringbuch oder in der Kartei. Am besten lässt du sie auch noch von jemand anderem kontrollieren.
- Vermerke jedes Mal im ABC-Ringbuch oder auf der Karteikarte, ob du das betreffende Wort richtig oder falsch geschrieben hast. Wenn du fünfmal hintereinander das Wort richtig geschrieben hast, brauchst du es nicht mehr zu üben.

Wichtig: Überlege jeweils, **warum** das Wort so und nicht anders geschrieben wird, und erinnere dich an die jeweilige Regel!

Diktate schreiben

Ebenfalls wichtig für ein wirksames Training sind Übungsdiktate. Man kann sie in der Schule oder zu Hause, mit einem Partner oder auch allein (mithilfe eines Kassettenrekorders oder Walkmans) schreiben. Zum Üben eignen sich z. B. Textausschnitte aus deinem Sprach- oder Lesebuch, aus einem Jugendbuch oder aus der Zeitung. Die Diktate sollten nicht länger als etwa 120 Wörter sein und das von dir Geschriebene sollte nicht nur von dir selbst, sondern noch von jemand anderem mit der Vorlage verglichen werden.

Z. B.: Walkman-Diktat:

- Zuerst sprichst du den ganzen Text zusammenhängend auf Band. Nun kannst du den Text hören und ihn mit der Pausentaste unterbrechen, damit du Zeit zum Aufschreiben hast.
- Du kannst den Text auch so aufnehmen, dass du keine Pausen-Taste brauchst. Du sprichst zuerst den ganzen Text. Danach wird jeder Satz zuerst in ganzer Länge vorgelesen, dann in einzelnen Teilabschnitten. Damit du beim Hören weißt, wann ein Teilabschnitt zu Ende ist, kannst du auch ein Tonsignal verwenden, z. B. einen Gong.
- Abschließend wird jeder Satz noch einmal in ganzer Länge zusammenhängend vorgelesen, bevor der nächste Satz an die Reihe kommt.

Wichtig: Beim Diktieren klar und deutlich und nicht zu schnell sprechen! Zwischen den einzelnen Teilabschnitten müssen die Sprechpausen lang genug sein, damit der Hörer in dieser Zeit das Diktierte schreiben kann!

HELDENHAFT

Sagen – Fabeln – Jugendbuch

Welche der abgebildeten Personen/Figuren entspricht am ehesten deiner Vorstellung von einer Heldin oder einem Helden? Welche nicht? Nenne die jeweiligen Gründe.
Welche Eigenschaften muss eine Person/Figur deiner Meinung nach haben um eine Heldin oder ein Held zu sein?

„Der Held der Geschichte ist …" – Was ist hier mit „Held" gemeint?

1. HELDEN? – Antike Sagen

1 Vielleicht kennt ihr einige der berühmten griechischen Sagengestalten wie Herakles und Odysseus. Welche ihrer Abenteuer könnt ihr nacherzählen?

Text 1 **Daidalos und Ikaros**

Daidalos war Baumeister und Bildhauer zu Athen. Er vermochte die menschliche Gestalt so ebenmäßig, schön und vollkommen in Stein oder Marmor zu bilden, dass man in ihr das Ebenbild der Götter erkannte. Seine Kunst war wahrlich groß. Leider aber war er auch
5 sehr eitel und wollte keinen anderen neben sich gelten lassen. Er hatte einen Neffen, den er selbst unterrichtet hatte. Als jedoch der Ruhm des Jünglings anfing den des Oheims zu verdunkeln, brachte Daidalos seinen Neffen um. Die Tat wurde entdeckt; Daidalos wurde des Mordes angeklagt und entfloh nach Kreta.
10 Dort nahm König Minos ihn auf und gab ihm ehrenvolle Aufträge. Für den Minotaurus, das furchtbare Ungeheuer mit der Gestalt eines Menschen und dem Kopf eines Stieres, baute Daidalos ein riesiges mehrstöckiges Schloss, das Labyrinth. Unzählige gewundene Gänge schlangen sich um vielfach ausgebuchtete Innenhöfe. Hier lebte von nun an das Ungetüm, den
15 Augen der Menschen entrückt.
Doch nach und nach wurde dem Daidalos die Verbannung aus der Heimat zur Last. Er

sehnte sich sehr nach Griechenland zurück. Doch König Minos wollte den tüchtigen Künstler nicht ziehen lassen. Da beschloss Daidalos sich Flügel zu machen und durch die Luft zu entfliehen. Er ord-
20 nete Vogelfedern von verschiedener Größe so an, dass er mit der kleinsten begann und zu der kürzeren Feder stets eine längere fügte, sodass man glauben konnte, sie seien von selbst ansteigend gewachsen. Diese Federn verknüpfte er in der Mitte mit Leinfäden, unten mit Wachs. Dann passte er sich die Flügel an den Leib, setzte
25 sich mit ihnen ins Gleichgewicht und schwebte leicht wie ein Vogel empor in die Lüfte.
Nachdem er sich wieder zu Boden gesenkt, fertigte er für seinen jungen Sohn Ikaros ein kleineres Flügelpaar und lehrte ihn das Fliegen. Jetzt erhoben sich beide in die Lüfte. Der Vater flog voraus, sorgenvoll wie ein
30 Vogel, der seine Brut zum ersten Mal aus dem Nest in die Luft führt. Er schwang besonnen und kunstvoll das Gefieder, damit der Sohn es ihm nachtun lerne, und blickte von Zeit zu Zeit rückwärts um zu sehen, wie es ihm gelinge. Der Knabe folgte ihm mit sicherem Flügelschlag. Weil aber alles so gut ging, wurde Ikaros schließlich übermütig und verließ die Bahn seines Vaters und steuerte immer höher hinauf. Endlich kam er der
35 Sonne zu nahe. Die allzu kräftigen Strahlen erweichten das Wachs, das die Fittiche zusammenhielt, und ehe Ikaros es merkte, waren die Flügel aufgelöst. Der Knabe stürzte in die Tiefe und die blaue Meeresflut verschlang ihn. Als Daidalos sich wieder umblickte, war von Ikaros nichts mehr zu sehen. Nur auf dem Wasser schwammen ein paar Federn. Da wusste
40 Daidalos, was geschehen war. Der Mord, den er an seinem Neffen begangen hatte, war an seinem Sohn gerächt worden.

Sagen – Fabeln – Jugendbuch

Der Flug des Daidalos endete in Sizilien. Auf Sizilien wurde der Künstler von dem dort herrschenden König ehrenvoll aufgenommen. Daidalos schmückte das Land mit
45 herrlichen Tempeln, Burgen und künstlichen Seen. Aber froh ist er nach dem Sturz seines Sohnes nicht mehr geworden.

2 Erzähle den **Handlungsverlauf** der Sage nach. An welchen Stellen hast du dabei Schwierigkeiten? Klärt mithilfe eurer Deutschlehrerin oder eures Deutschlehrers Wörter und Namen, die euch unbekannt sind.

> den Handlungsverlauf verstehen

3 Was lässt die erzählten Ereignisse so erscheinen, als könnten sie wirklich passiert sein (Wirklichkeit)? Was erscheint dir besonders „sagenhaft" (Dichtung)?

4 Nimm das **Verhalten** von Daidalos und Ikaros genauer unter die Lupe. Dabei helfen dir Fragen, die du an den Text stellst.

> Figuren und deren Verhalten untersuchen

Warum
– gilt Daidalos als großer Künstler?
– tötet er seinen Neffen?
– *
– *
– *
– *

Beantworte die Fragen und belege deine Antworten jeweils an Text 1 (Zeilenangaben).

5 Beweggründe (**Motive**) der Figuren:
a Schreibt zum besseren Verstehen der Motive in Gruppen eine Nacherzählung eines Teils oder des ganzen Textes aus der Sicht des Daidalos oder des Ikaros.
b Ergänze nun die Lücken in der Sachinformation durch die Wörter im Wortspeicher.

> Motive untersuchen

6a Ihr könnt die Sage oder einen Abschnitt auch dialogisieren, also in eine Spielszene umschreiben. Achtet auch hier darauf, dass besonders die Motive der Figuren deutlich werden.
b Besprecht anschließend in der Klasse:
– Passen eure Produktionen (Nacherzählungen, Spielszenen) zum Original der Sage?
– Werden die Motive der Figuren deutlich? Welches sind die entscheidenden?

> Verhalten und Motive bewerten

Motiv
*, aus dem heraus jemand etwas tut, z. B. *, Liebe. Solche * menschlichen * werden in der Literatur oft anschaulich ausgestaltet (z. B. der Eingebildete, der typische Geizige) und in späterer Zeit wieder aufgegriffen und neu gestaltet (*), weil sie Menschen immer wieder neu und immer wieder anders berühren und betreffen.

■ Geiz – Verhaltensweisen – Beweggrund – Motivgeschichte – typischen

7a Diskutiert in der Klasse: Ist Daidalos für euch ein Held? Wie verhält es sich mit Ikaros?
b Fasse deine Meinung zu dieser Frage kurz schriftlich zusammen.
c Ihr könnt auch eine Gerichtsverhandlung spielen, in der Daidalos sich als Angeklagter wegen der Ermordung seines Neffen und des Todes seines Sohnes verantworten muss. Was könnten Zeugen aus Athen, Kreta und Sizilien gegen, was für ihn aussagen? Begründet anhand des Textes.

Germanische Sagen

8 Welche Merkmale einer Sage kennst du bereits? Was und wie wird in Sagen erzählt?

Die Schüler der 6c haben in einem Lexikon nachgeschlagen und folgenden Eintrag gefunden:

Antike Sagen erzählen von der Entstehung auffälliger landschaftlicher Gegebenheiten und berühmter Bauwerke, von geschichtlich bedeutsamen Ereignissen oder Aufsehen erregenden Naturerscheinungen. Oft handeln sie auch von den Heldentaten bedeutender Männer, während Frauen kaum Erwähnung finden, da sie in der Antike häufig nur eine untergeordnete Rolle spielten. Darüber hinaus greifen zahlreiche Sagen das Thema auf, wie Menschen gegen die Gebote der Götter verstoßen und dafür bestraft werden. Die Tatsachenkerne wurden im Laufe der jahrhundertelangen mündlichen Überlieferung der Sagen mit fantastischen Ereignissen ausgeschmückt, an denen häufig nicht nur Menschen mit übernatürlichen Fähigkeiten, sondern auch Riesen, Zwerge und Ungeheuer beteiligt sind.

9a Schreibe die Merkmale von antiken Sagen aus der Sachinformation heraus. Welche davon treffen auf „Daidalos und Ikaros" zu?

b Welcher wahre geschichtliche Kern (Tatsachenkern) könnte der Sage zugrunde liegen? Recherchiert z. B. in Jugendsachbüchern, im Internet oder auch in Lexika. Nach welchen Stichwörtern müsst ihr suchen?

2. NOCH MEHR HELDEN? – Germanische Sagen

Nicht nur die Griechen und später die Römer, sondern auch die Germanen überlieferten Götter- und Heldensagen. Einige der berühmtesten davon ranken sich um **Dietrich von Bern**. Geschichtliches Vorbild für diese Sagengestalt war Theoderich der Große: ein König, der viele Kriege führte und unter dessen Führung das ostgermanische Volk der Goten im 5. Jahrhundert nach Christus in das Römische Reich einfiel und Italien eroberte.

Der folgende Sagenausschnitt handelt von einem Jugendabenteuer Dietrichs: Eines Tages fangen er und sein Waffenmeister Hildebrand den für seine Schmiedekunst berühmten Zwerg Alberich. Damit die beiden ihn wieder laufen lassen, muss Alberich versprechen, Dietrich das unübertreffliche Schwert Nagelring auszuhändigen und ihm den Weg zu der Schatzhöhle des Riesen Grim und seiner Frau Hilde zu zeigen.

Text 2 Am Abend rasteten Dietrich und Meister Hildebrand im Walde und warteten auf Alberich. Endlich kam er, brachte das Schwert und sagte zu Dietrich:
„Dort drüben ist die Höhle, in der die Schätze liegen, von denen ich sprach, und man wird Euch zu den größten Helden zählen, wenn Ihr sie in Euren Besitz bringt. Mich
5 aber sollt Ihr niemals wiedersehen."
Damit war der Zwerg spurlos verschwunden. Dietrich und Hildebrand zogen das Schwert Nagelring aus der Scheide und betrachteten es. Noch nie hatten sie eine schönere und schärfere Waffe gesehen. Dann banden sie die Helme fest, zückten die Schwerter und stiegen den Berg hinauf, bis sie die Höhle der Riesen erreichten. Mutig und ohne
10 zu zögern trat Dietrich hinein; Hildebrand folgte dicht hinter ihm.

Kaum bemerkte der Riese Grim die Eindringlinge, als er nach seinem Schwert Nagelring greifen wollte. Aber er konnte es nicht finden, Alberich hatte es gestohlen.
Voller Wut riss er einen brennenden Baumstamm vom Herdfeuer und schlug damit auf Dietrich ein.

15 Im gleichen Augenblick packte die Riesin Meister Hildebrand und hielt ihn fest umklammert, dass er sein Schwert nicht führen konnte und zur Erde stürzte. So gewaltig stemmte sie sich gegen seine Brust, dass er beinahe die Besinnung verlor. Als Dietrich sah, dass sich sein Waffenmeister in größter Gefahr befand, schlug er mit einem gewaltigen Schwertstreich dem Riesen den Kopf herunter. Dann sprang er Hildebrand
20 bei, um ihn aus der Umklammerung zu befreien, und hieb die Riesin in zwei Stücke. Aber im Nu wuchsen die beiden Hälften wieder zusammen. Zum zweiten Mal schlug Dietrich zu und auch diesmal ging es nicht anders. Da rief Hildebrand: „Tretet schnell zwischen die beiden Hälften, dann wird der Zauber der Riesin zerstört."
Beim dritten Schwerthieb folgte Dietrich Hildebrands Rat und nun erst gelang es ihm,
25 die Riesin zu töten.
Daraufhin luden sie alles Gold und Silber, das in der Höhle angehäuft lag, auf ihre Pferde. Dietrich fand unter den Schätzen noch einen Helm, der war so kunstvoll geschmiedet, dass er jedem Schwerthieb standhielt. Die Riesen hatten den Helm zu ihrem kostbarsten Besitz gezählt und ihm sogar einen Namen gegeben. Deshalb hieß
30 der Helm Hildegrim. Von nun an trug ihn Dietrich in allen Kämpfen, die er noch zu bestehen hatte.

Fabeln

1a Woran merkt man inhaltlich (Handlung) und sprachlich (Wortwahl), dass sich Dietrichs Abenteuer vor langer Zeit zugetragen hat?
b An welchen Textstellen wird Dietrichs Heldenhaftigkeit besonders betont? Auf welche Weise?

2 Du weißt: Sagen haben einen wahren geschichtlichen Kern (Tatsachenkern):
a Lies noch einmal die Einleitung zu Text 2: Was ist der Tatsachenkern der Sagen um Dietrich von Bern?
b Welche besonderen Eigenschaften und Eigenarten Dietrichs von Bern sollen die dazuerfundenen Geschichten (Dichtung) anschaulich machen?
c Formuliere in einem Satz: Was soll die Sage also letztlich erklären oder deutlich machen?

3 Die Erzählung besteht nur aus äußerer Handlung, d. h. bei Dietrichs Kampf gegen die Riesen wird – wie mit einer Filmkamera – nur das aus der Außensicht Beobachtbare dargestellt. Versetze dich in Dietrichs Situation und erzähle die Geschichte in der Ich-Form, sodass der Leser aus der Innensicht auch etwas über Dietrichs Gedanken und Gefühle während des Kampfes erfährt.

Du könntest so beginnen:

Text 3

> Als der Zwerg spurlos verschwand, war mir erst etwas mulmig zumute. Sollte ich mich wirklich in die Höhle der Riesen wagen? Doch als ich mit zitternder Hand das Schwert Nagelring aus der Scheide zog, hatte ich plötzlich keine Zweifel mehr. Hildebrand und ich zurrten entschlossen unsere Helme fest und …

4a Vergleicht eure Nacherzählungen: Welche Möglichkeiten gibt es, die innere Handlung darzustellen (z. B. Adjektive und Adverbien, an sich selbst gerichtete Fragen, …)? Stellt eine Liste zusammen.
b Besprecht: Verliert Dietrich etwas von seiner Heldenhaftigkeit, wenn er z. B. erst zögert, bevor er die Höhle betritt?

3. HELDENHAFTE WÖLFE UND ÜBERMÜTIGE MÜCKEN – Fabeln

1 „So eine falsche Schlange!" – „Er arbeitet wie ein Pferd."
a Was wollen die Sprecher dieser Sätze jeweils zum Ausdruck bringen?
b Welche – oft menschlichen – Eigenschaften verbindet man mit den genannten Tieren? Fallen euch noch weitere Tiere ein, mit denen bestimmte menschliche Eigenschaften verbunden werden? Stellt eine Liste zusammen.

2 „Er führt ihn ganz schön an der Nase herum. Er spielt wirklich ∗ und ∗ mit ihm."
Welche Tiere fehlen hier? Bildet Gruppen und denkt euch weitere Sätze aus, die von den anderen in der Klasse ergänzt werden.

Text 4 **Der Esel im Löwenfell**   Nach Äsop
Ein Esel fand einmal ein Löwenfell und legte es sich um. Er ging nun laut brüllend herum und erschreckte die anderen Tiere. Sie fürchteten sich auch sehr vor ihm und stoben davon. Als er nun einen Fuchs erblickte, versuchte er auch diesem einen Schrecken einzujagen. Der Fuchs hatte ihn aber schon vorher brüllen hören und sagte
5 zu ihm: „Ich hätte gewiss vor dir Angst gehabt, wenn ich dich nicht an deinem Iah-Geschrei erkannt hätte."

Sagen – Fabeln – Jugendbuch

So verraten sich ungebildete Menschen, die durch äußeres Drum und Dran Eindruck machen wollen, durch ihr eigenes Geschwätz.

3 **Textverständnis vertiefen**

a Stelle Fragen an den Text und beantworte sie:
Warum legt der Esel ein Löwenfell um? Warum …?

Fragen an den Text stellen

b Beschreibe die Eigenschaften, die man einem Esel, einem Löwen und einem Fuchs zuspricht. Wie verhalten sich Esel und Fuchs hier?

c Welche Bedeutung hat der letzte Satz für das Textverständnis des Lesers?

Auch im folgenden Text „verkleidet" sich ein Tier:

Text 5 **Der Wolf im Schafspelz**   Nach Äsop

Ein Wolf beschloss einmal, sich zu verkleiden, um im Überfluss leben zu können. Er legte sich ein Schafsfell um und weidete zusammen mit der Herde, nachdem er den Hirten durch seine List getäuscht hatte. Am Abend wurde er vom Hirten zusammen mit der Herde eingeschlossen, der Eingang wurde verrammelt und die ganze Einfriedung
5 gesichert. Als aber der Hirt hungrig wurde, schlachtete er den Wolf. […]

4a Übertrage die Tabelle zum Textaufbau in dein Heft und beschreibe:

– die **Ausgangssituation:** Welche Eigenschaften schreibt man einem Wolf zu? Welches Ziel verfolgt er hier?	* will „im Überfluss leben", d.h.
– die **Handlungsschritte und Mittel,** die der Wolf ergreift, um sein Ziel zu erreichen	* tarnt sich mit Schafspelz um …
– die **Gegenhandlung,** die die Pläne des Wolfes vereitelt	Hirt wird hungrig …
– das **Ergebnis** von Handlung und Gegenhandlung	*
– die **Lehre,** die der Text dem Leser vermitteln soll	*

den Textaufbau untersuchen

b Vergleiche die Lehre von Text 5 mit der von Text 4.

die Lehre erkennen

Die Schülerinnen und Schüler der Klasse 6c haben stichwortartig Informationen über die Texte 4 und 5 sowie über Äsop, den Verfasser, zusammengetragen:

Hintergrundinformationen nutzen

5 Verwende die Notizen und das bisher Gelernte dazu, eine zusammenhängende und sinnvoll gegliederte **Sachinformation** über **Äsop** und die **Fabel** zu schreiben. Verwende dabei anschauliche Beispiele aus „Der Esel im Löwenfell" und „Der Wolf im Schafspelz".

Fabeln

Du könntest zum Beispiel so beginnen:

Text 6
Die Textgattung Fabel
„Der Esel im Löwenfell" ist eine Fabel. Dieses Wort kommt aus ... und bedeutet ... Das Besondere an einer Fabel ist, dass darin Tiere ... Die ersten überlieferten Fabeln stammen von dem griechischen Sklaven Äsop ... Die meisten Fabeln haben den gleichen Aufbau: Am Anfang ...

Vielleicht hast du dich schon gefragt, warum Fabeldichter in ihren lehrhaften Erzählungen nicht einfach normale Personen, sondern Tiere auftreten lassen. Eine Antwort darauf hat u.a. Martin Luther gegeben, der selbst Fabeln nacherzählte und erdichtete:

Text 7 [...] es will niemand die Warheit hoeren noch leiden / und man kan doch der Wahrheit nicht emberen / So woellen wir sie schmuecken / und unter einer luestigen Luegenfarbe und lieblichen Fabeln kleiden / Und weil man sie nicht wil hoeren / durch Menschen mund / das man sie doch hoere / durch Thierer und Bestien mund. [...]

6a Schreibe den 500 Jahre alten Text in heute korrekter Rechtschreibung und Zeichensetzung in dein Heft.
b Wie erklärt Luther die Entstehung der Fabel?
c Findet heraus, ob heute auch noch Fabeln geschrieben werden, und berichtet in einem Kurzvortrag darüber.
d Sucht in der Schul- oder Stadtbibliothek oder im Internet nach modernen Fabeln und lest einige gemeinsam.

Text 8 **Die Mücke und der Löwe**   Nach Äsop
Eine Mücke kam zum Löwen und sprach: „Ich fürchte mich nicht vor dir, du bist ja nicht stärker als ich. Worin besteht eigentlich deine Stärke? Dass du mit den Krallen kratzest und mit den Zähnen beißt? Das tut auch ein Weib, wenn es mit seinem Mann rauft. Ich bin aber viel stärker als du; wenn du willst, lassen wir's auf einen Kampf ankommen."
5 Die Mücke blies das Zeichen zum Angriff und stach den Löwen in die Nase, wo er keine Haare hatte. Der Löwe wurde so wütend, dass er sich mit seinen eigenen Krallen verletzte. Die Mücke jedoch summte ihr Siegeslied und flog davon. Alsbald verfing sie sich aber in einem Spinnennetz, und während sie aufgefressen wurde, jammerte sie, dass sie nach siegreichem Kampf mit dem Stärksten einem so geringen Tier wie der Spinne zum
10 Opfer fiel.

Text 9 **Der kriegerische Wolf**   GOTTHOLD EPHRAIM LESSING[1]
Mein Vater, glorreichen Andenkens, sagte ein junger Wolf zu einem Fuchse, das war ein rechter Held! Wie fürchterlich hat er sich nicht in der ganzen Gegend gemacht! Er hat über mehr als zweihundert Feinde, nach und nach, triumphiert und ihre schwarzen Seelen in das Reich des Verderbens gesandt. Was Wunder also, dass er doch endlich
5 einem unterliegen musste.
So würde sich ein Leichenredner ausdrücken, sagte der Fuchs; der trockene Geschichtsschreiber aber würde hinzusetzen: Die zweihundert Feinde, über die er, nach und nach, triumphieret, waren Schafe und Esel; und der Feind, dem er unterlag, war der erste Stier, den er sich anzufallen erkühnte.

---

[1] Gotthold Ephraim Lessing (1729–1781): bedeutendster deutscher Dichter der Aufklärung – einer Zeit, in der sich Lessing und andere darum bemühten, die Menschen durch ihre Dichtung zu vorurteilsfreiem, vernünftigem Handeln zu erziehen.

8a Teilt euch in Gruppen auf und beschreibt jeweils den Aufbau der Fabeln.
7 Schreibe Text 9 ab und ergänze die fehlende Zeichensetzung bei der wörtlichen Rede.
b Welche „Wahrheiten" wollen Äsop und Lessing vermitteln?
9 Versuche das gemeinsame Thema der beiden Fabeln zu benennen.
Was passt am besten?
– Kampfbereitschaft
– Überheblichkeit
– Stärke des körperlich Schwachen
– Heldentum
– *

10 Besprecht in der Klasse:
a Zeigt die Mücke (in Text 8) heldenhaften Mut oder unsinnigen Übermut?
b Welche unterschiedlichen Auffassungen von Heldentum vertreten der junge Wolf und der Fuchs (in Text 9)?

11a Schreibe die folgende Fabel weiter. Achte darauf, dass deine Fortsetzung zur Überschrift und zum Anfang passt.

Text 10 **Mit fremden Federn** Nach Äsop
Zeus hatte beschlossen den Vögeln einen König zu geben. Deshalb berief er eine Versammlung ein, an der er den schönsten zum König machen wollte. Da flogen alle Vögel eilig zum Fluss um sich zu putzen und zurechtzuzupfen. Auch die Krähe kam [...]

b Formuliere anschließend die Lehre deiner Fabel.

12 Verfasse selbst eine Fabel, die wie das Beispiel in Text 10 zu einer der folgenden sprichwörtlichen Lehren passt: „Man muss die Suppe auslöffeln, die man sich selbst eingebrockt hat", „Wer zuletzt lacht, lacht am besten" oder „Wer andern eine Grube gräbt, fällt selbst hinein".
– Überlege zuerst, welche Tiere sich für deine Fabel eignen.
– Plane danach den Aufbau deiner Fabel.

> Schreiben nach literarischen Mustern

4. KÜHNE KÄMPFER UND KANINCHEN
Jugendbuch

Text 11A In Kirsten Boies Jugendbuch *Der durch den Spiegel kommt* begegnet die zehnjährige Anna eines Tages einem Kaninchen, neben dem ein doppelseitiger Spiegel liegt. Zweimal sieht Anna hinein – und plötzlich ist sie im Land-auf-der-anderen-Seite, wo sie in fantastische Abenteuer gerät:

[...] Das Kaninchen schüttelte ärgerlich den Kopf. „Angst?" [...]
„Lass uns aufbrechen, Kaninchen", sagte ich unruhig. „Wenn der Vogel uns entdeckt hat, kommen sicher gleich die Häscher¹. Lass uns gehen, solange es hell ist."
„Lass uns gehen, solange es hell ist!", äffte das Kaninchen mich nach. „Kannst du dich
5 vielleicht irgendwann entscheiden, ob du nun verwundbar bist oder nicht?"
Aber ich kam nicht mehr dazu, ihm zu antworten.

---
¹ Häscher: altertümlicher Begriff für Gerichtsdiener, Knecht, meist in der Bedeutung: Knechte, die für einen Herrscher Feinde oder Verurteilte suchen und fangen sollen.

Jugendbuch

Aus der Ferne hörten wir ein dumpfes Grollen, und während es näher kam, bedeckte sich der Himmel und ein Sturm beugte die Stämme bis auf den Boden.

10 „Die Häscher!", flüsterte ich.
Der Vogel hatte uns verraten.
„Also nicht unverwundbar?", sagte das Kaninchen höhnisch, während es schon auf den Waldrand zujagte. „Ich hab's ja geahnt. Auf einmal ist sie nicht mehr so mutig!"

15 Und das war die Wahrheit. Plötzlich verstand ich, dass es leicht ist, mutig zu sein, wo keine Gefahr ist; auf einer Lichtung in der Sonne glaubt man leicht an Prophezeiungen. Viel schwerer ist es, darauf zu vertrauen, wenn die Häscher sich nähern und der Boden dröhnt unter den Hufen ihrer Pferde.

20 „Ich bin der Kühne Kämpfer!", flüsterte ich. „Ich bin es! Ich!"
Aber der Himmel war so schwarz und der Sturm war so heftig; und zwischen den Stämmen hallten schon die Schreie der Häscher.
„Nun komm schon, nun komm!", brüllte das Kaninchen.
Es mochte ja sein, dass ich Evil[2] besiegen würde, wenn ich ihn traf: An 25 der Prophezeiung wollte ich nicht zweifeln. Aber nichts war darüber gesagt, was vorher mit mir geschehen konnte; und als ich ihre Schreie hörte, umklammerte die Angst vor den Häschern mein Herz. Vor ihren schwarzen Rüstungen und ihren wilden Schreien hatte ich Angst; und auch vor den Lanzen, mit denen sie mich aufstöbern, vor den Schwertern, mit denen sie mich schlagen, und vor den Kerkern, in 30 die sie mich werfen würden.
Die Weissagung wusste, dass ich Evil besiegen würde; aber sie wusste nicht, wann, und auch nicht, was davor mit mir geschah.

---
[2] evil: engl. „böse", „übel"

1 Wie wirkt der Text auf dich? Welche Erwartungen an die Vorgeschichte und an die Fortsetzung weckt er in dir?

Weiterschreiben: an Textsignale folgerichtig anknüpfen

2a Erfinde in der Ich-Form einen Textanfang, der erklärt, wie Anna in diese Situation geraten sein könnte. Bevor du schreibst, lies den Text noch einmal und mach dir Notizen, welche Textsignale du berücksichtigen solltest. Die folgenden Fragen helfen dir dabei:
– In was für eine Welt ist Anna versetzt worden?
– Wie lautet die „Prophezeiung" oder „Weissagung"?
– Wer könnte „Evil" sein?
– Welche Rolle spielen das Kaninchen, der Vogel und die Häscher?

Ich-Form und Er-/Sie-Form; Erzählperspektive

b Vergleicht eure Fassungen und besprecht, was daran gut „passt" und was weniger.

3 Die Textstelle ist in der Ich-Form erzählt (also aus Annas Sicht) und besteht zum größten Teil aus Dialog (Gespräch zwischen zwei Beteiligten).

äußere und innere Handlung; Dialog (Teil der äußeren Handlung)

a Teilt euch in Dreier-Gruppen auf und übt, die Textstelle mit verteilten Rollen sinnbetont vorzulesen, und zwar so, dass jeweils einer von euch die Äußerungen des Kaninchens vorliest, ein anderer das, was Anna sagt, der dritte das, was Anna denkt. Stellt eure Fassungen in der Klasse vor.

b Besprecht danach:
– Was verrät der Dialog über das Verhältnis zwischen Anna und dem Kaninchen?
– Wie erfährt der Leser etwas darüber, wie Anna sich fühlt?

4 „Kühner Kämpfer" oder Angsthase – welche Bezeichnung trifft eher auf Anna zu? Begründe deine Meinung.

5 An welchen Stellen (Zeilenangaben) und mit welchen Mitteln wird in der Geschichte Spannung erzeugt?

Hier die Fortsetzung der Geschichte:

Text 11B „Renn schneller!", schrie das Kaninchen. „Versteck dich!"

Und da endlich begriff ich, warum der Wald *Wald ohne Wiederkehr* hieß. Denn wo sich eben noch Pfade geschlängelt hatten zwischen den Stämmen, streckten plötzlich die Bäume ihre Äste nach mir aus; sie griffen nach mir mit Armen und in ihren Kronen
5 erklang ein grausames Gelächter.

„Du entkommst uns nicht!", raunten die Bäume, und im Sturm beugten sich die Äste zu mir herab und sie streckten ihre Zweige nach mir aus wie gierige Finger. „Uns ist noch keiner entkommen!"

Da riss ich mich los und rannte über die Wiese; aber auch das Gras schnitt in meine
10 Knöchel wie mit Klingen, und wo noch eben der Bach geplätschert hatte, toste jetzt ein reißender Strom. Dies war der Wald ohne Wiederkehr [...]: Alles, was in ihm ist, und alles, was jenseits von ihm ist, hat der Fürchterliche in seiner Gewalt.

Sie alle waren seine Geschöpfe, die Bäume und die Sträucher, die Gräser und der Bach. Sie alle halfen den Häschern, uns zu fangen. [...]

15 „Ho! Ho!", schrien die Häscher. „Da steht sie! Ein Mädchen, ein Mädchen! Greift sie und führt sie vor Evil, wie er es befahl!"

Meine Angst war so groß, dass meine Beine mich kaum tragen wollten, aber ich lief und ich schrie. Und in den Wiesen hoben sich die Wurzeln der Bäume wie Fußangeln, lebendige schwarzbraune Schlangen, die nach meinen Knöcheln griffen, um mich zu Fall zu
20 bringen; und ich brüllte so laut, dass mein Schrei fast das Donnern der Hufe übertönte. Ich hörte das Keuchen der Pferde und roch den Schweiß ihrer schweren Körper und sah, wie ihr Schatten über mich fiel. Jetzt gab es keine Rettung mehr.

Aber noch ehe sie mich packen konnten, raste plötzlich der Boden auf mich zu und das Gras begann zu wachsen. Und vor mir lag unerklärlich der Eingang zu einer Höhle, tief
25 und schwarz. Und während sie mich aufnahm, jagten die Pferde vorbei. Ein Häscher schrie laut und ein Pferd wieherte vor Schmerz, als es stürzte; zu Fall gebracht von einer Wurzel, die eben noch nach mir gegriffen hatte.

Ich aber saß im schützenden Dunkel der Höhle und schloss die Augen und sog tief den Geruch der Erde ein, die mich umgab. Und ich verstand nicht, was geschehen war.

6 Gelingt es den Häschern, Anna zu fangen? Beschreibe, wie die Spannung immer weiter gesteigert wird:
 – Wie verändert sich der Wald?
 – Auf welche Weise wird dem Leser vermittelt, dass die Lage für Anna immer bedrohlicher wird?
 – Durch welchen Trick bleibt die Spannung über das Ende der Textstelle hinaus erhalten?

7a „Kühner Kämpfer", „Wald ohne Wiederkehr", „Evil der Fürchterliche": Wie wirken diese Namen auf dich?
 b Inwiefern erleichtern sie das Verstehen der Handlung?

Text 11C

"Mädchen?", rief da eine bekannte Stimme und ich war so froh, sie zu hören. "Kämpferin? Anna?" [...]
"Kaninchen!", schrie ich, aber ich wusste,
5 dass die Wände der Höhle meine Rufe erstickten. "Warte, ich komme!" [...]
Da hatte ich den Ausgang erreicht, und einen Augenblick lang glaubte ich, den Verstand verloren zu haben. Vor mir lag
10 die Wiese und darüber schien hell die Sonne, als hätte es die Häscher nie gegeben. Aber all das war auf einmal so riesig und jeder Grashalm so hoch wie ein Baum und das Kaninchen war nirgends
15 zu sehen.
"Kaninchen!", brüllte ich.
Riesig und dicht schwankte das Gras über mir, jeder Halm ein Geschöpf des Fürchterlichen, dem er gehorchte im Kampf: in
20 seinem Kampf gegen den Feind, den Kühnen Kämpfer. Und so war das Gras in den Himmel gewachsen und zwischen den Halmen stand ich, hilflos und klein.

Da hörte ich ein furchtbares Krachen und die Stämme des Grases brachen unter
25 wuchtigen Schritten; und ein gewaltiges Geschöpf rannte direkt auf mich zu.
"Also hier hast du gesteckt!", brüllte das Kaninchen, als das Knacken der geborstenen Halme verklungen war. "Du meine Güte, wie ist denn das passiert! Na, jetzt wird es lustig!" Und als ich aufsah, stand es vor mir, noch höher als das Gras und so wuchtig wie ein Berg. "Wunderbar, allerbesten Dank", sagte das Kaninchen, und sein Atem blies mich
30 fast zurück in die Höhle. "So haben wir alle uns den Kühnen Kämpfer vorgestellt, ein radieschenkleiner Zwerg! Es wird schlimmer und schlimmer."
"Kaninchen, ich weiß auch nicht!", flüsterte ich. "Ich bin einfach irgendwie ..."
"Geschrumpft!", sagte das Kaninchen, und als es seinen Kopf über mich beugte und mich beschnupperte, riss mich sein Schnurrhaar fast um. [...]

8 Beschreibe, wie der Leser auf die überraschende Erklärung für Annas Rettung vorbereitet wird. Wo finden sich die ersten Hinweise auf Annas Verwandlung?

9 Man kann den Spannungsbogen nicht ununterbrochen aufrechterhalten, sondern muss dem Leser zwischendurch auch einmal Gelegenheit zum Aufatmen und „Ent-Spannen" geben. Auf welche Weise trägt das Kaninchen hierzu bei?

10 Welche Gemeinsamkeiten haben die Textausschnitte mit einer Sage, einer Fabel oder auch einem Märchen? Welche Unterschiede bestehen?

11 Wie könnte die Geschichte weitergehen? Schreibe eine passende Fortsetzung.
– Dabei könnte Anna z. B. in die „Wüste der Wunder", die „Berge der Zwerge" oder auf das „Meer der Täuschungen" geraten.
– Überlege dir auch, auf welche Helfer und auf welche Gegner Anna dabei stößt.
– Denke auch daran, dass du an die Textsignale folgerichtig anknüpfen musst.

Das hast du in diesem Kapitel gelernt:

Texte erschließen und gestalten:

Antike und germanische Sagen:
- Verständnisprobleme klären
- Figuren sowie deren Verhalten und Motive untersuchen
- äußere und innere Handlung erkennen und unterscheiden
- Nacherzählen (aus anderer Sicht) als Hilfe zum Textverstehen

Fabeln:
- Aufbau und Lehre bestimmen
- Motive benennen
- nach literarischen Vorbildern selbst Texte verfassen

Jugendbuch:
- an Textsignale folgerichtig anknüpfen
- Erzählperspektive erkennen und nutzen
- Spannungsaufbau erkennen und gestalten

Ideen und Projekte
- **griechische Sagen:** Erarbeite ein Kurzreferat darüber, wie Theseus den Minotaurus besiegte und aus dem Labyrinth herausfand.
- **germanische Sagen:** Welche weiteren Heldensagen – z. B. über Siegfried und die Nibelungen – könnt ihr nacherzählen?
- Sammelt mithilfe eurer Lehrerin oder eures Lehrers nähere Informationen für ein Kurzreferat über den Tatsachenkern der Dietrich-Sage: Wer waren die Goten? Woher kamen sie? Wie erlangten sie die Herrschaft über Italien?

Erweitern · Vertiefen · Anwenden

SZENISCH INTERPRETIEREN – Standbilder

Standbilder sind sozusagen „eingefrorene" Momentaufnahmen von Handlungen und Situationen, die sich ohne Worte durch bloßes Betrachten erschließen lassen.

Sich in die Situation hineinversetzen

1 Beschreibe die dargestellte Situation:
a Was verraten **Gestik** und **Mimik** über das Verhalten des Schelms Till Eulenspiegel, des Mannes vor ihm und der Zuschauer?
b Wo ereignet sich das Ganze?

2a Was könnte der Anlass der Szene gewesen sein? Und wie könnte sich die Situation weiterentwickeln?
b Was könnten die an der Szene Beteiligten denken und empfinden?
c Was könnten die Beteiligten sagen? Wie sagen sie es?
d Welche Hintergrundgeräusche und welche Gerüche stellst du dir zu dieser Szene vor?

3 Teilt euch in Gruppen auf und stellt die Szene nach. Macht zuerst ein paar Proben, bis ihr mit eurem Ergebnis zufrieden seid, und vergleicht dann in der Klasse eure Standbilder.

Eine Szene darstellen

Selbstverständlich könnt ihr nicht nur Bilder, sondern auch Situationen aus Texten als Standbilder darstellen.

Text 1A Der folgende Schwank handelt vom berüchtigten Rathausbau der Schildbürger, deren Streiche sprichwörtlich für unüberlegtes und dummes Verhalten geworden sind. Am Tag der Rathauseinweihung strömen alle neugierig zu dem neuen Bauwerk, in dem jedoch die Fenster vergessen worden sind:

Doch sie waren noch nicht an der Treppe, da purzelten sie auch schon durcheinander, stolperten über fremde Füße, traten irgendwem auf die Hand, stießen mit den Köpfen zusammen und schimpften wie die Rohrspatzen. Die drin waren, wollten wieder heraus.

Sagen – Fabeln – Jugendbuch

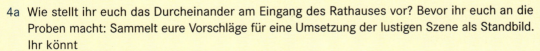

Die draußen standen, wollten unbedingt hinein. Es gab ein fürchterliches Gedränge!
5 Endlich landeten sie alle, wenn auch zerschunden und mit Beulen und blauen Flecken, wieder im Freien, blickten einander ratlos an und fragten aufgeregt: „Was war denn eigentlich los?" Da kratzte sich der Schuster hinter den Ohren und sagte: „In unserm Rathaus ist es finster!" „Stimmt!", riefen die andern. Als der Bäcker fragte: „Und woran liegt das?", wussten sie lange keine Antwort. Bis der Schneider schüchtern sagte: „Ich
10 glaube, ich hab's." „Nun?" „In unserm neuen Rathaus", fuhr der Schneider bedächtig fort, „ist kein Licht!" Da sperrten sie Mund und Nase auf und nickten zwanzigmal. Der Schneider hatte Recht. Im Rathaus war es finster, weil kein Licht drin war!

4a Wie stellt ihr euch das Durcheinander am Eingang des Rathauses vor? Bevor ihr euch an die Proben macht: Sammelt eure Vorschläge für eine Umsetzung der lustigen Szene als Standbild. Ihr könnt
– entweder die ganze Szene als Standbild darstellen
– oder eine genaue Textstelle vereinbaren, zu der ihr ein Standbild erstellt (z. B. Z. 4 „Es gab ein fürchterliches Gedränge!").
Bedenkt dabei:
– Welche Haltung sollen die einzelnen Beteiligten zum Ausdruck bringen?
– Welche Gestik und welche Mimik sollten die jeweiligen Darsteller wählen?

b Am besten geht ihr so vor:
– Zwei Gruppen stellen die Szene dar, die anderen sind die kritischen Zuschauer.
– Die Darsteller bestimmen jeweils einen Regisseur, der alle Personen – wie Marionetten – richtig hinstellt, Gestik und Mimik kontrolliert und bestimmt, wann das Standbild fertig ist und alle Darsteller wie „eingefroren" 20 Sekunden stehen bleiben.
– Die Zuschauer dürfen während der Vorbereitungen nicht zuschauen. Sie schließen so lange die Augen und öffnen sie erst, wenn die Regisseure das Signal dazu geben.
– Die Zuschauer betrachten das „eingefrorene" Standbild und besprechen dann, welches besser zum Text passt und was sie noch besser darstellen würden.

Text 1B Am nächsten Morgen hättet ihr auf dem Marktplatz sein müssen! Das heißt, ihr hättet gar keinen Platz gefunden. Überall standen Schildbürger mit Schaufeln, Spaten, Besen und Mistgabeln und schaufelten den Sonnenschein in Eimer und Kessel, Kannen, Töpfe, Fässer und Waschkörbe. Andere hielten große, leere Kartoffelsäcke ins Sonnenlicht,
5 banden dann die Säcke geschwind mit Stricken zu und schleppten sie ins Rathaus. Dort banden sie die Säcke auf, schütteten das Licht ins Dunkel und rannten wieder auf den Markt hinaus, wo sie die leeren Säcke von neuem aufhielten und die Eimer und Fässer und Körbe wieder vollschaufelten. Ein besonders Schlauer hatte eine Mausefalle aufgestellt und fing das Licht in der Falle. So trieben sie es bis zum Sonnenuntergang. [...]

5 Auch das Einfangen des Sonnenlichts kann man gut in einem Standbild festhalten. Um die Szene besonders wirkungsvoll darzustellen, braucht ihr allerdings ein paar Requisiten, d.h. Gegenstände zum Einfangen des Lichts. Dabei muss es sich nicht um „Mistgabeln" handeln: Tüten, Taschen, Papierkörbe und andere schnell greifbare Dinge tun es auch!

6 Geht so wie in Aufgabe 4b vor, allerdings mit zwei Veränderungen:
– Die Darsteller wählen keinen Regisseur, sondern besprechen gemeinsam Mimik, Gestik und Körperhaltung, bis alle mit dem Ergebnis zufrieden sind.
– Die Zuschauer schließen nicht die Augen, sondern drehen sich um und notieren während der Vorbereitungszeit in Gruppen, nach welchen Kriterien sie die Darstellung beurteilen wollen.

Erweitern · **Vertiefen** · Anwenden

VORLESEN – VORTRAGEN

Gibt es auch an eurer Schule einen **Vorlesewettbewerb**, dessen Siegerin oder Sieger dann sogar an einem Stadt- oder Landeswettbewerb teilnehmen darf? Veranstaltet doch mal einen Klassenwettbewerb im Vorlesen:

> **Checkliste:**
>
> ⇨ Suche dir ein Kinder- oder Jugendbuch aus: am besten eines deiner Lieblingsbücher. Wähle nun eine Textstelle aus, die du vorlesen möchtest. Die Textstelle solltest du in drei bis fünf Minuten vorlesen können – sie darf also nicht zu lang sein. Bereite dich außerdem darauf vor, deiner Klasse das Buch kurz vorzustellen und den Zusammenhang zu erklären, in dem deine Vorlesestelle steht.
>
> ⇨ Zum Vorlesen eignen sich Textstellen, die z. B. besonders spannend oder lustig sind oder in denen mehrere Figuren miteinander sprechen. Dialoge liest du am wirkungsvollsten, wenn du jeder Figur „eine eigene Stimme gibst".
>
> ⇨ Sind Buch und Textstelle ausgewählt, musst du natürlich für den Wettbewerb üben, indem du die Stelle deinen Eltern, Geschwistern, Freundinnen oder Freunden mehrmals vorliest oder sie auf Band sprichst: klar und deutlich, nicht stockend, sondern flüssig und sicher, nicht zu schnell und nicht zu langsam. Dabei soll die Stimmung der Textstelle zutreffend wiedergegeben werden: Trauriges soll traurig klingen und Heiteres heiter.
>
> ⇨ Ebenso wichtig für das Gelingen deines Vortrags ist die richtige „Körpersprache". So solltest du z. B. auf keinen Fall mit dem Zeigefinger unter den einzelnen Wörtern entlangfahren oder mit den Augen starr am Text kleben, sondern ab und zu auch Blickkontakt zu deinen Zuhörern aufnehmen und einen Satz mit passender Gestik (Hand- und Körperhaltung) und Mimik (Gesichtsausdruck) veranschaulichen.

1 Vier verschiedene Fragen, doch immer dieselbe Antwort – allerdings mit vier verschiedenen Betonungen! Welche Betonung (1-4) passt jeweils zu den Fragen a-d?

Fragen:
a) Was machte die Kuh am Teich?
b) Wer lief um den Teich?
c) Wo lief die Kuh?
d) Welche Kuh lief um den Teich?

Antwort:
1) **Die** Kuh lief um den Teich.
2) Die Kuh **lief** um den Teich.
3) Die **Kuh** lief um den Teich.
4) Die Kuh lief **um den Teich.**

2 Fragen:
a) Wen hast du bei dem Diebstahl gesehen?
b) Wer hat gesehen, was passiert ist?
c) Welches Päckchen hat der Bursche gestohlen?
d) Von wo aus hast du das Ganze beobachtet?

Antwort: Ich habe von hier aus gesehen, wie der Bursche dort das grüne Päckchen gestohlen hat.

a Welche Satzglieder müssen bei den oben gestellten Fragen betont werden?
b Welche Gestik und Mimik könnten die jeweilige Antwort veranschaulichen?

Um einen Satz beim Vorlesen sinngemäß betonen zu können, muss man den Text also genau gelesen und verstanden haben. Und wie z. B. ein Nachrichtensprecher solltest du den für deinen Vortrag ausgewählten Text mit **Betonungszeichen** versehen:
- Wörter, die besonders betont werden sollen, markierst du am besten durch Unterstreichen
- Stellen, an denen du die Stimme senkst (häufig vor einem Punkt), mit ↘
- Stellen, an denen du die Stimme in der Schwebe hältst, mit →
- Stellen, an denen du die Stimme hebst (häufig vor einem Komma oder Fragezeichen), mit ↗
- Sprechpausen mit |

Die Betonungszeichen trägst du am besten in eine Kopie (Vergrößerung) des Textes ein.

Text 1A „Ich?↗", sagte ich, und vor lauter Schreck und Erstaunen verschüttete ich den halben Becher Milch.↘

„Aber ich bin nicht euer Kühner Kämpfer!"↘

Die Bäuerin nickte ernst.↘ „Das wissen↘ wir ja↘", sagte sie. „Du bist ein Kind↘ und nicht besonders groß, | und gerade jetzt bist du geschwächt vom Fieber.↘ Und du bist die Einzige, bei der der Versuch lohnt." „Ich?↗", fragte ich erschrocken.→ „Warum?↗"
↗   →   ↗   →   ↗
„Du bist durch den Spiegel gekommen!", rief Rajún aufgeregt. „Von Westen, | bei
       →   →   →
Vollmond! Und du besitzt den Ring des Schmieds, der demjenigen zugedacht ist,
↘   ↗   ↗
der gegen den Fürchterlichen kämpft.↘

3a Würdest du die Betonungszeichen auch so setzen? Begründe deine Meinung.
  b Übe, den Text den Betonungszeichen entsprechend laut vorzulesen.
  c Überlege dir, wie du einzelne Stellen beim Vortrag gestisch und mimisch veranschaulichen kannst, z. B. *„Ich?", fragte ich ...* oder *Die Bäuerin nickte ernst.*

4a Schreibe die Fortsetzung der Textstelle in dein Heft. Lass dabei jeweils eine Zeile frei, damit du dort später die Betonungszeichen besser eintragen kannst. Probiere zuvor in mehreren Durchgängen aus, wie du den Text am wirkungsvollsten vorträgst.

Text 1B „Ich bin die Falsche!", brüllte ich. „Nun begreift das doch endlich! Ich bin die Falsche!" Eine Weile war es ganz still, dann begann der Junge auf seiner Mundharmonika zu spielen. Die Melodie erkannte ich wieder.
„Wer sagt, dass aus dem Falschen nicht der Richtige werden kann?", fragte der Bauer
5 und sah mir in die Augen. „Wenn er es nur wirklich versucht?"
„Die Richtige", murmelte ich, und plötzlich wusste ich, dass es stimmte. Alles andere hatten sie ja längst versucht im Land-auf-der-anderen-Seite. Groß war die Hoffnung nicht, dass ich Evil besiegen könnte; aber wenn ich es nicht versuchte, war jetzt schon alles verloren. [...]
10 „Vielleicht", flüsterte ich. „Wenn ihr glaubt, dass ich es schaffen kann." [...]

SO SCHNELL VERGEHT EIN JAHR

Gedichte verstehen, gestalten und vortragen

Erstelle einen Cluster zu einer der vier Jahreszeiten. Überlege dabei:
– Wie sieht diese Jahreszeit aus?
– Wie riecht sie? Wie schmeckt sie? Wie klingt sie?
– Welche Stimmungen verbindest du mit ihr?

Gestalte aus deinen Stichworten ein kurzes, reimloses Gedicht.

Stell dir vor, du hättest die Möglichkeit eine Jahreszeit wegzuzaubern, sodass es in einem Jahr nur noch drei Jahreszeiten gäbe. Begründe, auf welche Jahreszeit du am ehesten verzichten könntest.

Da dir drei Jahreszeiten zu wenig sind, machst du deinen Zauber wieder rückgängig und erfindest stattdessen eine zusätzliche Jahreszeit. Beschreibe, wie diese fünfte Jahreszeit aussieht, und erfinde einen Namen für sie.

Gedichte verstehen

1. HERBST: Gedichte verstehen

1 Die erste Strophe des folgenden Herbstgedichts hat sechs Verse. Für jeden Vers sind drei Möglichkeiten angegeben. Wähle jeweils eine Möglichkeit aus und schreibe deine Fassung der ersten Stophe auf.

Text 1 **Bunt sind schon die Wälder** Johann Gaudenz von Salis-Seewis

Vers 1	Bunt	ist schon die Stadt,
	Kahl	sind schon die Wälder,
	Tot	ist schon die Welt,
Vers 2	gelb	die Sonnenblumenfelder,
	vertrocknet	die Osterglocken,
	nass	die Stoppelfelder,
Vers 3	doch	der Herbst beginnt.
	aber	der Sommer geht.
	und	der Abend kommt.
Vers 4	Blaue	Bäume wiegen sich,
	Rote	Drachen steigen,
	Grüne	Blätter fallen,
Vers 5	freundliche	Blätter fallen,
	graue	Nebel wallen,
	grauenvolle	Sonne scheint,
Vers 6	kühler	schläft das Kind.
	wärmer	weht der Wind.
	milder	tropft der Regen.

2 Lies deine Strophe vor und erläutere, warum du dich für eine bestimmte Formulierung entschieden hast.

3 Vergleiche deine Fassung mit dem Originalgedicht (S. 93). Worin unterscheiden sich beide Fassungen inhaltlich?

4 Bestimme Takt- und Reimordnung der Strophe und erkläre, ob es sich bei den Reimwörtern „Wälder" und „Stoppelfelder" um einen reinen oder unreinen Reim handelt. Wenn du zunächst den folgenden Text abschreibst und die Lücken mithilfe des Wortspeichers auf S. 93 ausfüllst, fällt dir die Aufgabe leichter.

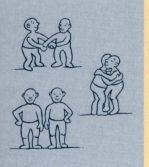

Ein Gedicht gliedert sich meist in ✶; die einzelne Gedichtzeile nennt man ✶. Damit es leichter ist, im Gespräch oder beim Schreiben aus Versen einer Strophe zu zitieren, bezeichnet man die Zählung der ✶ mit römischen Ziffern (I, II usw.), die Zählung der ✶ in einer Strophe mit arabischen Ziffern (1, 2 usw.).

Viele Gedichte reimen sich. Ein Reim ist ein ✶ mehrerer Wörter vom letzten ✶ Vokal an. Wichtig ist also immer die Aussprache (der Klang) der Wörter, nicht die Schreibweise. Es gibt reine Reime und ✶ Reime, die nur annähernd gleich klingen. Man bestimmt die Reimordnung eines Gedichts, indem man gleiche Reime mit gleichen ✶ kennzeichnet. Du kennst vermutlich bereits folgende Reimschemata: Paarreim (aabb), ✶ (abab) und umfassender oder umarmender Reim ✶.

Gedichte

Metrum (griech.) bedeutet (Vers-)maß. In der Metrik, der Lehre vom Versbau, wird vor allem untersucht, in welcher Ordnung kurze und lange (Lateinisch, Griechisch) oder betonte und unbetonte Silben (in unserer heutigen Sprache) aufeinander folgen. Die kleinste Einheit in der Ordnung von betonten und unbetonten Silben nennt man Takt. Die Taktordnung gibt also an, in welcher Reihenfolge betonte und unbetonte Silben aufeinander folgen.

Um die Taktordnung festzustellen schreibst du die Strophen ab und lässt zwischen jedem Vers eine Freizeile. Trenne die Wörter in einzelne ✷. Kennzeichne nun jede Silbe mit einem X. Markiere im Anschluss daran jede betonte Silbe mit einem Betonungszeichen. Setze anschließend vor jede betonte Silbe einen senkrechten Strich, durch den die ✷ angezeigt werden.

Beim Gedichtvortrag liest man nicht schematisch nach der Taktordnung, sondern nach der Stimmung und dem Sinn, also dem Inhalt des Gedichts. Dabei können ✷ wie Betonung, Pausen, Sprechtempo und Lautstärke wirkungsvoll genutzt werden.

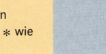

▎ *Silben, Gleichklang, Buchstaben, (abba), Taktgrenzen, rhythmische Mittel, Strophen, Strophen, Kreuzreim, Vers, Verse, betonten, unreine*

5 Diese Strophe ist die erste eines Liedes. Lieder sind meist in Gedichtform geschrieben oder es sind Gedichte, die nachträglich vertont wurden.
a Überlege: Wie müssen die weiteren Strophen gestaltet sein, wenn sie auf dieselbe Melodie gesungen werden sollen?
b Überprüfe deine Vermutungen, indem du die Takt- und Reimordnung der folgenden Strophen bestimmst.

Text 2 **Bunt sind schon die Wälder**

M: Johann F. Reichhardt
T: Johann G. von Salis-Seewis

II. Wie die volle Traube
aus dem Regenlaube
purpurfarbig strahlt!
Am Geländer reifen
5 Pfirsiche, mit Streifen
rot und weiß bemalt.

III. Flinke Träger springen
und die Mädchen singen,
alles jubelt froh!
10 Bunte Bänder schweben
zwischen hohen Reben
auf dem Hut von Stroh.

IV. Geige tönt und Flöte
bei der Abendröte
15 und im Mondesglanz;
junge Winzerinnen
winken und beginnen
frohen Erntetanz.

6a Wovon handelt dieses Herbstlied? Erzähle den Inhalt der einzelnen Strophen in eigenen Worten nach.
b Beschreibe die Stimmung, die das Lied vermittelt. Achte dabei auf die Wortwahl.

7a Trage Text 2 rhythmisch angemessen vor, sodass seine inhaltliche Aussage und seine Stimmung deutlich werden.
Überlege und probiere für einen **wirkungsvollen Gedichtvortrag** aus:
- Lies die einzelnen Strophen streng nach betonten und unbetonten Silben (Taktfolge) vor: Was stellst du fest?
- Wo würdest du anders betonen, wo stimmen also Takt und Rhythmus nicht überein?
- Wo entfällt am Versende wegen eines Zeilensprungs die Pause?
- Wo würdest du innerhalb der Verse Pausen einfügen, die sich aus einem Satz- oder Sinnabschnitt ergeben?
- Welche Wörter sollten besonders betont und dadurch hervorgehoben werden?
- Welches Sprechtempo ist angemessen (schnell, langsam, gleichmäßig, unterschiedlich schnell)?
- Welche Lautstärke ist für deinen Vortrag sinnvoll? Willst du durch unterschiedliche Lautstärke Teile des Textes besonders betonen?
- Achte auf die Satzzeichen. Wo solltest du die Stimme heben, wo nicht?

b Überlegt nun gemeinsam: Wie wirkt Text 2 auf euch, wenn ihr all diese Punkte berücksichtigt habt?

8a Singt das Lied gemeinsam und erläutert, ob und auf welche Weise die Melodie zur Stimmung des Textes passt.

b Gestaltet das Lied in Gruppen zu einem Rap, einem rhythmischen Sprechgesang, um und tragt ihn vor. Vergleicht die unterschiedliche Wirkung.

Text 3 **Herbstlandschaft** KARL KROLOW

Kartoffelsäcke am Raine! Das Laub des Ahorns glüht rot. Und mittags noch einmal die kleine Grillenmusik. Wie ein Boot zieht die herbstliche Wolke vorüber mit Schatten und Regengrau. Der Rübenacker liegt trüber unter dem Wäscheblau des kalten Himmels. Es fallen die Eckern im plötzlichen Wind. Und unter den Füßen knallen Schneebeeren,
5 die reif nun sind.

9 Auch bei diesem Text handelt es sich um ein Gedicht. Schreibe es in Versform ab. Folgende Tipps können dir dabei helfen:
- Suche zunächst die Reimwörter.
- Es kommen mehrere Zeilensprünge vor.
- Das Gedicht besteht aus zwölf Versen.

10a Vergleicht eure Fassung mit der des Originals (S. 205). Besprecht vorhandene Unterschiede.
b Trage das Gedicht wirkungsvoll vor der Klasse vor.

11a Male ein Bild zu dem Gedicht, das deinem Gedichtverständnis entspricht. Es kann realistisch gezeichnet sein, aber auch z. B. nur aus verschiedenen Farbschattierungen bestehen.
b Stelle dein Bild vor und erläutere mit dem Text, warum du es entsprechend gestaltet hast.

12 Du hast nun eine weitere Möglichkeit auf dem Weg zu einer Gedichtinterpretation kennen gelernt. Auch bei der folgenden Methode musst du dich intensiv mit den beiden Gedichten beschäftigen und gelangst dadurch zum Verstehen und Deuten, zum Interpretieren.
In den Texten 4A und B wurden zwei thematisch ähnliche Gedichte vermischt, die beide aus zwei Strophen mit jeweils vier Versen bestehen. Entwirre die Gedichte und schreibe sie in der Form ab, die dir passend erscheint. Als Hilfestellung ist jeweils der erste Vers der beiden Gedichte vorgegeben.

Gedichte

Text 4A **Herbstbild** Friedrich Hebbel

Dies ist ein Herbsttag, wie ich keinen sah!
Die Luft ist still, als atmete man kaum,
und dennoch fallen raschelnd, fern und nah,
5 die schönsten Früchte ab von jedem Baum.
Wie eine Wabe, ausgeleert,
O stört sie nicht, die Feier der Natur!
10 Dies ist die Lese, die sie selber hält,
denn heute löst sich von den Zweigen nur,
15 was vor dem milden Strahl der Sonne fällt.

Text 4B **Herbst** Peter Huchel

Oktoberbüsche, kahl und nass,
verfaulter Nüsse Riss,
im raureifübereisten Gras
des Nebels kalter Biss.
die Sonnenblume starrt.
Der Wind, der durch die Dornen fährt,
klirrt wie ein Messer hart.

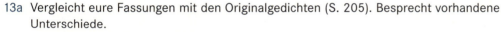

13a Vergleicht eure Fassungen mit den Originalgedichten (S. 205). Besprecht vorhandene Unterschiede.
b Vergleiche die beiden Gedichte. Wo siehst du Gemeinsamkeiten, wo Unterschiede? Achte auf das Zusammenspiel von Inhalt und sprachlichen Gestaltungsmitteln, z. B. auf die Wortwahl, auf die Bildlichkeit der Sprache, auf den Klang der Wörter (weiche oder scharfe Konsonanten, helle oder dunkle Vokale).

14 Übe nun noch einmal einen wirkungsvollen Gedichtvortrag.
Wähle eines der beiden Gedichte aus und untersuche Taktordnung (Metrum) und Rhythmus. Begründe deine Vorschläge.
a Schreibe das Gedicht ab und kennzeichne die rhythmischen Besonderheiten im Text, damit du sie bei deinem Gedichtvortrag nicht vergisst. Unterstreiche z. B. die Haupthebungen, die du besonders betonen möchtest, und setze Betonungszeichen (↗ = Stimme heben; → = Stimme in der Schwebe; ↘ = Stimme senken). Pausen kannst du z. B. durch einen senkrechten Strich | kennzeichnen.
b Erprobe verschiedene Vortragsweisen. Zeichne deine Vortragsversuche am besten auf (z. B. auf Tonband) und vergleiche die Unterschiede.
c Trage das Gedicht vor der Klasse – möglichst auswendig – vor.

2. WINTER: Gedichte gestalten

Text 5 **Schneekristall** Josef Guggenmos

Ein Schneekristall lag
mir auf der Hand, ewig schön,
* *.

1 Ergänze die beiden fehlenden Wörter.

Gedichte gestalten

2 Tauscht eure Ergebnisse aus und diskutiert über Übereinstimmungen, Gegensätze etc.

3a Vergleiche deine Fassung mit dem Originalgedicht (S. 205). Verändern die unterschiedlichen Lösungen die Aussage des Gedichts? Begründe deine Meinung.

b Lerne das kurze Gedicht auswendig und trage es wirkungsvoll vor. Achte auf Betonungen, Zeilensprünge und Pausen.

4a Spielt folgende Szene: Ein Kunde kommt in ein Geschäft und möchte eine Schneekugel kaufen. Da er den Namen für diesen Gegenstand vergessen hat, ist er darauf angewiesen, ihn zu beschreiben. Der Verkäufer fragt mehrfach irritiert nach.

b Vergleicht eure Spielszene mit dem folgenden Gedicht. Benennt Gemeinsamkeiten und Unterschiede.

Text 6 **Schnee**   RALF THENIOR

Ich such ne Glaskugel
so mitm Dorf drin
die man schütteln kann
dann schneit das
5 einfach son Dorf
in ner Glaskugel
wo das schneit
wenn man schüttelt
ne Glaskugel
10 so zum Schütteln
dann fällt Schnee
verstehn Sie

5 Wie wirkt dieses Gedicht auf dich?
Durch welche sprachlichen Gestaltungsmerkmale entsteht diese Wirkung? Achte zum Beispiel auf den Satzbau, die Satzzeichen, die Wortwahl.

6 Lies das Gedicht laut vor. Probiere dabei verschiedene Sprechweisen und Vortragsarten aus: Verstärke den Gedichtvortrag durch eine passende Gestik:
– Du bist außer Atem/wütend/traurig/lustig.
– Du beginnst freundlich/leise und wirst immer unfreundlicher/lauter.

7a Gestalte das Gedicht zu einem Dialog um. Füge dazu jeweils nach einzelnen oder mehreren Versen Äußerungen des Verkäufers ein. Du darfst auch zusätzliche Kunden erfinden, die sich in das Gespräch einmischen. Beende den Dialog damit, dass der Verkäufer den Kunden nach den Gründen für seinen Wunsch fragt und dieser offen über seine Sehnsüchte spricht.

b Lest eure Dialoge mit verteilten Rollen vor und diskutiert über die jeweilige Begründung des Kunden für seinen Wunsch.

8a Lerne das Gedicht auswendig. Beschreibe die Schwierigkeiten, die sich eventuell dabei ergeben.

b Wie kann man möglichst leicht Gedichte auswendig lernen? Tauscht Tipps aus.

Gedichte

Text 7 **Ballade vom schweren Leben des Ritters Kauz vom Rabensee** PETER HACKS

Es war ein alter Ritter,
Herr Kauz vom Rabensee.
Wenn er nicht schlief, dann stritt er.
Er hieß: der Eiserne.

5 Sein Mantel war aus Eisen,
Aus Eisen sein Habit*.
Sein Schuh war auch aus Eisen.
Sein Schneider war der Schmied.

Ging er auf einer Brücke
10 Über den Rhein – pardauz,
Sie brach in tausend Stücke,
So schwer war der Herr Kauz.

Lehnt er an einer Brüstung,
Es macht sofort: pardauz!
15 So schwer war seine Rüstung.
So schwer war der Herr Kauz.

Und ging nach solchem Drama
Zu Bett er, müd wie Blei:
Sein eiserner Pyjama
20 Brach auch das Bett entzwei.

Der Winter kam mit Schnaufen,
Mit Kälte und mit Schnee.
Herr Kauz ging Schlittschuh laufen
Wohl auf dem Rabensee.

25 Er glitt noch eine Strecke
Aufs stille Eis hinaus.
Da brach er durch die Decke
Und in die Worte aus:

Potz Bomben und Gewitter,
30 Ich glaube, ich ersauf!
Dann gab der alte Ritter
Sein schweres Leben auf.

---
* Habit: Kleidung

> Gedichte, die eine handlungsreiche Geschichte „erzählen", nennt man **Balladen**.
> Balladen erzählen oft von besonderen Taten mit erstaunlichem Ausgang.

9a Gib den Inhalt der Ballade kurz mit eigenen Worten wieder.
 b Erkläre mithilfe des Kastens, warum es sich bei diesem Text um eine Ballade handelt.

10a Bereitet den Vortrag der Ballade vor. Teilt dazu jedem von euch eine Strophe zu.
   – Male zu deiner Strophe ein passendes Bild (mindestens DIN-A4). Warum kann es hilfreich sein, den Inhalt einer Strophe zu zeichnen?
   – Schreibe die Strophe ab und kennzeichne die rhythmischen Besonderheiten für einen wirkungsvollen Vortrag.
   – Lerne die Strophe auswendig.

Gedichte gestalten

b Findet euch zu einer vollständigen Balladengruppe zusammen und tragt die Ballade auswendig vor. Zeigt zu jeder Strophe die dazugehörigen Bilder.

Tipps zum Auswendiglernen:
- Lies den Text mehrmals durch.
- Merke dir zunächst die Reimwörter.
- Da man sich häufig Dinge leichter merken kann, die man geschrieben hat, schreibe jeden Vers auf eine kleine Karteikarte.
- Lies nun noch einmal den ersten Vers, drehe danach die Karteikarte um und versuche den Text auswendig zu wiederholen.
- Wenn du den ersten Vers auswendig kannst, nimm den zweiten Vers dazu.
- Verfahre ebenso mit den anderen Versen. Aber Vorsicht! Damit du das Auswendiggelernte wirklich behältst, musst du es mit zeitlichem Abstand wiederholen.

Text 8 **Der Januar**   Erich Kästner

Das Jahr ist klein und liegt noch in der Wiege.
Der Weihnachtsmann geht heim in seinen Wald.
Doch riecht es noch nach Krapfen auf der Stiege.
Das Jahr ist klein und liegt noch in der Wiege.
5 Man steht am Fenster und wird langsam alt.

Die Amseln frieren. Und die Krähen darben.
Und auch der Mensch hat seine liebe Not.
Die leeren Felder sehnen sich nach Garben.
Die Welt ist schwarz und weiß und ohne Farben.
10 Und wär so gerne gelb und blau und rot.

Umringt von Kindern wie der Rattenfänger,
tanzt auf dem Eise stolz der Januar.
Der Bussard zieht die Kreise eng und enger.
Es heißt, die Tage würden wieder länger.
15 Man merkt es nicht. Und es ist trotzdem wahr.

Die Wolken bringen Schnee aus fremden Ländern.
Und niemand hält sie auf und fordert Zoll.
Silvester hörte man's auf allen Sendern,
dass sich auch *unterm* Himmel manches ändern
20 und, außer uns, viel besser werden soll.

Das Jahr ist klein und liegt noch in der Wiege.
Und ist doch hunderttausend Jahre alt.
Es träumt von Frieden. Oder träumt's vom Kriege?
Das Jahr ist klein und liegt noch in der Wiege.
25 Und stirbt in einem Jahr. Und das ist bald.

11 a „So schnell vergeht ein Jahr" – Was müsste man inhaltlich an dem Gedicht verändern, wenn es „Der Dezember" heißen würde, welche Textpassagen könnte man übernehmen? Begründe deine Meinung.

b Sprecht über Wirkung und mögliche Aussage des Gedichts.

c Lerne das Gedicht auswendig und trage es wirkungsvoll vor der Klasse vor.

Das hast du in diesem Kapitel gelernt:
- Gedichte zu den Jahreszeiten Herbst und Winter
- verschiedene Möglichkeiten der Gedichtinterpretation
- formale Gestaltungsmittel: Vers, Strophe, Reimformen, Metrum, Takt, Rhythmus
- mit Gedichten kreativ und spielerisch umgehen
- Gedichte auswendig lernen und wirkungsvoll vortragen
- Zusammenspiel von Inhalt und Gestaltungsmitteln
- Einführung in Balladen

Ideen und Projekte

Herbst- und Winterlieder
Zum Herbst und zum Winter gibt es nicht nur Gedichte, sondern auch viele Lieder.
- Ihr könnt Lieder suchen und sammeln.
- Ihr könnt einige davon sicherlich auch im Musikunterricht singen.
- Und welches Lied gefällt euch am besten? Welches überhaupt nicht? Warum?
- Vielleicht könnt ihr zu einem Lied auch eine neue Melodie oder einen veränderten Text erfinden?
- Vielleicht könnt ihr auch im Internet nach Vertonungen recherchieren, z. B. von bekannten Musikern?

Balladen- oder Gedichtpuzzle
Nehmt zwei oder drei Balladen oder Gedichte und mixt die Verse zu einem Puzzle. Welche Gruppe kann als erste die Originalballaden oder -gedichte wiederherstellen?

Gedichtabend
- Alle lernen jeweils ein anderes Herbst- oder Wintergedicht auswendig und üben den wirkungsvollen Vortrag.
- Jetzt könnt ihr Zuhörer – Eltern und Freundinnen oder Freunde – einladen. Natürlich müsst ihr den Vortragsabend zu einem eindrucksvollen Erlebnis machen, also: Was gibt es zu essen und zu trinken? Wie könnt ihr die Herbst- oder Winteratmosphäre in der Raumgestaltung sichtbar machen?
- Oder ihr plant einen adventlichen Abend: Was gehört dazu? Was außer Gedichten?

Erweitern · Vertiefen · Anwenden

MIT SPRACHE SPIELEN

Text 1   **z. B. Wörter**   Jürgen Völkert-Marten

Zumbei
spiel
kön
nenwi
5 rm
it den wör
terns
pielen
wirspie
10 lenwör
terspie
le

1 Lies das Gedicht laut vor.
  Nenne die Regeln, nach denen der Verfasser sein Gedicht „gedichtet" hat.

2 Verfasse ein Gedicht nach ähnlichem Muster.
  Tauscht eure Texte aus und entschlüsselt sie.

Text 2   **Schnellimbiss**   Hans Manz

„Tach, Mahlzeit!"
Schnapp
Schmatz Mampf
Würg
5 Glugg Glugg Schluck
Gurps
„Tschuldigung!
Dersehen."

3a Lies das Gedicht langsam vor, während eine Mitschülerin/ein Mitschüler die Szene
   pantomimisch spielt.
 b Wie wirkt das Gedicht auf dich? Wodurch entsteht die besondere Wirkung?

4 Gestalte ein Gedicht nach ähnlichem Muster zum Thema „Kinobesuch", „Zug verpasst",
  „Tauchlehrgang" oder „Gräte im Hals".

Gedichte

Text 3 Nießscherzo Kurt Schwitters

tesch
haisch
tschiiaa
pesche püsch
5 haisch
tschii aa
pesche püsch
haisch
happaisch
10 hapeschepüsch
happapeschaisch
happe tschaa
happe tschaa

piss püss piss pass
15 piss puss piss pass
piss püss piss pass
[...]

Text 4 schweigen Eugen Gomringer

schweigen schweigen schweigen
schweigen schweigen schweigen
schweigen   schweigen
schweigen schweigen schweigen
5 schweigen schweigen schweigen

5a Könnte man diese beiden Texte auch als Gedichte bezeichnen?
Was spricht dafür, was dagegen?

b Solche Texte werden auch als „Seh- und Hörgedichte" bezeichnet. Erkläre, bei welchem Text es sich um ein „Sehgedicht" bzw. um ein „Hörgedicht" handelt.

6a Untersuche die Gestaltung der beiden Texte. Wie wird hier das Besondere des Niesens bzw. des Schweigens sprachlich ausgedrückt und zugleich sichtbar bzw. hörbar gemacht?

b Das „Nießscherzo" ist hier nicht vollständig abgedruckt. Ergänze eine mögliche Strophe.

7 Gestalte ein Seh- und ein Hörgedicht zum Thema „Sturm". Sammle zunächst deine Ideen:
– Wie hört sich Sturm an? Schreibe Sturmgeräusche auf.
– Was passiert, wenn es stürmt? Notiere Bilder, die dir dazu einfallen (z. B. fliegt etwas weg).
– Was empfindest du, wenn du an Sturm denkst? Welche Stimmung passt zum Sturm?

8a Aus den folgenden Begriffen lassen sich gut Sehgedichte gestalten: „Sonne", „Unordnung", „Ebbe und Flut". Ergänzt weitere geeignete Begriffe, schreibt diese auf einzelne Zettel und zieht ein Thema, zu dem ihr euch dann ein Sehgedicht ausdenkt.

b Verfahrt nun genauso mit Hörgedichten. Hier einige Themenbeispiele: „Straßenverkehr", „Fußballspiel", „Silvester".

9a Versuche mit den Wörtern „Wort", „Du" und „Ich" Beziehungen zwischen zwei Personen bildlich darzustellen, z. B. Streit, aneinander vorbeireden, Geheimnisse austauschen.

b Stelle dein Sehgedicht der Klasse vor und lass erraten, was du dargestellt hast.

Erweitern · Vertiefen · Anwenden

IN BILDERN SPRECHEN

1 Stell dir vor, du liegst auf einer Wiese und schaust in den Himmel. Plötzlich wird es windig und ein Unwetter zieht auf. Beschreibe, was am Himmel zu sehen ist.

2 Dichter wählen als besondere Gestaltungsmittel oft sprachliche Bilder um Vorstellungen oder Stimmungen zu erzeugen.

a Ordne die drei häufig verwendeten Formen sprachlicher Bilder **Metapher**, **Personifikation** und **Vergleich** den entsprechenden Erklärungen (Definitionen) zu.

   I. Hier wird etwas direkt mit etwas anderem verglichen.
   II. Hier werden Gegenständen, Pflanzen, Tieren oder Naturerscheinungen Eigenschaften von Menschen zugeschrieben.
   III. Hier wird etwas im übertragenen Sinn benannt.

b Suche jeweils ein Beispiel für eine Metapher, eine Personifikation und einen Vergleich zum Thema „Unwetter" (z. B. Personifikation – der Wind heult).

Ein zusammengesetztes Wort wird als **Metapher** empfunden, wenn Wörter miteinander verbunden werden, die im üblichen Sprachgebrauch nicht aufeinander bezogen werden, also in dieser Verbindung ungewöhnlich erscheinen. Je stärker man diese Verschiedenheit empfindet, desto stärker wirkt die Metapher.

3a Erkläre, warum es sich bei den folgenden Begriffen um Metaphern handelt.
   – Wolkenschiffe
   – Wolkenkühe
   – Wolkenpferde
   – Wolkenschlangen
   – Wolkengeister

b Erläutere, welcher der Begriffe deiner Vorstellung der Wolken bei einem herannahenden Unwetter (vgl. Aufgabe 1) am ehesten entspricht.

4 Karl Krolow verwendet in seinem Gedicht „Kurzes Unwetter" die Metapher „Wolkenpferde". Beschreibe, welche Eindrücke eine vorbeigaloppierende Herde wilder Pferde hinterlässt. Was ist zu sehen, zu hören, zu riechen oder zu spüren?

Gedichte

Text 1 **Kurzes Unwetter** KARL KROLOW

I Die Wolkenpferde
   ins Licht sich stürzen.
   Es qualmt die Erde
   von starken Würzen.

II ₅ Die schweren Leiber
   den Himmel fegen.
   Sturm ist ihr Treiber,
   schlägt Staub und Regen

III aufs schwarze Wasser.
   ₁₀ Die Gräser sausen.
   Die Beerenprasser
   befällt ein Grausen.

IV Ahorne biegen
   sich in den Lüften.
   ₁₅ Wildblumen fliegen
   mit fremden Düften.

V Es fahren Flammen
   verzückt im Strauche.
   Weg stürzt zusammen.
   ₂₀ Mit gelbem Bauche

VI drehn sich die Blätter
   wie angesogen. –
   Schon ist das Wetter
   vorbeigezogen.

5 Beschreibe die Wirkung des Gedichts. Du kannst auch ein Bild zu dem Gedicht malen, das die besondere Stimmung wiedergibt.

6 Untersuche genauer, welchen Einfluss bildliche Ausdrücke für die Wirkung haben:
   – Wo finden sich sprachliche Bilder? Welche Bedeutung haben sie und wie wirken sie?
   – Welche sprachlichen Bilder sind besonders ungewohnt?
   – Welche Gedanken gehen dir beim Lesen dieser Sprachbilder durch den Kopf?

7a Setze die Wörter aus dem folgenden Metaphern-Baukasten zu Metaphern zusammen und erkläre deren mögliche Bedeutung (z. B. Wolkenworte oder Wortwolken).
 b Suche mindestens vier Metaphern aus und verwende sie in einem kurzen, reimlosen Gedicht. Entsteht ein sinnvoller Gesamteindruck?
 c Entwickelt eigene Metaphern-Baukästen, tauscht sie aus und verfahrt wie in a) und b).

Metaphern-Baukasten

	Wolken	Regen	Träne	Blick
Worte	*	*	*	*
Gitter	*	*	*	*
Rose	*	*	*	*
Feuer	*	*	*	*

8a Würfle drei beliebige Wortpaare aus und schreibe sie auf (z. B. 1 / 4: digitalisiertes Herz).
 b Begründe, ob es sich bei den Wortpaaren um Metaphern, und wenn ja, um starke oder schwache handelt.

1 Digitalisiert
2 Vollautomatisch
3 Gefriergetrocknet
4 Leistungsorientiert
5 Unfallversichert
6 Dunkelgrün

1 Liebe
2 Schüler
3 Sonne
4 Herz
5 Worte
6 Unterricht

WELT DER BILDER

Medien

Sieh dir die Welt durch einen Sucher an!
Schneide aus einem leeren DIN-A4-Blatt oder einem Zeichenkarton einen „Sucher" in Form eines ca. 5x10 cm großen Rechtecks aus. Beobachte deine Umgebung durch den Sucher und halte ihn dabei mal dicht vor die Augen, mal weiter weg. Berichte, was du siehst.

Perspektivenwechsel
Filmt mit einer Videokamera, wie euer Klassenzimmer aus unterschiedlichen Perspektiven aussieht: aus dem Blickwinkel eines Detektivs, einer Maus, eines Riesen ...

1. GUTE UNTERHALTUNG? – Fernsehen

1a Erinnert euch: Was sind Medien? Welche gibt es? Wozu nutzt man sie?
 b Auf welches Medium könntest du am allerwenigsten verzichten? Begründe deine Entscheidung.

2a Bilde zehn passende Sätze, indem du die unterschiedlichen Teile der folgenden Tabelle miteinander kombinierst. Du kannst die Tabelle auch erweitern, wenn du nichts Passendes findest.
 Beispiel: *Ich bin nachmittags oft genervt. Dann spiele ich am Computer, weil ich mich ablenken will.*
 Beginne zunächst mit dir selbst!

Wer?	Wann?	Wie oft?	Wie?	Womit?	Warum?
Ich	morgens	immer	angespannt	Computerspiel	sich informieren
Mutter	vormittags	meistens	gestresst	Gameboy	sich unterhalten (lassen)
Vater	mittags	oft	gelangweilt	Fernsehen	sich entspannen
Schwester	nachmittags	selten	ausgeglichen	Radio	sich die Zeit vertreiben
Bruder	abends	nie	bequem	CD-Player	sich ablenken
Oma	nachts	*	aufmerksam	Tageszeitung	etwas erleben
Opa	am Wochenende	*	interessiert	Fachbuch	etwas mit anderen zusammen machen
Freund/Freundin	im Urlaub/in den Ferien	*	unterhaltungsbedürftig	Jugendbuch	etwas lernen wollen
*	*	*	genervt	Zeitschrift	sich ausruhen wollen
*	*	*	müde	Internet	sich konzentrieren
*	*	*	hektisch	Videogerät	nichts Besseres vorhaben
*	*	*	ruhig	Kassettenrekorder	*
*	*	*	*	*	*

 b Besprecht: Wer nutzt aus welchen Gründen wann welches Medium?
 c Sprecht darüber, wann und aus welchen Gründen ihr oft/immer/nie ... fernseht.

3a Welche Fernsehsender kennst du? Sammelt gemeinsam an der Tafel.
 b Welche(n) Sender sehen deine Eltern am häufigsten? Welche(n) du selbst? Du kannst deine Ergebnisse in einem Säulendiagramm (→ Sachlexikon Deutsch: Präsentieren/Diagramm) darstellen. Nenne die Gründe für diese Vorlieben.
 c Teilt euch in vier bis fünf Gruppen auf. Jede Gruppe übernimmt einen anderen Fernsehsender. Untersucht nun das Programm „eures" Senders: Entnehmt einer Fernsehzeitschrift die Informationen, die ihr für die folgende Tabelle braucht. Nehmt euch dazu den heutigen Wochentag und den Samstag dieser Woche vor.

Medien

Gruppe:	*		
Sender:	*		
Tag:	*		
Zeit		Titel der Sendung	Art der Sendung (Format)
Morgen (vor 10 Uhr)		*	*
Vormittag (10–13 Uhr)		*	*
Nachmittag (13–17 Uhr)		*	*
Vorabend (17–20 Uhr)		*	*
Abend (20–24 Uhr)		*	*

Die meisten Sendungen im Fernsehen lassen sich einem bestimmten **Format** zuordnen. So gibt es z. B. die Formate Nachrichten, Spielfilm, Talk-Show, Serie, Kulturmagazin, Quiz etc.

d Stellt eure Ergebnisse der Klasse vor und besprecht sie.
– Benennt Gemeinsamkeiten und Unterschiede zwischen den einzelnen Sendern.
– Nennt Gründe dafür, dass sich das Fernsehprogramm im Verlauf eines Tages und am Wochenende verändert.

4a Welche Sendungen oder Formate kennt ihr, die ihr bei eurer Untersuchung noch nicht gefunden habt?

b Ordnet die gefundenen Formate. Übertragt dazu die Tabelle in eure Hefte und ergänzt sie. Überlegt vorher:
– Gibt es Sendungen oder Formate, die man in mehr als eine Spalte einordnen kann?
– Gibt es solche, die sich in der Tabelle nicht unterbringen lassen?
– Wo würdet ihr z. B. Werbung einordnen?

Information	Unterhaltung	Sonstiges
Nachrichten	Spiel-Show	*
*	*	*
*	*	*

5 **Die Fernsehwand**
Erstellt eine Infowand mit euren persönlichen Empfehlungen zu interessanten Fernsehsendungen.
– Teilt euch in mehrere kleinere Gruppen auf. Jede Gruppe wählt anhand von Programmzeitschriften oder des Internet-Angebots der Fernsehsender Sendungen aus, die sie für besonders empfehlenswert hält.
– Gestaltet die Info-Wand mit euren Sendehinweisen und Informationen dazu. Begründet eure Auswahl!
– Wenn ihr Lust habt, dann ergänzt die Info-Wand noch mit Rubriken wie „Tipp des Hausmeisters/der Direktorin/der Sekretärin" oder „Hit/Flopp der Woche". Ihr könnt auch Platz für Kommentare lassen, die jeder anheften kann, der eine der empfohlenen Sendungen gesehen hat.

Fernsehen

– Hängt eure Info-Wand im Klassenzimmer oder, wenn möglich, im Schulhaus auf! Schön ist es, wenn ihr sie über einen längeren Zeitraum hinweg immer wieder aktualisiert – vielleicht könnt ihr eine feste Zeit in der Woche dafür reservieren?

Fortsetzung folgt: Serien und Daily Soaps

6 Ergänze die Mindmap in deinem Heft mit Serien, die es gab oder noch gibt. Du kannst dir auch selbst passende Titel ausdenken.

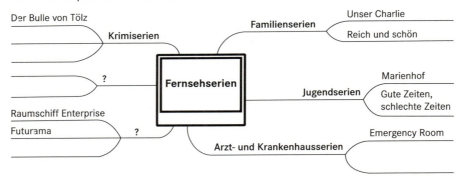

7a Welche Serien siehst du? Warum? Wie oft? Sprecht über eure Vorlieben.
 b Macht eine Umfrage dazu und stellt eure Ergebnisse als Diagramm dar. Das lässt sich sehr gut mit dem Computer erstellen und gestalten.

8a Woran liegt es wohl, dass viele Menschen täglich „ihre" Serie sehen wollen?
 b Ist es schwierig, als Zuschauer neu in eine Serie „einzusteigen"? Begründe deine Meinung.
 c Viele Daily Soaps, also täglich gesendete Serien, werden am Vorabend gezeigt, d.h. zwischen 17 Uhr und 20 Uhr. Überlegt,
   – warum sie gerade diesen Sendeplatz haben,
   – warum sie nicht auch am Wochenende ausgestrahlt werden.

In den 30er Jahren des 20. Jahrhunderts finanzierten in den USA Seifenfirmen Radiosendungen, um dafür kostenlos Werbung ausstrahlen zu können. Die Zielgruppe waren Hausfrauen; sie sollten vormittags mit Geschichten, in denen sich alles um Liebe und Familie drehte und die täglich fortgesetzt wurden, unterhalten werden. Aus der Werbung für Seifen und den romantischen Handlungen entstand der Begriff **Soap Opera**. Als **Daily Soaps** werden Soap Operas bezeichnet, die täglich zu einer festen Zeit, meist als Vorabendserien, gesendet werden.

Text 1 Die Erzähltechnik der Daily Soaps orientiert sich an der so genannten Zopfdramaturgie. Eine Folge besteht meist aus drei unterschiedlich bedeutungsvollen Handlungssträngen. Diese werden aber nicht als in sich geschlossene Einheiten nacheinander gezeigt, sondern der Zuschauer erlebt einen ständigen, meist übergangslosen Wechsel von einem
5 Erzählstrang zum nächsten. Teilweise dauert eine einzelne Sequenz¹ keine halbe Minute, häufig um 1.30 Minuten – in etwa die Länge einer Nachrichtenmeldung. Zwar kann ein Handlungsstrang sein vorläufiges Ende finden, er wird aber in der Regel Tage, Wochen oder gar Monate später wieder aufgegriffen. Das bedeutet: Die Handlung ist fortlaufend und insgesamt offen, die einzelnen täglichen Folgen orientieren sich nicht an litera-
10 rischen Vorlagen mit Anfang-Mitte-Schluss und ein Ende der Serie ist nicht geplant.

¹ Sequenz: inhaltlich zusammenhängende Filmszene, kleinste Einheit beim Film

Diese Erzählform und eine offene Frage, eine komplizierte oder gefährliche Situation als letzte Einstellung jeder Folge, bei der man nicht weiß, wie sie enden wird (sog. Cliffhanger) dienen in erster Linie der Zuschauerbindung an die Serie. Regelmäßige Soap-Seher wollen wissen, wie es wohl morgen weitergehen wird, Gelegenheits- oder Nebenbei-Sehern wird es erleichtert, der Handlung relativ schnell folgen zu können.

9 Hier siehst du einige Antworten, die du in Text 1 findest. Formuliere die passenden Fragen dazu.
– Weil eine Folge meist aus drei wie ein Zopf miteinander verflochtenen Handlungssträngen besteht.
– Nein, alle Handlungsstränge sind prinzipiell offen und können ewig weiterlaufen.
– Ein dramatisches Ende einer Folge, meist eine komplizierte oder gefährliche Situation.
– Damit die Zuschauer gespannt sind auf die Fortsetzung.

10 Denke weiter und suche die Antworten.
– Welche Folgen hat die Art der Handlungsführung für Anzahl und Gestaltung der Orte, an denen die Serie gedreht wird?
– Was geschieht, wenn ein Schauspieler aus einer Serie aussteigen will? Kannst du dich aus deiner Seh-Erfahrung an eine solche Situation erinnern? Erzähle.
– Was müssen die Drehbuchschreiber einer Endlos-Serie beachten, damit dem Zuschauer nicht langweilig wird?

11 Seht euch gemeinsam eine oder mehrere Folgen einer Daily Soap an.
– Vollzieht die Zopfdramaturgie nach: Wo beginnt und endet jeweils ein „Zopf"?
– Wie sehen (Kleidung, Frisur, Körpersprache) die Darstellerinnen und Darsteller aus?
– Warum reden die handelnden Personen ständig?
– Sammelt die Themen und Probleme, um die sich alles dreht. Welche davon kommen auch in eurem Alltag vor? Welche nicht?

Text 2 **Interview mit Nicola und Steffi P. aus München, langjährigen Statistinnen bei einer Vorabendserie**

Beschreibt mal, wie es im Studio aussieht.

NICOLA: In der Produktionshalle sind die Räume nachgebaut, wie man sie aus dem Fernsehen kennt. Es existieren aber nicht wirklich alle Zimmer, manchmal stehen nur Türen oder Wände herum. Jede Szene wird mit drei Kameras gedreht, die fast immer auf einer festen Position stehen.

STEFFI: Ja, wenn man im Fernsehen mal darauf achtet, dann sieht man, dass alles nur aus ganz wenigen Perspektiven gefilmt wird. Ab und zu gibt es auch einen Außendrehtag; da werden dann alle Szenen gefilmt, die draußen spielen. Das mag aber keiner so gern; ich hab mal erlebt, wie einer der Regisseure einem Drehbuchautor gesagt hat, er soll gefälligst die Außenszenen rausschmeißen.

NICOLA: Und der war dann ganz verzweifelt, weil ihm so schnell nichts anderes eingefallen ist ...

Gibt es denn mehr als einen Regisseur?

STEFFI: Oh ja. Die wechseln sich ab, genauso wie die Autoren und die Filmteams. Schwierig wird's dann, wenn einer krank ist.

Warum?

STEFFI: Weil pro Tag mindestens eine Folge abgedreht werden muss. Und bis die nicht im Kasten ist, darf keiner nach Hause gehen, auch wir Statisten nicht. Das ist alles so eng geplant, dass es nur das Wochenende oder Feiertage als Reservetage gibt. Und alles läuft ziemlich chaotisch: Manchmal waren die Schauspieler für die nächste Folge nicht am Set[1] oder die Drehbücher waren noch nicht da. Oder ein Schauspieler war betrunken, das kam auch schon mal vor. Aber dann wurde trotzdem irgendwie weitergemacht, weil immer gespart werden musste.

Woran habt ihr noch gemerkt, dass nicht viel Geld zur Verfügung steht?

NICOLA: Naja, zum Beispiel daran, dass die Statisten nichts zu essen bekommen haben. Nach jedem Drehtag wurde ein leckeres Buffet aufgebaut, von dem wir aber nichts abbekommen haben, obwohl wir manchmal sogar dabei helfen mussten.

STEFFI: Es waren auch oft einfach zu wenig Statisten da. Einmal sollten wir Schüler darstellen, die aus der Schule kommen. Da sind wir einfach zu einer Tür raus, zur nächsten wieder rein und wieder raus vor die Schule. Wäre auch ein bisschen peinlich gewesen, wenn zum Ende des Unterrichts nur 15 Schüler rauskommen.

Aber dazwischen habt ihr euch wenigstens umgezogen, damit ihr anders ausseht, oder?

STEFFI: Nee. Keine Zeit. Auf die Idee ist auch niemand gekommen.

[1] Ort, an dem gedreht wird

12 Stell dir vor, du bist Produktionsleiterin oder Produktionsleiter einer Daily Soap. Löse folgende Probleme und berücksichtige dabei die Informationen aus Text 2.
 – Eine Hauptdarstellerin wird schwanger.
 – Du hast in dieser Woche schon zu viel Geld ausgegeben und musst es wieder einsparen.
 – Regen dringt in die Produktionshalle und verwüstet die Kneipe, das WG-Wohnzimmer und den Garten des Schlosses.
 – Der Star der Serie will unbedingt singen, ist aber fürchterlich unmusikalisch.
 – Du merkst erst hinterher, dass eine bereits gedrehte Folge völlig unlogisch ist und dass zwei Schauspieler ihren Text kaum konnten.

13 **Flechtet euren eigenen Serienzopf**
 – Erfindet gemeinsam eine Folge einer Serie mit ihren drei miteinander verflochtenen Handlungssträngen.
 – Ergänzt zunächst die Tabelle mit weiteren Personen und Grundproblemen, die in Serien thematisiert werden (unglückliche, verbotene oder junge Liebe, Alkoholsucht, Erpressung ...).
 – Charakterisiert jede Person mit Namen, Alter, Beruf und ein bis zwei Eigenschaften. Ihr könnt euch dabei an Personen aus Serien oder Spielfilmen orientieren, ihr könnt aber auch selbst welche erfinden.
Beispiele: Clarabella, 45, Gräfin, heimtückisch und geltungssüchtig. Florian, 19, Schüler, naturverbunden und ehrlich.

	Person 1		Person 2		Problem
❶	Clarabella	❶	Florian	❶	Erpressung
❷	*	❷	*	❷	*
❸	*	❸	*	❸	*
❹	*	❹	*	❹	*
❺	*	❺	*	❺	*
❻	*	❻	*	❻	*

- Teilt euch dann in drei Gruppen auf. Jede Gruppe würfelt dreimal und erhält so zwei Personen und ein Problem. Konstruiert daraus eine kurze Handlung und eine Lösung (oder ein dramatisches, offenes Ende).
- Formuliert eure Szenen so aus, dass ihr sie in drei Teile zerlegen könt und abwechselnd mit den anderen Gruppen (im „Zopf") erzählen könnt. Wenn ihr Lust habt, könnt ihr eure Szenen auch vorspielen und filmen.

2. »VATER DER GÄNSE« Ein Buch wird verfilmt

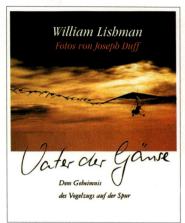

1a Wovon könnte dieses Buch handeln? Wer ist der „Vater" der Gänse? Was ist das Geheimnis des Vogelzugs?
b Was weißt du über die Gewohnheit vieler Vögel, im Herbst nach Süden zu ziehen? Berichte.

Text 3   **Vater der Gänse** (Auszug)   WILLIAM LISHMAN

> „Vater der Gänse" ist eine Autobiografie, also ein Buch, in dem der Verfasser über sein eigenes Leben berichtet. Um Gänsen zu helfen, die in Gefangenschaft aufwachsen und deshalb ihre natürliche Flugroute nicht lernen können, „prägt" William Lishman sie auf sich selbst und seine selbst gebauten Flugzeuge: Gänseküken folgen nach dem Schlüpfen dem ersten sich bewegenden Objekt, das ihnen begegnet. Mit den Gänsen im Gefolge fliegt der Autor dann los, um sie auf diese Weise ihre natürliche Vogelzugroute zu lehren.

Was uns am Vogelzug von jeher so faszinierte, kann man in drei einfachen Fragen zusammenfassen: Wohin ziehen sie? Warum ziehen sie? Wie gelangen sie an ihren Bestimmungsort und wieder zurück? Fragen, die nicht so einfach sind, wie es scheint. Nur die erste, die Frage nach dem „Wohin", ist in gewisser Weise beantwortet
5 worden. Die letzte und komplizierteste Frage, die nach der unglaublichen Fähigkeit, um den halben Globus zu fliegen und mit höchster Genauigkeit am Zielort einzutreffen, beschäftigt uns nach obwohl in dieser Hinsicht bereits einige interessante Entdeckungen gemacht wurden. [...] Unsere Tiere gehörten zu einer der größeren der zehn Unterarten der Kanadagänse. [...] Ihr durch-
10 dringendes Geschrei, ihre schwarze Kopf- und Halspartie mit den weißen Wangenflecken machen diese Gänse so auffällig, dass die meisten Leute, wenn von „Wildgänsen" die Rede ist, an Kanadagänse denken. [...] In Kanada und einem Großteil der Vereinigten Staaten gibt es kaum jemanden, der den Ruf der Gänse noch nicht hörte. Die Vögel sind so laut, dass sämtliche Hunde
15 entlang ihrer Route zu bellen beginnen und selbst die Menschen in größeren Städten stehen bleiben und in den Himmel starren.

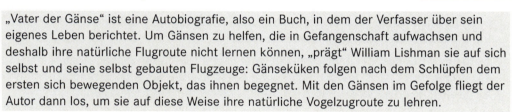

2a Schreibe aus diesem Text die Stellen heraus, in denen du etwas über Wildgänse erfährst, oder markiere sie auf einer Kopie oder in deiner Textdatei im Computer, nachdem du den Text eingescannt hast. Fasse dann mit eigenen Worten zusammen.
b Zwei Kinder sind in Kanada in einer kleineren Stadt unterwegs. Plötzlich kommt eine große Schar Gänse angeflogen. Beschreibe, was die Kinder hören und sehen.

3a Welche Schwierigkeiten und Probleme könnte es dabei geben, die Gänse aufzuziehen und fliegend zu begleiten?

Buchverfilmung

b Stell dir vor, du wolltest das Buch zu einem Spielfilm umarbeiten. Lege die Hauptfigur(en), die Handlung, Zeit und Ort(e) und den Titel fest.

4 Vielleicht möchtest du dieses Buch oder ein anderes Sachbuch, das du kennst, der Klasse vorstellen? Auf Seite 54 f. erfährst du mehr über die Techniken der Buchvorstellung.

Aus dem Sachbuch „Vater der Gänse. Dem Geheimnis des Vogelzugs auf der Spur" machte der amerikanische Regisseur Carroll Ballard im Jahr 1996 einen Film mit dem deutschen Titel „Amy und die Wildgänse". Der Originaltitel lautet „Fly away Home".

5a Vergleiche den Umschlag des Buches auf Seite 111 mit dem Filmplakat links. Benenne Gemeinsamkeiten und Unterschiede. Beachte dabei auch die Titel!

b Welchen Hauptunterschied zwischen Film und Buchvorlage kannst du erkennen? Welchen Grund kann es dafür geben?

Text 4 **Drehbuchautor:** „Im Mittelpunkt des Films steht die 14-jährige Amy und ihr Schicksal, und vor allem Kinder werden sich mit der Hauptfigur identifizieren können."

Produzent: „Wenn du einen Film machst, musst du Situationen schaffen, die eine Entwicklung der Charaktere ermöglichen. Die Geschichte von Amy, die ihre Mutter verliert
5 und erst nach einem gemeinsam bestandenen Abenteuer mit den Gänsen auch ihren Vater zu lieben beginnt, ist so eine Situation."

Autor des Buches: „In der Geschichte geht es um eine Vater-Tochter-Beziehung, und das ist ganz nett. Aber das Wichtigste sind die Gänse, die auf Amy geprägt sind und von ihr gerettet werden, und die werden allen gefallen, die den Film sehen!"

Produzent: Er stellt Kino- und Fernsehfilme her. Der Produzent trägt dabei das finanzielle Risiko und verwaltet das zur Verfügung stehende Geld. Meist hat er Mitspracherecht bei der Rollenbesetzung.

Drehbuchautor: Er schreibt das Manuskript, das in allen Einzelheiten die Szenen eines Films enthält. Auf jeder Seite des Drehbuchs steht, was die Zuschauer hören und sehen werden.

6a Gib mit eigenen Worten wieder, welche Gründe der Produzent des Spielfilms und der Drehbuchautor in Text 4 für die Änderungen an der Vorlage angeben.

b Was steht dagegen für den Autor des Buches auch beim Film im Mittelpunkt?

c Was erhoffen sich alle drei von der Wirkung des Spielfilms?

Mit dem Auge der Kamera

Text 5 Es ist nicht einfach, einen Spielfilm mit Schauspielern zu drehen, die größtenteils wild lebende Tiere sind. Zuerst musste eine Schar Gänse auf die Schauspielerin Anna Paquin geprägt werden, die die Rolle der Amy spielt. Das bedurfte ausgeklügelter Vorbereitungen, wie z. B., dass Lishmans echte Tochter, die der Schauspielerin vom Alter und
5 Aussehen her ähnelte, Paquin bei den Küken doubelte, während ein Tonband mit Paquins Stimme lief, bis die junge Schauspielerin selbst zum Drehort kommen konnte und von ihren gefiederten Kollegen akzeptiert wurde. Weil Gänse nach ihrem eigenen Rhythmus wachsen ohne auf all die Dinge Rücksicht zu nehmen, die den Ablauf einer Filmproduktion bestimmen, brauchten wir außerdem verschiedene Eier in unterschied-
10 lichen Reifephasen, um Amy mit den Gänsen in allen Altersstufen filmen zu können. Etwa 60 Gänse wurden darauf vorbereitet, im Film mitzuspielen. Bei der Operation

Vogelzug prägten wir die Gänse auf das Flugzeug, um sie ihre Flugroute zu lehren, aber diese Vögel mussten wir auf das Flugzeug prägen, das Tom Alden fliegt, auf das, das Amy fliegt, und auf unser Kamera-Schiff. Dann hatten wir noch ein Boot, auf das wir ein Flugzeug und einen Hauptdarsteller setzten, so dass die Gänse ankommen und von der Tragfläche wegfliegen und es so aussieht, als würden sie alle wirklich fliegen. Auch die Kameras stellten ein technisches Problem dar. Bill Lishmans Flug mit seinen Gänsen war mit einer kleinen Videokamera gefilmt worden. Die Kamera für eine Spielfilmproduktion ist wesentlich größer und schwerer. Gänse fliegen mit einer Höchstgeschwindigkeit von 32 Meilen pro Stunde – zu langsam für die meisten Flugzeuge. Die Ultraleichtflugzeuge der Operation Vogelflug können in Gänsegeschwindigkeit mitfliegen, aber sie sind zu leicht, um eine Filmkamera mitsamt Kameramann, Batterien und Filmrollen zu transportieren. So wurde ein spezielles Flugzeug mit extralangen Flügeln entworfen, das langsam genug fliegen konnte, ohne dabei vom Himmel zu fallen, um die Szenen mit den fliegenden Gänsen zu drehen.

7a Teile Text 5 in Sinnabschnitte ein und gib jedem eine passende Überschrift. Besonders gut geht das, wenn du den Text in den Computer eingibst (oder scannst) und mit einem Textverarbeitungsprogramm bearbeitest.

b Unterstreiche mit zwei unterschiedlichen Farben die Probleme, die es beim Drehen des Films gab, und die Lösungen, die dafür gefunden wurden.
Fasse dann mit eigenen Worten zusammen:
– Welche Probleme gab es?
– Wie wurden sie gelöst?

8a In der Tabelle findest du eine Zusammenfassung der wichtigsten **Kameraeinstellungen**. Sieh dir die Szenenfotos genau an und ergänze die Tabelle in deinem Heft.

Kameraeinstellung	Beispiel	Erklärung	Wirkung/Funktion
Weit		Überblick z. B. über eine Landschaft, Einzelheiten sind noch nicht erkennbar; häufig als Eröffnungs- oder Abschlussszene	Vermittlung von Atmosphäre, Einstimmung aufs Geschehen, Handlung wird gefühlvoll eröffnet/abgeschlossen
Totale		Einzelnes wird bereits erkennbar, oft z. B. Person in einer Landschaft.	Gesamtüberblick über die Szene, räumliche Orientierung
Halbtotale		Zusammenhang zwischen Personen und Umgebung wird erkennbar.	Körpersprache wird sichtbar, Umgebung der Person tritt in den Vordergrund.

Buchverfilmung

Halbnah (Amerikanisch)		?	Beziehung von Personen und Gesprächssituationen treten in den Vordergrund.
Nah		?	Mimik und * sind gut erkennbar.
Groß		Kopf bis Schulteransatz	Aufmerksamkeit wird auf * gelenkt, * werden deutlich.
Detail		sehr kleiner Ausschnitt einer Person oder eines Gegenstandes	Zuschauer fühlt sich * am Geschehen, Einstellung steigert oft die Spannung.

b Erinnerst du dich an eine oder mehrere Szenen eines Films, der dich besonders beeindruckt hat? Überlege, wie in diesen Szenen die Kameraeinstellung war.

9a Nenne die deiner Meinung nach beste Kameraeinstellung für die folgenden Szenen.
 – Amy ist traurig, weil die Gans Igor verschwunden ist.
 – Die Gänse fliegen hinter Amy her durch den Abendhimmel.
 – Amy und ihr Vater streiten sich; Amy weint.
 – Geschafft! Die Gänse heben zum ersten Mal hinter dem Flugzeug ab.
 – Der Zuschauer soll nicht sehen, dass die Schauspielerin, die die Amy spielt, gar nicht wirklich fliegt, sondern in einem Flugzeug sitzt, das auf einem Boot steht.

b Probiert es einmal selbst aus: Denkt euch unterschiedliche Situationen aus und filmt sie mit einer Videokamera.
 – Welche Kameraeinstellungen passen am besten zu euren Situationen?

10 Ein weiteres wichtiges filmisches Mittel ist die **Perspektive** (Sichtweise), aus der die Kamera filmt und aus der deshalb auch der Zuschauer das Bild sieht.
 – Ergänze die folgende Übersicht in deinem Heft.
 – Halte dir eine Fotokamera oder einen Sucher aus Papier (siehe S. 105) vor die Augen und „filme" damit einen Menschen aus den drei Perspektiven. Wie wirkt die Person jeweils?
 – Tauscht eure Erfahrungen aus und ergänzt dann die Tabelle in euren Heften.

Normalsicht		Die Kamerahöhe entspricht etwa der * eines Erwachsenen.	Eindruck von Realismus/Echtheit soll erreicht werden.
Froschperspektive (Untersicht)		Kamerablick von * nach *, wie aus der Perspektive eines Frosches	Mehrere Möglichkeiten: Die gezeigte Person soll a) übermächtig, b) *, c) bedrohlich wirken.
Vogelperspektive (Aufsicht)		Kamerablick von * nach *, wie aus der Perspektive eines Vogels	Mehrere Möglichkeiten: a) verschafft Überblick, b) Überlegenheitsgefühl

11 Überlegt gemeinsam, welche Gestaltungsmittel noch dazu beitragen sollen, damit die Zuschauer sich in die handelnden Figuren hineinversetzen können, ihre Gefühle miterleben und vom Film gefesselt werden (Musik, Licht ...).

Das hast du in diesem Kapitel gelernt:
Medien: – Mediennutzung und Mediengewohnheiten
Fernsehen: – unterschiedliche Fernsehformate
– Fernsehserien und Daily Soaps: Aufbau, Zielgruppe, Serienkonzept
Film: – Buchverfilmung
– Kameraeinstellungen und Perspektiven

Ideen und Projekte
Anregung: Lest das Buch und seht euch dann gemeinsam den Film an.
– Stoppt den Film an einigen Stellen und analysiert Perspektive und Einstellung der Kamera.
– Sucht die Stellen im Film, an denen mit Tricks gearbeitet wird, und versucht sie zu erklären.
– Sucht im Buch die Stellen heraus, die auch im Film vorkommen, und überlegt, warum gerade diese Szenen verfilmt wurden.
– Gibt es Szenen im Film, die im Buch nicht zu finden sind, die sich der Regisseur also ausgedacht hat? Welche Gründe könnte das haben?

Projekt: Skizziert ein Drehbuch für einen Film mit Tieren
Es handelt sich um eine Gruppenarbeit für drei bis vier angehende Drehbuchautoren/-innen über einen Zeitraum von zwei bis maximal vier Unterrichtsstunden. Folgende Angaben werden benötigt:
– Titel des Films
– Überblick über die Handlung
– Angaben zu Ort und Zeit der Handlung
– Auswahl der Hauptfiguren (Beschreibung und Charakterisierung der Figuren und Vorschläge für die ideale Besetzung)
– Spezialeffekte, Tricks, Ideen zur Filmmusik
– eine kurze, wichtige Szene, bei der ihr bereits ein sog. **Storyboard** erstellt:

Prämiert am Ende das Drehbuch, das euch allen am besten gefällt!

Erweitern · Vertiefen · Anwenden

EINE BIBLIOTHEK NUTZEN

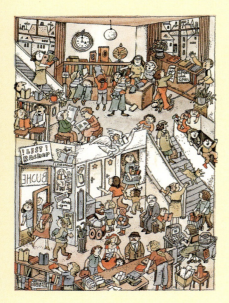

1a Warst du schon einmal in einer Bibliothek? Erzähle von deinen Erfahrungen.
b Wozu gibt es Bibliotheken? Wer nutzt sie?
c Wo gibt es Bibliotheken, die ihr nutzen könnt?

2 Bereitet einen Unterrichtsgang in eine Bibliothek in eurer Nähe vor. Welche Informationen braucht ihr dazu? Ergänzt:
– Wie kommen wir am besten dorthin?
– Wie sind die Öffnungszeiten?
– Was muss man vorlegen, um einen Leserausweis zu bekommen?
– ...
Vielleicht kann ja eine oder einer von euch zur Vorbereitung des Unterrichtsgangs schon vorab eine **Benutzungsordnung** besorgen.

3 Erläutere die Öffnungszeiten der Stadtbibliothek in Buchhausen.

Stadtbibliothek Buchhausen – Öffnungszeiten		
	Schulzeit	Ferien
Mo	geschlossen	10.00 – 19.00
Di, Mi, Fr	10.00 – 18.00	10.00 – 19.00
Do	14.00 – 20.00	10.00 – 20.00
Sa	10.00 – 12.00	9.00 – 12.00
So	geschlossen	geschlossen
Beachten Sie unsere monatlichen Schmökersonntage!		

4 Überlege: Was kann man tun, wenn man sich in einer Bibliothek zurechtfinden möchte?
– An der Information fragen,
– ...

5 Ergänze die folgende Sachinformation mit dem jeweils passenden Begriff aus dem Wortspeicher:

Damit jeder schnell findet, was er ausleihen möchte, sind alle **Medien** in **Bibliotheken** sortiert, zum Beispiel nach dem Medientyp. Das heißt, alle ∗, alle Kassetten und ∗, alle ∗, alle ∗, alle CD-ROMs stehen jeweils zusammen.
Die Medien für Kinder und Jugendliche sind auch häufig danach geordnet, für welche ∗ sie besonders geeignet sind. Zusätzlich sind die Medien nach ihrem ∗ in Gruppen sortiert. Je nach seinem Standort erhält ein Medium dann eine Signatur, die aus Buchstaben und Zahlen besteht. Die **Signatur** findet man z. B. auf dem ∗, aber auch im Zettelkatalog und im ∗.

Altersgruppe, Bücher, Buchrücken, CDs, Computerkatalog, Inhalt, Videos, Zeitschriften

Thema, z. B. „Grusel", „Witze", „Wildgänse"

Klicke hier an, welches Medium du suchst.

Klicke hier, wenn du Hilfe brauchst – oder frage einfach die Bibliothekarin oder den Bibliothekar; sie werden dir sicher gerne weiterhelfen!

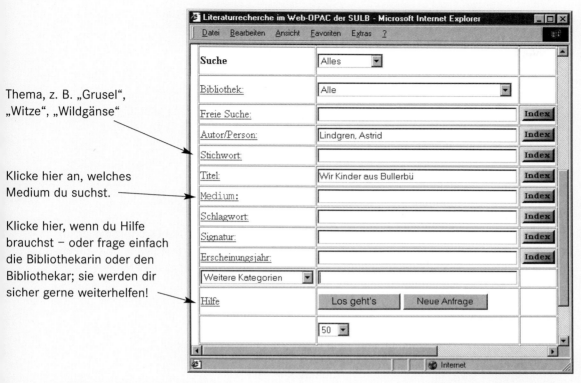

Die meisten Computerkataloge in größeren Bibliotheken heißen OPAC (Online Public Access Catalogue). Hier kann man danach suchen, was es in der Bibliothek gibt und was man davon ausleihen kann.

Das Ergebnis der Suche besteht in der Regel aus den genauen Angaben zum Medium und der Signatur.

6 Was gibst du in den OPAC ein, wenn du Folgendes suchst:
  a) das Buch „Neues von den Kindern aus Bullerbü"
  b) eine Verfilmung von „Ronja Räubertochter" von Astrid Lindgren
  c) ein Buch darüber, wie du dein Fahrrad reparieren kannst
  d) eine CD deiner Lieblingsband
  e) eine Zeitschrift über Modellbau
  f) Informationen über kanadische Wildgänse

7 Um mit den Bibliothekskatalogen zu üben, könnt ihr nun eine **Bibliotheksrallye** vorbereiten. Bildet dazu mehrere kleine Gruppen, die unterschiedliche Fragen an die anderen erarbeiten. Hier einige Anregungen dazu:
  – Wie viele Titel von Erich Kästner gibt es?
  – Welche Signatur trägt das Buch „Krabat" von Otfried Preußler?
  – In welchem Regal stehen Bücher zur Rechtschreibung?
  – Von welchem Autor/welcher Autorin ist das Buch „Nennt mich einfach Jule"?
  – Wie viele Sachbücher über Zugvögel gibt es laut Katalog?

Wenn sich jede Gruppe genügend knifflige Fragen ausgesucht hat, geht es los – Sieger ist die Gruppe, die in der kürzesten Zeit alle richtigen Antworten gefunden hat!

Vergesst nicht, euch vorher in der Bibliothek anzumelden. Vielleicht könnt ihr ja sogar eine Führung mitmachen, damit ihr euch dort gleich gut auskennt.

Erweitern · Vertiefen · Anwenden

PROJEKT RADIO

1. Schritt: Ideen sammeln

1 Entscheidet euch dafür, was der Inhalt eurer Sendung sein soll:
   – etwas, das ihr im Unterricht gelernt habt (in Deutsch, Biologie, Kunst ...) und über das ihr andere informieren wollt, weil ihr es spannend findet,
   – etwas, das mit eurer Schule/Klasse zu tun hat,
   – ...

Tipps und Tricks
– Viel Radio hören!
– Macht einen Unterrichtsgang zu einem Lokalradio.

2. Schritt: Projektziel und -aufbau formulieren

2a Einigt euch auf ein gemeinsames Ziel eures Projekts und legt Inhalt und Titel verbindlich fest. Beschließt auch genau, wie eure Sendung aufgebaut sein soll. Wenn sich z. B. Ansagen, Musik und Wortbeiträge immer abwechseln sollen (dieses Format nennt man Magazin), könnte der Aufbau so aussehen:

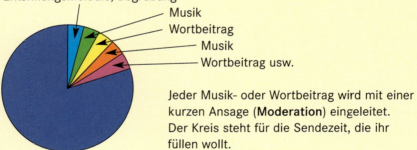

Jeder Musik- oder Wortbeitrag wird mit einer kurzen Ansage (**Moderation**) eingeleitet. Der Kreis steht für die Sendezeit, die ihr füllen wollt.

b Erstellt ein verbindliches Aufbauschema für eure Sendung. Legt dann fest, wer eure Sendung hören soll:
   – nur für die Klasse: auf Kassette aufnehmen ...
   – für alle in der Schule: über die Schullautsprecher senden ...
   – ...

3. Schritt: Planen

3a Überlegt gemeinsam:
   – Welche Wortbeiträge bringen wir? (Interviews, vorgelesene Texte ...)
   – Nach welchen Gesichtspunkten wählen wir die Musik aus? (Wie soll sie wirken? Passt sie zum Thema? ...)
   – Wie gestalten wir die Moderationen?
   – Welche technischen Mittel stehen uns zur Verfügung?
   – Was brauchen wir noch?
   – Wie viel Zeit steht uns zur Verfügung?

Die Musikredakteure könnten vorher eine Hitliste in der Klasse erstellen. Oder sie lassen die am Projekt beteiligten Lehrerinnen und Lehrer, die Schulleitung, das Sekretariat etc. einige Titel auswählen.

Medien

b Benennt die Verantwortlichen für Musikauswahl, Technik, Interviews, Texte, Ansagen und Moderationen und für alle anderen Aufgaben, die erledigt werden müssen. Legt auch möglichst schon ein Zeitraster fest: Wann soll was fertig sein?

4. Schritt: Durchführen

4a **üben:** Macht vor der Produktion der eigentlichen Sendung ein paar Probeaufnahmen.
Testet, wie man sich vor dem Mikrofon fühlt.

b **kontrollieren:** Hört euch die Aufnahmen gemeinsam an und helft euch gegenseitig dabei, Fehler zu vermeiden:
– langsam und deutlich sprechen
– Interviews gut vorbereiten
– auf Hintergrundgeräusche achten
– ...

c **los geht's!**

5. Schritt: Bewerten

5 Hört euch die fertige Sendung gemeinsam an und besprecht: Was lief gut, was sollte man beim nächsten Mal verändern?
Am besten haltet ihr eure Erfahrungen und Tipps für die nächste Sendung schriftlich fest. Ihr könnt z. B. Plakate mit Tipps und Empfehlungen gestalten.

Interviewspiel
Interviewt euch gegenseitig möglichst spontan zu einem selbst gewählten Thema (Ist dein Schulweg gefährlich? ...). Stellt nicht mehr als vier oder fünf Fragen und nehmt das Gespräch auf.

Hörübung
Nehmt im Schulhaus verschiedene Geräusche auf und lasst die anderen raten. Ihr könnt auch versuchen, selbst Geräusche nachzumachen! Merkt euch besonders gelungene Geräusche für eure spätere Sendung.

Moderationsübung
Schreibt eine Zeitungsmeldung so um, dass man sie gut sprechen kann, überlegt euch die Moderation zur Vorstellung einer Person, eines Musiktitels, eines Themas und lest sie vor.

Hört euch im Radio eine Sendung an und lernt von den Profis der Moderation.

IM WETTSTREIT

Ich bin der Größte! Ich bin die einzige Wortart, die immer großgeschrieben wird! Ich bin auch am wichtigsten: Ohne mich hätten die Dinge dieser Welt keinen Namen.

Text A
schlurfen, trampeln, trotten, trippeln,
schleichen, kriechen, huschen, tippeln
wandern, gehen, laufen, schreiten,
schwanken, taumeln, rutschen, gleiten
5 drehen, kreisen, schaukeln, schwingen
tänzeln, hopsen, hüpfen, springen,
rennen, rasen, sausen, eilen,
schlendern, bummeln, trödeln – weile

Aber ohne mich gäbe es keine Bewegung, keine Tätigkeiten, keine Fortentwicklung, alles bliebe, wie es ist. Ich bin die wandelbarste aller Wortarten, mich gibt es in vielen verschiedenen Ausführungen! Aus mir kann man ganze Gedichte schreiben, und nicht nur auf Deutsch. Seht nur!

Und ich stelle Verbindungen zwischen Wörtern und Sätzen her.

Ach, und wir sind wohl nicht wichtig? Ich kann die Position von Dingen oder Personen z. B. in Raum oder Zeit bestimmen.

Ohne mich wäre unklar, wann und wo etwas stattfindet, wie etwas abläuft. Und Gedichte kann man aus uns auch bilden. Schau, du Angeber!

Was Wörter alles können!

Text B

...mping, shuffling, trotting, tripping,
...pping, jumping, leaping, skipping,
...cing, running, rushing, striding,
...dding, slipping, sliding, gliding,
...lking, dawdling, plodding, strolling,
...ning, whirling, reeling, rolling,
...cking, spinning, swinging, swaying
...ming, roving, rambling – staying

Text C
Wo?

Auf und ab
und rundherum.
Drinnen – draußen
zwischendrin.
5 Links und rechts
und mittendurch.
Hin und her
und plötzlich – weg!

Text D
Where?

Up and down
and round and round.
Inside – *
in between.
5 Left and *
and then straight through.
To and from
and all at once – away!

> Okay, ich glaub's ja. Aber ohne mich gäb's keine Sätze! Deshalb bin ich die wichtigste Wortart. Von mir hängt im Satz alles ab: Ich bestimme, wer alles ‚mitspielt'.

Wer streitet hier? Worum geht es in dem Wettstreit? Besprecht in der Klasse: Kann man in diesem Wettstreit überhaupt eine Entscheidung fällen?
Wer könnte sich noch einmischen? Lass weitere Wortarten sich vorstellen und suche passende Tiere dazu.

Finde heraus, welche Wörter in die Lücken des rechten Gedichts *Where?* passen.

Versuche selbst Gedichte zu schreiben, die aus nur jeweils einer Wortart bestehen.

1. SICH VERWANDELN – Flektierbare Wortarten

Artikel, Substantiv/Nomen und Adjektiv

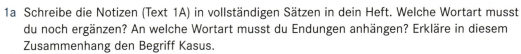

Notizen für eine Erzählung:

Text 1A

kleine Nachbarstochter Lisa versorgte in Ferien Hase e Freundin. Ich wollte Mädchen helfen und öffnete Tür d Käfig. Als Lisa Hase
5 herausnahm, sprang er ihr aus Hand und verkroch sich unter Schrank in e Ecke d Schuppen. ...

Text 1B

Endlich konnten wir ihn mit einem * Stecken hervortreiben, doch der Hase flitzte sofort zur Tür hinaus. „Hinterher! Lauf *, wir müssen ihn fangen!", rief ich, aber das * Tier verschwand
5 zwischen den Beeten. Beim Suchen hörte ich dann ein * Rascheln und entdeckte neben dem * Salatkopf zwei * Ohren. Der Hase knabberte * an den Blättern.

1a Schreibe die Notizen (Text 1A) in vollständigen Sätzen in dein Heft. Welche Wortart musst du noch ergänzen? An welche Wortart musst du Endungen anhängen? Erkläre in diesem Zusammenhang den Begriff Kasus.
b Um die Geschichte aufregender zu machen, lässt du statt einem gleich zwei Hasen vorkommen. Bei welchen Wortarten sind dann Veränderungen nötig?
Erkläre in diesem Zusammenhang die Begriffe Deklination und Konjugation.
c Text 1B wirkt noch zu trocken. Füge für * jeweils eines der folgenden Wörter ein:
leise, flink, weiß, lang, genüsslich, schnell (Komparativ), *groß* (Superlativ)
Welcher Wortart gehören diese Wörter an?
d Suche weitere Vertreter dieser Wortart, die man an diesen Stellen einsetzen könnte.

2a Welche Wortarten kennst du noch? Ordne möglichst viele Wörter des folgenden Textes einem der unteren Körbe zu.
b Welche Eigenschaften haben die Wörter in jedem Korb gemeinsam? Untersuche ihre Form und ihre Aufgabe im Satz.
c Welchen Körben kannst du bereits Namen geben? Welcher Korb hat z. B. den Namen „Verben"?

Text 2 „Hier ist er, im Salatbeet!", rief ich und hörte im selben Moment Lisa laut schreien: „Dort drüben ist er, dieses Mistvieh, hinter dem Schuppen. Ich bin mir ganz sicher, weil ich gerade sein weißes Hinterteil gesehen habe." „Aber Lisa", antwortete ich, „ich sehe ihn ganz deutlich vor mir sitzen." „Dann musst du deine Augen gründlich untersuchen
5 lassen, denn er schaut gerade um die Schuppenecke!" Rasch zog ich das kauende Tier vom Salatkopf weg, nahm es auf meinen Arm und ging zu Lisa hinüber. Und in der Tat, da saß noch ein weißer Nager ...

Pronomen

Text 3 Freunde: Ich freue mich, dass es dich gibt

Jungen

A Du ärgerst mich, ich kneife dich
und nenn dich trotzdem meinen Freund.
Seit vielen Jahren kenn ich dich
und weiß geheime Sachen:
5 Sie ist's, an die du ständig denkst,
die Anna und ihr Lachen.

Mädchen

B Ich helfe dir und du hilfst mir,
wir machen viel gemeinsam.
Mit dir als Freundin neben mir
fühl ich mich niemals einsam.
5 Und Max? – Sein Grinsen scheint
so voller Hohn.
Ihn mag ich nicht, ihm sag ich
nicht mal, wo ich wohn.

Tierfreunde

C Wir füttern sie, umsorgen sie: Tierpflege – jeden Tag!
Wir widmen ihnen unsre Zeit, ein jeder, wie er's mag.
Ihr seid uns lieb, gleich welcher Art: Kaninchen, Pferde, Katzen,
wir mögen Tiere, ganz egal, ob Hufe, Pfötchen oder Tatzen.

3a Vertausche die Rollen in Text A und B: Ersetze in deinem Heft *Anna* durch *Max* und *Max* durch *Anna*. Welche Wörter musst du dann außer den Vornamen noch ändern?
  b Setze Text 3C um: Die Tiere sprechen über ihre menschlichen Freunde: „Ihr füttert…"

4a Ersetze in den folgenden Sätzen die Substantive/Nomen sinnvoll durch Personalpronomen.
  b Vergleiche die Wirkung: Warum ersetzt man Substantive/Nomen durch Personalpronomen?
  Als Lisa und ich den zweiten Hasen eingefangen hatten und gerade über die Salatköpfe stiegen, sahen Lisa und ich noch vier Löffelohren zwischen den Salatköpfen. Oh nein, die Ohren gehörten zwei weißen Hasen. Wo kamen die Hasen her? Hinter den Hasen kamen Lisas Freundinnen Ute und Anne hervor. Als Lisa Ute und Anne sah, schrie Lisa zornig …

5 „meinen" Freund: Manche Pronomen sind keine Stellvertreter, sondern drücken eine Zugehörigkeit, ein Besitzverhältnis aus.
  – Suche aus Text 3 solche Pronomen heraus und ordne sie in die folgende Tabelle ein.
  – Übertrage die Tabelle vollständig in dein Heft und ergänze die noch fehlenden Formen.

	1. Person	2. Person	3. Person mask.	fem.	neutr.
Singular Nom.	*	*	*	*	*
Gen.	*	*deiner*	*	*	*
Dat.	*	*	*	*	*seinem*
Akk.	*	*	*	*	
Plural Nom.	*unser*				

Text 4 Die Katze ist krank

Petra merkte erst am Morgen, dass sich * Kätzchen Minka gar nicht um * Milch kümmerte. Sofort lief Petra zu * Bruder Markus, der gerade * Meerschweinchen fütterte. * rief: „* Tiere fressen, aber * Minka rührt * Milch nicht an." Markus sah sich Minka an. * rannten zu * Mutter: „Mama, Minka will nichts mehr fressen. * sieht auch ganz krank aus!" * Mutter tröstete * und sagte: „Es wird schon nicht so schlimm sein. Geht doch mal zu Frau Dr. Berger, * wird sich um * Katze kümmern."

6 Übertrage Text 4 in dein Heft und setze Personal- und Possessivpronomen in die Lücken ein. Die folgende Sachinformation hilft dir dabei.

Das **Possessivpronomen** drückt einen Besitz oder eine Zugehörigkeit aus und begleitet fast immer ein Substantiv/Nomen.
Z. B.: **Mein** Pullover ist grün.
Das **Personalpronomen** steht für ein Substantiv/Nomen.
Z. B.: **Das Haus** ist neu. **Es** ist groß.

7 Eine weitere Form von Pronomen gibt es nur bei wenigen Wörtern:
a Vergleiche: Du erfreust mich. – Ich freue mich.
   Bestimme Subjekte und Objekte der Sätze.
b Welcher der beiden Sätze enthält ein Akkusativobjekt? Woran erkennst du das?
c Notiere zu den folgenden Substantiven/Nomen das dazugehörige Verb. Was stellst du fest?
   Beispiel: die Freude – sich freuen
   der Wunsch / das Interesse / die Vorstellung / die Information / das Ereignis / die Bewerbung / die Unterhaltung / die Anmeldung / der Ärger / die Erkältung / der Irrtum
d Bilde Sätze mit den Verben. Welche Besonderheit kannst du feststellen?

Das **Reflexivpronomen** bezieht sich auf das *, d.h. den Handelnden zurück.
Z. B.: * freut * über das Geschenk.

8a Übertrage die Sachinformation in dein Heft und ergänze sie.
b Bilde aus den folgenden Wörtern vollständige Sätze und ergänze das Reflexivpronomen:
   a) haben / du / bedanken – b) er / interessieren / Fußball – c) warum / ärgern / du –
   d) wir / kaufen / Haustier – e) Hund / kratzen – f) haben / du / Namen / merken –
   g) was / wünschen / ihr

9 Folgende Pronomen kommen sehr oft vor.
   ... Kaninchen, ... ich in Pflege habe, ist braun.
   ... Hund, ... mir zugelaufen ist, ist sehr lebendig.
   ... Katze, ... ich geholfen habe, ist sehr träge.
a Ergänze die fehlenden Wörter. Woher weißt du, was du einsetzen musst?
b Bilde nach folgendem Beispiel ein Satzgefüge aus Haupt- und Nebensatz. Setze für die unterstrichenen Wörter das passende Wort ein.
   Beispiel: Stefan hat einen Kater. <u>Der Kater</u> heißt Benni.
            Stefan hat einen Kater, **der** Benni heißt.

Was Wörter können

10 Schreibe die folgenden Sätze in dein Heft ab. Unterstreiche wie im Beispiel das Relativpronomen und kennzeichne das dazugehörige Bezugswort im Hauptsatz.
Die Sachinformation hilft dir dabei.
Beispiel: Julia und Lisa suchen den Hasen, der sich im Salatbeet versteckt hat.
– Der Hase aber flieht vor der Maus, die ihn erschreckt hat.
– Außerdem knabbert der Hase an einem Salatblatt, das zu einem Salatkopf des Nachbargrundstückes gehört.
– Die Maus hat inzwischen das Blumenbeet des Nachbarn durchwühlt, dessen Nerven nicht die stärksten sind.
– Julia wird es zu viel und so ruft sie ihre große Schwester, deren Hilfe sie jetzt braucht.
– Ihre Schwester ist die einzige Person, der sie in einer solchen Situation vertraut.
– Aber alle Aufregung war umsonst: Der Hase, den sie eben noch so verzweifelt gesucht haben, hoppelt fröhlich um die Ecke.

Das **Relativpronomen** leitet einen Nebensatz (Relativsatz) ein. Es bezieht sich meist auf ein Substantiv/Nomen zurück: Ich suche **das Buch, das** Julia mir geliehen hat.

Text 5   Schau mal, die Meerschweinchen!
Das dort ist ja goldig!   Welches?

Dieses da, mit den Wirbeln.   Solche mit glatten Haaren mag ich lieber.

Schade, ich darf kein Haustier haben.   Nicht mal irgendein kleines Tier, 'ne Maus?
5   Komm mit 'rein, ich muss einiges kaufen.

VERKÄUFERIN: Guten Tag. Wen darf ich
zuerst bedienen? Was darf's sein?   Eine Packung Beißknochen, dieselben
                                           wie letzte Woche.
VERKÄUFERIN: So, bitte. Sonst noch etwas?
Hat sich schon jemand für eure Welpen
10 interessiert? Soll ich mal herumfragen?
Man hört hier ja manches.   Das wäre nett.

a) *	b) *	c) *
..., solche, dieselben, ...	etwas ↔ nichts, manches, ...	welches? ...

11a Übertrage die Tabelle ins Heft und suche aus Text 5 folgende Wörter heraus:
– Die „sprachlichen Zeigefinger", die im Gespräch oft von einer entsprechenden Handbewegung begleitet werden. Trage sie in Spalte a) ein.
– Wörter, die man verwendet, wenn die Menge oder Art einer Sache oder Person nicht bekannt ist. Trage sie in Spalte b) ein und finde dazu möglichst ein Gegenstück.
– Wörter, die zu dem Beispiel in Spalte c) passen.
b Trage aus der Sachinformation die passenden Begriffe als Überschriften in die Spalten ein.

Das **Demonstrativpronomen** weist auf etwas hin. Es kann **Begleiter** eines Substantivs/Nomens sein: Nimm **diese** Schraube (und nicht die andere)!
Das **Indefinitpronomen** steht für etwas Unbestimmtes: **Keiner** ruft mich an.
Das **Interrogativpronomen** leitet eine Frage ein: **Wer** hat angerufen?

12a „**Das** Meerschweinchen, **das** im Käfig sitzt, ist meines. **Das** da drüben." „Das" steht in diesen beiden Sätzen für drei Wortarten. Welche sind es?
b Bilde nach dem Muster in Aufgabe 12a nun selbst fünf Beispielsätze.

13 Fasse dein Wissen über Pronomen zusammen und ergänze mithilfe des Wortspeichers die folgende Sachinformation.

> **Pronomen** können * für * sein oder sie begleiten.
> Die meisten Pronomen kann man *, d.h. in jeden Kasus und * setzen.
> Damit gehören sie zu der Gruppe der *, d.h. der veränderbaren Wortarten, an die Flexionsendungen angehängt werden können.

■ *deklinieren, flektierbaren, Stellvertreter, Numerus, Substantive/Nomen*

2. SICH TREU BLEIBEN
Nicht flektierbare Wortarten

Aus einer Bastelbeschreibung für ein Meerschweinchenhaus:

*„… hat zwei Türen. Schließe die eine und klappe die andere auf.
Die aufe Tür …" „Wähle als Stütze eine groß genuge Leiste …"* | Gr Gr

1a Warum sind hier Wörter als Fehler markiert? Warum kann man sie so nicht verwenden?
 b Suche ein passendes Wort als Ersatz oder formuliere den Satz um.
 c Suche weitere Wörter, die man nicht verändern kann. Wer findet in einer festgesetzten Zeit die meisten?

Die Konjunktion

Text 6 Ich hebe das Gitteroberteil ab. So kann ich alle Teile gut säubern. Ich ziehe die Schublade aus dem Unterteil. Dann schütte ich den alten Vogelsand in die Biotonne. Ich halte die Schale unter den Wasserstrahl. Sie muss gründlich aus-
5 trocknen. Ich gebe neuen Sand hinein. Ich rüttle die Schublade leicht hin und her. Dadurch verteile ich den Sand.

2a Beurteile: Wie klingt diese Vorgangsbeschreibung?
 b Suche aus dem Kasten passende Wörter aus und füge sie in Text 6 ein um ihn zu verbessern. Manchmal musst du die Sätze vertauschen und Verbformen ändern.
 c Welche Aufgabe haben diese Wörter, die Konjunktion heißen?

> *bevor, während, und, wenn, da, weil, aber, damit, indem, nachdem, denn, dadurch dass, falls, als, sondern*

3a Bilde mit den Konjunktionen im Kasten Sätze und untersuche, ob sie einen Hauptsatz oder Nebensatz einleiten.
 b Schreibe die Konjunktionen auf, die einen Hauptsatz einleiten (**nebenordnende Konjunktionen**).
 c Welche Art von Verknüpfung schaffen die Konjunktionen, die einen Nebensatz einleiten (**unterordnende Konjunktionen**)? Ordne sie in die entsprechende Spalte ein:

temporal (Zeit)	modal (Art und Weise)	kausal (Grund)	final (Absicht)	konditional (Bedingung)
*	*dadurch, dass*	*	*damit*	*falls*

Das Adverb

Text 7 In Australien sind uns **unterwegs** zwar **manchmal** Kängurus begegnet, Koalas haben wir aber **nie** wild gesehen. **Einmal** ist **abends** ein kleines Beuteltier, ein Opossum, **ganz** nah zu uns gekommen. Opossums schlafen **tagsüber oben** in den
5 Ästen, **nachts** suchen sie **immer unten** am Boden nach Essbarem. **Kopfüber** ist das Opossum vom Baum nach **unten** geklettert. Es hat **so** niedlich ausgesehen, aber **ziemlich** streng gerochen. **Deshalb** habe ich es **bald** von unserem Tisch vertrieben.

4a Worüber geben die fett gedruckten Adverbien Auskunft? Frage nach ihnen.
(Beispiel: Wie oft sind uns ... ? – Manchmal.)
b Lege eine Tabelle an und ordne die Adverbien in die entsprechende Spalte ein.
In die letzte Spalte kommen die Adverbien, die die Fragen einleiten.

temporal (Zeit) wann, wie oft?	* (Art und Weise) wie?	kausal * *	lokal * *	Frage- adverbien
manchmal	ganz	*	unterwegs	*

5 Manche Adverbien stellen eine inhaltliche Verknüpfung zwischen Sätzen her. Dann sind sie leicht mit Konjunktionen zu verwechseln.
a Vergleiche:
*Koalas sind kaum zu sehen, **denn** sie sind scheue Tiere.* } Adverb oder
*Koalas sind scheue Tiere, **deshalb** sind sie kaum zu sehen.* } Konjunktion?
b Prüfe an den beiden Sätzen jeweils mit der Umstellprobe oder der Zählprobe, ob es sich um ein Adverb oder eine Konjunktion handelt.

Umstellprobe	**Zählprobe**
Die Konjunktion steht vor dem Satz, sie kann nicht verschoben werden.	Das Adverb zählt als Satzglied. Steht es an erster Stelle, folgt als Nächstes das Prädikat.

6a Adverb und Adjektiv können im Satz oft eine ähnliche Aufgabe haben.
Vergleiche:
(1) *Mein Hund schwimmt **gerne**.* } Adjektiv oder Adverb?
(2) *Mein Hund schwimmt **gut**.* } Welche Aufgabe erfüllen beide?
b Überprüfe mit der **Deklinationsprobe**:
Versuche die Wörter vor ein Substantiv/Nomen zu setzen, z. B. (3) *Mein Hund ist ein ... Schwimmer.*
Welches Wort besteht die Probe, welches nicht? Erkläre, warum.

7 Vergleiche mit – Englisch: Satz (2) *My dog swims well.* Satz (3) *My dog is a good swimmer.*
Welches Wort ist das Adverb? Wie bildet man im Englischen Adverbien?
– Latein/Französisch: Woran erkennt man Adverbien in diesen Sprachen?

Nicht flektierbare Wortarten

Die Präposition

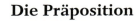

Text 8 Die Gämse steht * dem Elefanten. Der Biber hockt * dem Murmeltier und hat einen Arm schützend * seinen Freund gelegt. Die Fledermaus schwebt * ihnen. Das Nashorn hat sich *
5 den Elefanten und den Jaguar gesetzt. Die Ratte schmiegt sich * den Jaguar. Der Bär trinkt Wasser * einem Gefäß; * dem Glas schwimmt ein Oktopus.

> **Präpositionen** sind Wörter wie z. B.
> *auf, hinter, über, neben, an, aus, zwischen, um, in.*

8a Die Präpositionen haben sich aus Text 8 davongestohlen. Setze sie wieder ein. Bilde weitere Sätze zu dem Bild und verwende dabei Präpositionen.
 b Welche Aufgaben haben Präpositionen? Vergleiche mit Adverbien:
   abends (Adverb) – *am ...* (Präposition). Was muss zur Präposition dazutreten?

9a Welchen Einfluss hat die Präposition auf das nachfolgende Substantiv/Nomen mit Artikel? Untersuche und verbessere:
   – *Der Fuchs kam wegen der Regen nicht aus der Bau.*
   – *Während die Regenzeit sucht der Fuchs immer nach ein trockenes Plätzchen.*
 b Sortiere die Präpositionen, die du in diesem Teilkapitel kennen gelernt hast, nach dem Kasus, der ihnen folgt, in drei Gruppen. Warum sind manche Präpositionen zwei Gruppen zuzuordnen?
   Vergleiche: *Er liegt in der Sonne. Er legt sich in die Sonne.*

10 Du kennst nun alle Wortarten. Teste dich selbst oder testet euch gegenseitig. Ihr könnt z. B.
   – zunächst möglichst viele Wörterkörbe von Seite 122 benennen,
   – dann alle Wortarten in Text 9 A/B bestimmen
   – oder einen beliebigen Textabschnitt (ca. 50 Wörter) aus dem Sprachbuch auswählen und in Gruppen die Wortarten bestimmen. Welche Gruppe hat in einer festgelegten Zeit die meisten Wortarten richtig bestimmt?

Was Wörter können

3. VIELSEITIGKEIT – Das Verb

Ich bin die wandelbarste aller Wortarten, mich gibt es in vielen Ausführungen!
Von mir gibt es Formen in allen Zeiten!

Zeitreisen: Die Tempora

Text 9A Der heutige Mensch besiedelte vor etwa 35 000 Jahren alle Erdteile und vermehrte sich im Laufe der Zeit so, dass er vielen Tieren den Lebensraum nahm. Aber nicht immer war er die Ursache für das Artensterben. Lange bevor es Menschen gab, hatten Dinosaurier die Erde bevölkert. Nachdem sie die Welt Millionen von Jahren
5 beherrscht hatten, starben sie vermutlich wegen Klimaveränderungen plötzlich aus. Da lebten schon die ersten Säugetiere: winzige Insektenfresser, die Ahnen der Säuger. Diese breiteten sich aber erst auf der Erde aus, nachdem die Dinosaurier verschwunden waren.

Text 9B Manche Tierarten leben heute nicht mehr, weil wir zu ihrem Aussterben beigetragen haben. So gibt es Dodos, große Laufvögel, nur noch ausgestopft in Museen, da der Mensch sie durch Jagd ausgerottet hat.

1 Die Tempusformen des Verbs drücken nicht eine absolute Zeit wie die Kalenderzeit aus, sondern einen Bezug zum Zeitpunkt des Sprechens oder Schreibens. So kann ein Geschehen zum Beispiel gegenwärtig sein oder vergangen, also vorher geschehen sein.

a Untersuche Text 9: Welcher Abschnitt (A/B) betrachtet einen gegenwärtigen Zustand, welcher ein vergangenes Geschehen? In welchen Sätzen blickt man über das vergangene Geschehen hinaus weiter zurück in die Vergangenheit?

b Bestimme alle Verbformen, trage sie in deinem Heft in die Tabelle ein und ergänze die Überschriften:

Plusquamperfekt	*	Perfekt	*
hatten bevölkert	*gab*	*haben beigetragen*	*leben*
*	*	*	*

c Beschreibe die Tempusformen: Welche Ähnlichkeiten und welche Unterschiede in der Form zwischen Perfekt und Plusquamperfekt bzw. Präteritum und Präsens kannst du feststellen?

Die Tempora dienen dazu, verschiedene Ereignisse im Verhältnis zueinander festzulegen:

			Sprecher **Sprechzeitpunkt**		
Zeitstufe:	Vorvergangenheit	Vergangenheit	Gegenwart	zeitlos (dauernd oder immer wieder)	Zukunft
Tempus:	Plusquamperfekt	Präteritum Perfekt	Präsens	Präsens	Präsens + Zeitadverb; Futur

2a Erkläre das Schaubild und erläutere die folgende Aussage: „Zeitstufe und Tempus sind nicht dasselbe."

b Untersuche Text 9A/B im Hinblick auf zuvor Geschehenes und ergänze die folgenden Aussagen:

Zeitenfolge
– Wenn der Hauptsatz (wie in einer Erzählung oder einem Bericht) im Präteritum steht, dann verwendet man für den weiteren Rückblick in die Zeit davor das *.
– Wenn der Hauptsatz (wie in einer Vorgangsbeschreibung) im * steht, verwendet man für den Rückblick auf etwas bereits Geschehenes das Perfekt.

c Setze jeweils das richtige Tempus ein:
– Mario musste wieder nach Hause gehen, weil er seine Turnschuhe * (vergessen).
– Ich durfte den Film anschauen, obwohl ich meine Hausaufgaben nicht * (machen).
– Nachdem du die Schraube gelöst hast, * (heben) du das Rad aus der Gabel.
– Nachdem man den ausgebrochenen Puma * (fangen), kehrte im Zoo wieder Ruhe ein.
– Wenn ich die Gläser * (spülen), weiche ich die Teller ein.

Text 10
– Wir gehen heute Nachmittag in den Zoo. Das machen wir jedes Jahr einmal. Kommst du mit?
– Ja! Ich gehe gerne in den Zoo, vor allem zu den Fischen, den Delfinen im neuen Becken.
5 – Erstens sind Delfine keine Fische; sie gehören zu den Säugetieren. Und zweitens ist das Delfinarium nicht neu; das gibt es schon seit fünf Jahren.
– Egal, meine Mutter ist jedenfalls froh, wenn ich nicht zu Hause bin, sie packt nämlich gerade. Da wird sie immer nervös. Wir fahren doch morgen in den Urlaub.

3a Das Präsens kann im Deutschen Aufgaben in mehreren Zeitstufen übernehmen. Übertrage die Tabelle in dein Heft und ordne die Präsensformen aus Text 10 der richtigen Spalte zu.
b Bilde dann zu jeder Spalte zwei weitere Sätze mit dem Präsens.

Gegenwart: gerade im Moment	immer gültige Aussage	geschieht immer wieder	Zukunft: zukünftiges Geschehen	von der Vergangenheit bis jetzt
*	*	*	*wir fahren morgen*	*

Was Wörter können

Text 11 **Schöne zukünftige Welt?**
Mit der Erforschung des Erbmaterials sind nun Mischungen verwandter Tierarten möglich, wie z. B. die Schwiege, eine Mischung aus Ziege und Schwein. Werden wir bald das „Schwaf" in der Landwirtschaft einsetzen, da es uns Fleisch und Wolle liefern wird? Vielleicht werden wir dann die Zoos mit neuen Wesen bestücken.
5 Wissenschaftler hoffen, dass sie in zehn Jahren die letzten Probleme bei der Vereinigung von Erbgut überwunden haben werden.

4a Was hältst du von dieser „schönen zukünftigen Welt"?
 b Suche aus Text 11 alle Formen des Futur I heraus. Erkläre, wie man es bildet und wofür man es gebraucht. Erfinde Sätze mit dem Futur I über weitere Mischwesen.
 c Der letzte Satz von Text 11 enthält eine selten verwendete Form für Zukünftiges, das Futur II. Wie bildet man es und wofür wird es verwendet?

Unbestimmt: Infinite Formen

5a Welche der folgenden Formen von *frieren* sind infinit, d.h. nicht auf eine Person oder ein Tempus festgelegt? *Ich friere. Ich habe gefroren. Ich will nicht frieren.*
 b Setze die drei Sätze in verschiedene Personen. Verändert sich die Form von „frieren" oder nicht?
 c Die Formen, die sich nicht ändern, sind die infiniten Formen: Infinitiv und Partizip. Welche der Formen in Aufgabe 5a ist der Infinitiv, welche das Partizip II? Wofür werden diese beiden Formen verwendet?
 d Erkläre mithilfe des Hinweises, wie Partizip I und II gebildet werden.

Partizipien	
Partizip I	Partizip II
spielend	gespielt
singend	gesungen

6a Bestimme das Partizip I und II in den folgenden Sätzen. Welche Aufgaben haben die Partizipien hier? Welche Wortart übernimmt sonst diese Aufgabe?

Das frierende Kind zog eine Jacke an und glitt über den gefrorenen See.
Der Hund jagte die fallenden Blätter. Der Gärtner kehrte die gefallenen Blätter weg.

 b Bilde weitere Sätze mit dem Partizip I oder II von *leuchten, aufregen*.

Das hast du in diesem Kapitel gelernt
– Wiederholung der Wortarten; Funktionen der Wortarten im Satz
– flektierbare und nicht flektierbare Wortarten
– Verb: Tempora und Zeitenfolge, infinite Formen
  (Infinitiv, Partizip I und II)

Ideen und Projekte
Das **Tempora-Klassenspiel**:
– Jeder denkt sich eine Verbform aus (z. B. *ihr habt gelesen*).
– Der jüngste Schüler beginnt, nennt seine Form und ruft jemanden auf, um sie in Person, Numerus und Tempus bestimmen zu lassen.
– Wer sie richtig benannt hat, erfragt nun seine Form und klemmt sich dann als Auszeichnung des Tempora-Profis einen Stift hinters Ohr. Wie lange braucht eure Klasse, bis jeder einen Stift hinter dem Ohr hat?

Erweitern · Vertiefen · Anwenden

SACHVERHALTE UNTERSCHIEDLICH AUSDRÜCKEN – Aktiv und Passiv

Text 1

In der Pause sind in unserem Klassenzimmer alle Bücher von den Tischen geworfen worden.

In der Pause hat Ulf in unserem Klassenzimmer alle Bücher von den Tischen geworfen.

1a Vergleiche: Warum drückt der Junge denselben Sachverhalt seiner Lehrerin gegenüber anders aus als gegenüber seinen Freunden? Welchen „Vorteil" hat die Art der Aussage im linken Bild?
b Worin liegt der Unterschied zwischen den Sätzen? Vergleiche die inhaltliche Aussage, das Subjekt und die Verbform. Fülle die Lücken in der Sachinformation in deinem Heft.

Aktiv
Im Aktivsatz handelt das ✻, es ist der „Täter"/der Handelnde.
Passiv
Im Passivsatz wird mit dem ✻ etwas getan, es ist von der Handlung betroffen.

2a Kläre, welche Sätze in Text 1 und 2 Aktiv und welche Passiv sind.

Text 2   Am Abend brach eine noch unbekannte Person in der Innenstadt ein Juweliergeschäft auf.   ↔   Am Abend wurde in der Innenstadt ein Juweliergeschäft aufgebrochen.

Die Zoobesucher werden gebeten, ihre
5 Hunde anzuleinen.   ↔   Wir bitten die Zoobesucher, ihre Hunde anzuleinen.

b Beschreibe anhand der Beispielsätze, wie man die Verbform im Passiv bildet. Untersuche: Welches Hilfsverb ist nötig? In welcher Form steht das Vollverb?
c Warum bietet sich für die Aussagen in Text 2 eher das Passiv an – oder warum nicht?
3 Aktiv oder Passiv? Übertrage Text 3 in dein Heft und fülle die Lücken mit den richtigen Verbformen aus dem Wortspeicher.
Tipp: Das Symbol ✻ kann für ein oder auch für zwei Wörter stehen.

Text 3 Die magische Kiste ist ein uralter Zaubertrick. Er * auf vielen Zauberveranstaltungen *. Die magische Kiste *. Dann * sie *. Darauf * vier Artisten * und der Zauberer * den Deckel. In vorgebohrte Löcher * Dolche aus Holz *, bis sie an der anderen Seite wieder *.
5 Aus der Kiste * man angstvolle Schreie. Trommelwirbel *. Nun * eine dramatische Pause *. Die Dolche * wieder *. Der Deckel * mit viel Aufhebens *. Die Artisten * mit viel Gejohle *. Sie * vom Publikum *.

> *herausziehen, hineinschieben, hören, schließen, öffnen, eintreten, öffnen, herausspringen, feiern, hereintragen, hineinsteigen, herauskommen, einsetzen, vorführen*

Text 4 **Zwei Schafe auf frischer Tat ertappt**
Neustadt – Am Faschingsdienstag wurde die Sparkasse von zwei Bankräubern mit Schafsmasken überfallen. Während der eine Mann an der Tür stehen blieb, ging der andere an den Schalter und forderte den gesamten Kasseninhalt. Weil er den Kassierer
5 mit einer Pistole bedrohte, wurde der Tresor sofort geöffnet und das Geld in einer Tüte verstaut. Da Alarm ausgelöst worden war, riss der Täter die Tüte in Panik an sich und rannte zum Ausgang. Dabei rutschte aber seine Maske herunter, sodass sein Gesicht an der Tür von der Kamera aufgenommen wurde. Auf ihrer Flucht
10 versuchten die Täter in einem Faschingsumzug unterzutauchen. Der eine wurde jedoch angerempelt, stürzte zu Boden und konnte – auf die Rufe der Verfolger hin – festgehalten werden, bis die Polizei eintraf. Er wird momentan verhört. Der andere Täter ist bis jetzt noch nicht gefasst worden. Morgen wird die genaue Summe
15 der Beute bekannt gegeben werden.

4a Untersuche in den Passivsätzen in Text 4, wie wichtig der Handelnde ist:
– Wo wird er überhaupt genannt?
– Wenn ja, wie wird er genannt?
– Wenn nicht, warum wird er nicht genannt?

b Das Passiv gibt es in allen Tempora. Übertrage die Tabelle in dein Heft; suche in Text 4 alle Passivsätze heraus und schreibe die Verbformen in die entsprechende Spalte:

*	Präteritum	*	*	Futur I	Infinitiv
war ausgelöst worden	*	*ist gefasst worden*	*wird gesucht*	*	*(konnte)* …

c Erkläre den Unterschied zwischen Präsens Passiv und Futur I Aktiv.

Erweitern · Vertiefen · Anwenden

5 Umwandlung eines Aktivsatzes in einen Passivsatz:
Übertrage die Schritte ins Heft ergänze dabei die fehlenden Begriffe.

1. Schritt:	Bestimme die ✳:	Man (S)	faltet (P)	das Blatt. (O)
2. Schritt:	Streiche das Subjekt des Aktivsatzes und mache das bisherige ✳ zum ✳:	Das Blatt (S)		
3. Schritt:	Ergänze die Verbform im Passiv:	Das Blatt	✳.	

6 Forme die folgenden Sätze ins Passiv bzw. Aktiv um. Bestimme das Tempus und verändere es bei der Umformung nicht. Ergänze bei der Umformung ins Aktiv ein passendes Subjekt. Bei welchen Sätzen ist eine Umformung nicht möglich?

a) Schon Tage vorher waren von den Kindern Laternen gebastelt worden.
b) Am Vorabend hängten sie die Lampions in den Bäumen auf.
c) Außerdem wurde der Garten mit Girlanden geschmückt.
d) Leise schaukelten diese im Wind hin und her.
e) Der Rasen war auch bereits gemäht worden.
f) So konnten auch schon Stühle und Tische aufgestellt werden.
g) „Wir müssen noch Teller und Gläser bereitstellen."
h) „Ist das Fleisch schon geliefert worden?"
i) „Ja, und Peter hat den Grill vorbereitet."
j) „Ich freue mich so auf das Sommerfest!
k) Ich werde bis Mitternacht aufbleiben.
l) Denn dann werden wir das Feuerwerk zünden."

> Durch den Wechsel zwischen Aktiv- und Passivsätzen kann man in einem Text Wiederholungen im Satzbau vermeiden.

7a Probiere die Umformung an folgenden Sätzen aus: *Er ging ins Haus. Ich fürchte mich. Er brachte das Auto. Sie lachte das Gespenst aus.*
b Bei welchen Sätzen gibt es Probleme? Welche Eigenschaften müssen also Verben haben, damit man mit ihnen Passivsätze bilden kann? Vergleiche dazu die Satzglieder der jeweiligen Ausgangssätze.

8 Im Deutschen gibt es zwei Formen des Passivs:

	Vorgangspassiv	Zustandspassiv
Präsens	Das Auto wird repariert.	Das Auto ist repariert.
Präteritum	Die Wunde wurde verbunden.	Die Wunde war verbunden.
Perfekt	Die Türen sind geschlossen worden.	Die Türen sind geschlossen gewesen.

a Welchen Unterschied erkennst du in der Bedeutung und in der Form? Benenne die Hilfsverben.
b Forme die Sätze (a–l) aus Aufgabe 6 – wenn möglich – ins Zustandspassiv um.

Text 5 Das Spiel ist eröffnet. Zwei Mannschaften mit roten und schwarzen Trikots stehen sich auf dem Bolzplatz am Hofmeierplatz gegenüber. Es geht um den blinkenden Geburtstagspokal; er wurde von Florians Onkel, dem bekannten Fußballspieler Thomas Gerigk, gestiftet. Die Mannschaften wurden von Florians Mutter aufgestellt. Sie hat auch die
5 Teams vor dem Spiel taktisch eingestellt. Das Spiel wird von Gianni angepfiffen. Steil wird der Ball vom Libero in den Strafraum geschlagen, wo sich ein Knäuel von Spielern nach dem Leder reckt. Tom erwischt die Kugel und lässt sie vom Kopf auf den Oberschenkel tropfen, dann zweimal auftucken und im nächsten Moment wird Torwart Olli von einem harten Spannschlag zum ersten Mal auf die Probe gestellt. ...

9a Lege eine Tabelle an, in der du nach Vorgangs- und nach Zustandspassiv unterscheidest, und ordne die Formen in die Tabelle ein.

Vorgangspassiv	Zustandspassiv
*	*

b Schreibe den Text nun selbst weiter. Verwende möglichst oft Vorgangs- und Zustandspassiv und ergänze die Tabelle mit den Formen.

10 In einer Zeitung liest man von einer Naturkatastrophe, die schwere Schäden angericht hat:

- Bei dem Sturm wurden Straßen durch umgefallene Bäume blockiert.
- Dächer wurden abgedeckt und Fernsehantennen abgeknickt.
- Die Häuser wurden z. T. schwer beschädigt.
- Bei der Sturmflut an der Nordseeküste wurden auch Deiche zerstört.
- Fast die Hälfte der landwirtschaftlich genutzten Flächen wurde überschwemmt.
- Landstraßen wurden wegen Überflutung und Erdrutschen gesperrt.
- Einige Dörfer wurden von der Außenwelt abgeschnitten.
- Bei dem Unwetter wurden Strom- und Telefonleitungen unterbrochen.
- Hunderte Menschen wurden evakuiert.
- Sie wurden in Notquartieren untergebracht.

Beschreibe jetzt die Zustände, die nach der Naturkatastrophe herrschen:
Beispiel: *Nach dem Sturm sind die Straßen durch umgefallene Bäume blockiert.*

11 Handelt es sich bei folgenden Mitteilungen um einen Vorgang oder einen Zustand? Bilde ganze Passivsätze, dann wird es klarer!

Beispiel: Zimmer belegt! ➜ Die Zimmer sind belegt. (Zustand)

- Frisch gestrichen!
- Warnung vor dem bissigen Hund!
- Wegen Umbau geschlossen!
- Reserviert!
- Winterreifen vorgeschrieben!
- Für Jugendliche unter 18 Jahren verboten!
- Ausverkauft!
- Besetzt!
- Durchgang gesperrt!
- Fahrbetrieb seit dem 1. Januar eingestellt!

DEM TÄTER AUF DER SPUR

Text A Rap: Weg ist er!

Aufstehen.
Losstürmen.
Weiterrasen.

Jetzt ist er weg.
5 So ist das halt.
Jetzt ist er weg.
So ist das halt.
Du weißt,
ich will ihn wiederhaben!

10 Ein Tipp.
Eine Spur.
Gefunden!!!

So geht das.
So geht das.

Text B Echotext: Das ist doch wieder typisch!

Das ist doch wieder typisch!
Ich werde immer wieder übersehen!
Warum guckt mein Besitzer nicht genauer hin?

„Jetzt ist er weg." Sammelt Ideen: Was könnte in Text A verschwunden sein?
Lest dann Text A möglichst rhythmisch, schnell oder langsam, mit verteilten Rollen vor.
Ein Tipp: Gibt es in eurer Klasse einen Rapper? Dann probiert mit seiner Hilfe aus, den Text zu rappen.

In Text A blieben viele Fragen offen.
Schreibe zu Text A einen Echotext, der einen Kommentar zu dem, was in Text A passiert ist, abgibt, z. B. aus der Sicht des Suchers oder des Gefundenen (das kann auch eine Sache sein).
Einen Vorschlag, wie du beginnen könntest, findest du in Text B.

Vergleicht eure Texte: Welche sind am passendsten? Wer hat einen besonders überraschenden Text?
Gibt es Unterschiede in Wirkung und Form (z. B. Satzbau) zwischen Text A und den Echotexten?

Bildet Gruppen und wählt einen Echotext pro Gruppe aus:
Übt, den Echotext interessant zu lesen.
Versucht dann, Text A und den Echotext in einem Vortrag zu kombinieren. Achtet auf die Verteilung der Rollen und einen passenden Rhythmus.

Satzbauwerkstatt

Sätze ausbauen

1. SPÜRNASEN FRAGEN NACH – Sätze ausbauen

Satzglieder

In der 6a spielen einige eifrige Spürnasen gern Detektiv und sind, sobald sich die Gelegenheit ergibt, geheimnisvollen Verbrechen auf der Spur. Nun halten sie eine merkwürdige Nachricht in ihren Händen:

Text 1: *Helft mir! Ich habe von einem Plan gehört: Drei Gauner wollen Skippy, das Buschkänguru, klauen. Das ist doch eine Riesengemeinheit! Sie kommen jeden Tag und beobachten alles. Sie warten nur noch auf den günstigsten Augenblick. Das müsst ihr verhindern! Esther aus der 6c*

1 Die Spürnasen sprechen mit Esther: „Also, wenn wir dir helfen sollen, müssen wir schon mehr wissen. Wer will das Buschkänguru klauen? Wo …?"
Was müssen die Spürnasen noch alles wissen? Stelle Esther weitere Fragen.

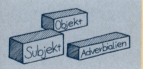

Auf Fragen z. B. mit „wer oder was?", „wen oder was?" oder „wo?" antworten die **Satzglieder**. Auf die Frage „wer oder was?" das **Subjekt**, auf die Frage „wen oder was?" oder „wem?" die **Objekte**.
Auf die Fragen „wann?, wo?, wie?" antworten die **Adverbialien**.

2 Esther hat auf die Fragen der Spürnasen folgende Antworten gegeben:
– Wer will das Buschkänguru klauen? – Drei Gauner wollen das Buschkänguru klauen.
– Wen hast du beobachtet? – Drei Männer habe ich beobachtet.

Diese Woche — *Wo?*
Im Zoo — *Wann?*
heimlich
Wo? — *Zwischen drei und vier Uhr* — *Wie?*
Im großen Freigehege — *Wann?*

Ordne die Satzglieder den jeweiligen Fragen zu.

3 Wenn du nicht genau weißt, welche Wörter zu einem Satzglied gehören, kannst du dies durch die **Umstellprobe** herausbekommen. Dazu stellt man die Wörter im Satz mehrmals um. Die Wörter, die bei der Umstellprobe immer zusammenbleiben, bilden ein Satzglied. Erprobe dies an den Texten 1 und 2.

> Durch die **Umstellprobe** könnt ihr auch noch herausbekommen, wie die Satzglieder angeordnet sein sollten, damit das Wichtigste sofort deutlich wird.

4 Du kannst dir sicherlich vorstellen: Damit die Spürnasen überlegt handeln können, brauchen sie alle wichtigen Informationen im Überblick.
Schreibe Text 1 so um, dass die Spürnasen alle wichtigen Informationen erhalten. Am besten gehst du so vor:
– Führe die **Weglassprobe** durch: Welche Aussagen sind nicht notwendig?
– Führe die **Erweiterungsprobe** durch: Um welche Aussagen müsste Text 1 erweitert werden? Probiere, wie die Erweiterungen als Satzglieder in Text 1 „eingebaut" werden können.

Adverbialien

Text 2 Spürnase Sven ist nachmittags im Zoo, um das Buschkänguru zu beobachten, Michael ist zu Hause geblieben um alle weiteren Schritte abzustimmen. Die beiden telefonieren miteinander.

Ich bin jetzt seit einer Stunde hier. Seit einer halben Stunde schleichen drei Männer um das Freigehege herum. Sie verhalten sich betont unauffällig. Der eine drückt sich zum Auskundschaften ständig am Eingang zum Freigehege herum. Der andere hat einen
5 Stoffsack bemüht unauffällig unter der Bank am Freigehege versteckt. Den Wärter beobachtet die ganze Zeit der dritte Mann sehr konzentriert. Vielleicht sind das Skippys Diebe? Ich glaube, ich brauche sofort Hilfe.

5a Erkläre: Warum glaubt Sven, dass er Skippys Diebe entdeckt hat?
 b Sven macht wichtige zusätzliche Angaben über das Verhalten der drei Männer. Stelle fest, welchen Inhalt diese zusätzlichen Angaben haben, z. B. Informationen über den Ort.
 c Wende dazu die Frageprobe an: Wie muss man z. B. fragen, damit die Antwort „jeden Tag" lautet?
 d Die Satzglieder, die auf diese Fragen antworten, heißen Adverbialien (Singular: das Adverbiale). In der folgenden Tabelle könnt ihr die Ergebnisse eintragen und so einen Überblick über die verschiedenen Adverbialien gewinnen.
 e Aus welchen Wortarten können die Adverbialien bestehen? Bestimme die einzelnen Wortarten in der Tabelle. Was stellst du fest?

Wo? (Adverbiale des Ortes)	(Seit) wann? (Adverbiale der Zeit)	Wie? Auf welche Art und Weise? (Adverbiale der Art und Weise)
am Eingang zum Freigehege	seit einer halben Stunde	betont unauffällig

Text 3 Nachdem Sven mit den Spürnasen gesprochen hatte, wollte die Spürnase Michael auch schnell zum Zoo kommen. Sven wollte am Kängurugehege auf ihn warten. Vorher informierte Michael noch Esther. Glücklicherweise erwischte er sie noch am Telefon. Esther sprach mit Michael über Svens
5 Beobachtungen: „Das find ich ja toll, dass ihr schon etwas über die Diebe herausgefunden habt. Ich rechne fest mit euch. Ihr werdet doch Skippy retten, oder?" „Ich danke für dein Vertrauen, Esther. Ich hoffe, du setzt aufs richtige Pferd!", meinte Michael ganz trocken.

6a Zur Wiederholung: Ermittle die Anzahl der Satzglieder mithilfe der Umstellprobe und bestimme sie mit der Fragemethode (wer oder was?, wem? usw.).
 b *Sven wartet auf Michael.* Wie formulierst du hier die richtige Frage zur Bestimmung des Objekts? Was ist an dieser Frage anders als bei den bekannten Fragen nach einem Objekt?
 c Die folgende Sachinformation erklärt das **präpositionale Objekt**. Lies sie durch und überprüfe bzw. ergänze deine Bestimmungen.

Sätze ausbauen

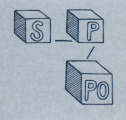

Es gibt manchmal enge Verbindungen zwischen Verb und Präposition, z. B. *gehören zu*, *warten auf*, *sprechen mit*, *stehen zu*. Das dem Verb zugeordnete Objekt heißt dann **Präpositionalobjekt**.

Satz:	Der Text	handelt	von einem Detektiv.
Satzglieder:	Subjekt	Prädikat	Präpositionalobjekt
Satzgliedfrage:			**Von wem** handelt der Text?

7 Bilde mit den in der Sachinformation angegebenen Verben und Präpositionen Beispielsätze. Unterstreiche das Präpositionalobjekt.

8a Übertrage folgende Sätze in dein Heft und ergänze die richtige Präposition:
– Esther wendet sich Hilfe suchend * Sven und Michael.
– Sie vertraut ihnen und verlässt sich voll und ganz * sie.
– * Detektivarbeit verstehen Sven und Michael eine Menge.

b Ergänze bei folgenden Sätzen das passende Verb in der richtigen Form aus dem Wortspeicher und bestimme das Präpositionalobjekt.
– Sven und Michael * auf ihr Glück.
– Sie * sich gerne um ihre Freunde.
– Aber trotzdem * sie sich nicht für die Größten.

■ *kümmern, halten, vertrauen*

9 Achtung Verwechslungsgefahr: Die präpositionalen Objekte kann man leicht mit den Adverbialien verwechseln. Überprüfe dies an den folgenden Sätzen. Eine Hilfestellung findest du in der anschließenden Sachinformation.
1. Er wartete auf einer Bank.
2. Alle warteten gespannt auf die Lehrerin.
3. Sven kam um 10 Uhr nach Hause.
4. Er bat um ein Glas Wasser.
5. Ich rechne die Hausaufgaben mit dem Taschenrechner.
6. Ab morgen rechne ich fest mit dir.

Leicht verwechselt werden die **Adverbialien** mit den **Präpositionalobjekten**:

Ich sitze auf dem Pferd. (Adverbiale des Ortes – wo?)
Du setzt auf das richtige Pferd. (präpositionales Objekt – **auf** wen?)
Michael spricht mit Esther. (präpositionales Objekt – **mit** wem?)

Wenn du unsicher bist, ob „auf dem Pferd" ein Adverbiale oder ein präpositionales Objekt ist, hilft dir die **Ersatzprobe**:
Wo sitze ich?: *auf dem Stuhl, auf dem Pferd, im Wasser.* Die Frage *wo?* passt hier in jedem Fall. Also ist „auf dem Pferd" ein Adverbiale.

Die Spürnasen sehen genau hin – Attribute

Sven ruft Esther vom Zoo aus an, denn Esther möchte mehr über die Verdächtigen erfahren.

Text 4 ESTHER: Das ist ja aufregend, was ihr beobachtet habt. Vielleicht sind das die Diebe. Wie sehen sie denn aus?
SVEN: Der eine ist eher groß, die anderen beiden sind eher klein. Na ja, und sie sind wahrscheinlich alle ungefähr so alt wie mein Vater, also so Ende dreißig.
5 ESTHER: Also, ich weiß nicht recht, ob das die Richtigen sind. Kannst du sie nicht ein bisschen genauer beschreiben?

10 Helft Sven bei der Beschreibung. Auf dem Bild unten seht ihr, was Sven von der Telefonzelle aus erkennen kann.
Zur Vorbereitung: Was wisst ihr darüber, wie man am besten bei der Beschreibung einer Person vorgehen kann?

Esther ist sich sicher: Das sind die drei Verdächtigen. Die Spürnasen wollen nun in den Zoo fahren und dort die drei Männer auf Schritt und Tritt beobachten. Dafür haben sie Personenbeschreibungen angefertigt, damit jede Spürnase die Männer wiedererkennen kann:

Annette verfasst zuerst folgende Beschreibung:

Text 5A Der große Mann hat dunkle Augen und trägt eine Brille. Er hat eine Hose an und über seinem Hemd trägt er eine Weste. Die Haare sind kurz geschnitten.

Die erste Fassung scheint ihr noch nicht informativ genug – sie probiert eine zweite Fassung:

Text 5B Der große Mann hat eine große Nase. Er trägt weiße Turnschuhe mit roten Streifen. Er hat dunkle Augen und trägt eine kleine, runde Brille. Er hat eine graue Stoffhose an und über seinem roten Hemd trägt er eine Karoweste mit großen Knöpfen. Die Rückseite der Karoweste ist aus blauer Seide. Im Gesicht hat er auffällige Sommersprossen oder Pickel.
5 Die lockigen, braunen Haare sind kurz geschnitten. In der Hand hält er einen blaugrünen Rucksack aus Plastik.

Sätze ausbauen

11 Vergleiche Text 5A und B. Im Folgenden siehst du sechs Männer. Auf wen passt die Beschreibung aus 5A, auf wen die Beschreibung aus 5B? Was schließt du daraus für die Eignung der Texte?

> An den Texten 5A und B habt ihr gesehen: Manchmal reicht ein Substantiv/Nomen allein nicht aus um eine Person oder eine Sache zu beschreiben. Dann kann man zu dem Substantiv/Nomen genauer beschreibende Beifügungen setzen. Diese Beifügungen nennt man **Attribute**.

12a Verfasse nun selbst eine Beschreibung, die ausreicht, um den Verdächtigen eindeutig zu erkennen.
  b Unterstreiche alle Attribute.
  c Führe in Text 5B die Umstellprobe durch. Was fällt dir bei den Attributen auf? Besprecht: Sind Attribute Satzglieder?

13a Beschreibe die anderen beiden Männer, die du auf der Zeichnung auf Seite 141 erkennen kannst.
  b Unterstreiche alle Attribute, die du verwendet hast.
  c Führe dann die **Weglassprobe** durch: Welche Attribute sind unbedingt notwendig um den Mann eindeutig zu erkennen? Streiche alle anderen.

Text 6 Der eine Mann, der sich verdächtig verhält, ist ziemlich dünn und höchstens 1,65 m groß. Er hat völlig langweilige, straßenköterfarbene Haare mit einem abscheulichen Haarschnitt. Der Mann läuft mit einer absolut spießigen Jeans in Blau und einer grauenhaften Lederjacke herum. Wo kauft der nur seine Klamotten! Die Augen des Diebes sind
5 hell, vermutlich blau, und er trägt keine Brille.

14a Untersuche Text 6. Was ist gelungen, was ist weniger gelungen? Bedenke, dass diese Beschreibung dazu dienen soll, jemanden möglichst schnell wiederzuerkennen.
  b Verbessere Text 6 dort, wo du es für nötig hältst. Vergleicht dann eure Lösungen.

> **Attribute** sind Teile von Satzgliedern und ein sehr wichtiges sprachliches Ausdrucksmittel. Deshalb gibt es sie in vielen verschiedenen Formen, von einzelnen Wörtern bis zum ganzen Satz. Die häufigsten sind:
> 1. das **vorangestellte, deklinierte Adjektiv**: das *hellbraune* Haar
> 2. **mehrere vorangestellte, deklinierte Adjektive oder adjektivisch gebrauchte Partizipien, durch ein *und* verbunden oder ein Komma getrennt** (Aufzählung): eine *blaue, schmutzige und geflickte* Jeans. Partizipien sind z. B.: geflickt, gebraucht, verwaschen.
> 3. das **nachgestellte Substantiv/Nomen mit Präposition, manchmal auch zusätzlich mit Adjektiv**: Haare *mit einem abscheulichen Haarschnitt*
> 4. der **nachgestellte Ausdruck mit einem Substantiv/Nomen im gleichen Kasus wie das Bezugswort (Apposition), durch ein Komma vom Bezugswort getrennt**: seine Jacke, *ein Kleidungsstück aus billigem Leder*, ...
> 5. das **Genitivattribut**: die Augen *des Diebes*
> 6. der **Relativsatz**: Der eine Mann, *der sich verdächtig verhält*, ist ziemlich dünn.

15a Sammle weitere Beispiele für die verschiedenen Attributformen aus den Texten 5A, B und 6 und ordne sie den verschiedenen Formen zu.
  b Untersuche deine eigenen Beschreibungen: Welche Attributformen hast du verwendet?

16 Die verschiedenen Attributformen wirken ganz unterschiedlich, z. B.:
  – sein *sommersprossiges* Gesicht
    oder
  – sein Gesicht, *ein Gesicht mit vielen Sommersprossen*, ...
  a Führe die Ersatzprobe durch: Setze verschiedene Attributformen in Text 5 oder 6 ein und probiere aus, wann welche Form besser passt.
  b Untersuche dann deine eigenen Beschreibungen daraufhin, ob an einigen Stellen eine andere Attributform sinnvoller wäre.

> Bei **drei Attributformen** werden **Kommas** gesetzt:
> 1. Bei der **Aufzählung** werden die Adjektive durch ein Komma getrennt, wenn sie nicht durch ein *und* oder ein *oder* verbunden sind: die *rote, gestrickte* Jacke – die *blaue und verwaschene* Jeans.
> 2. Die **Apposition** wird durch Kommas vom Bezugswort getrennt: Der Mann, *ein Polizeibeamter*, befragte den Zeugen.
> 3. Der **Relativsatz** wird, wie andere Nebensätze auch, vom Hauptsatz durch Kommas getrennt: Der eine kleine Mann, *der sich verdächtig verhält*, ist ziemlich dünn.

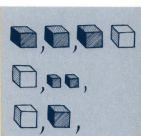

17a Überprüfe deine Beschreibungen: Hast du die Kommas richtig gesetzt?
  b Lies deine Beschreibung laut vor: Wie machen sich die Kommas beim Lesen bemerkbar?

18 Ausgerüstet mit den Beschreibungen der drei Männer sind die Spürnasen in den Zoo gefahren um die Verfolgung aufzunehmen. Was haben die Spürnasen wohl im Zoo erlebt? Sammelt Ideen, z. B. in einem Cluster.

19a Gestalte die Ideen aus deinem Cluster zu einer anschaulichen und lebendigen Geschichte aus. Verwende dazu Attribute und Adverbialien.
  b Unterstreiche in deinem Text alle hinzugefügten Attribute und Adverbialien.
  c Vergleicht eure Lösungen. Welche haltet ihr für gelungen? Welche sind also anschaulich und lebendig, welche noch nicht? Begründet eure Antworten.

2. DIE MONSTERPLAGE – Haupt- und Nebensätze

Haupt- und Nebensätze unterscheiden

Text 7 **Monsterplage**

Als Professor Horatio Plummer am Morgen des dreizehnten März zu seinem Auto gehen wollte, vernahm er ein merkwürdiges Krachen und Knacken, das anscheinend aus den dichten Baumkronen der alten Lindenallee kam. Es hörte sich an, als würde jemand dürre Äste in Stücke brechen.
5 Aber Horatio Plummer schenkte dem Geräusch keine Beachtung. Er nahm sich nicht einmal Zeit nach oben zu blicken. Schließlich war es bereits zwanzig Minuten nach sieben. Professor Plummer war Lehrer für Leibeserziehung und Körperpflege an der berühmten Trinity-Internatsschule, und das verpflichtete ihn unter anderem dazu, niemals und unter keinen Umständen auch nur eine Minute des Unterrichts zu versäumen.
10 „Wer von seinen Schülern Pünktlichkeit fordert, darf sich selbst nicht verspäten", murmelte Plummer und beschleunigte seine Schritte.
Plötzlich fiel ein riesiger Schatten auf den Lehrer. Gewaltiges Sausen erfüllte die Luft ...

1 Was könnte durch die Luft sausen? Schreibe Text 7 in ungefähr zehn Sätzen weiter.

2 Erinnerst du dich noch an den Unterschied zwischen Haupt- und Nebensätzen? Falls nicht, kannst du im *Sachlexikon Deutsch* nachschlagen.
a Untersuche zunächst Text 7: Wie viele Hauptsätze, wie viele Nebensätze kannst du finden?
b Untersuche dann deinen Text, indem du die Haupt- und Nebensätze bestimmst. Kontrolliere deine Zeichensetzung. Hast du Haupt- und Nebensätze durch ein Komma getrennt?
c Wie wirkt dein Text, wenn du die Nebensätze weglässt? Was verändert sich an der Aussage?

Konjunktionen verbinden Sätze

Andreas hat folgende Fortsetzung zu Text 7 geschrieben:

Text 8 Prof. Plummer konnte sich gerade noch ducken. Ein riesiges UFO schoss gerade über seinen Kopf hinweg. Das UFO landete mitten auf der Lindenallee. Kleine grüne Männchen stiegen aus. Sie murmelten während des Aussteigens unverständliches Zeug. Sie zeigten aufgeregt auf Plummers Sporttasche. Plötzlich liefen sie direkt auf Plummer zu. Sie
5 rissen ihm seine Sporttasche weg. Plummer wehrte sich. Er schrie laut um Hilfe. Ein Nachbar, der gerade aus dem Haus ging, hörte ihn. Plummer wollte gerade dem Nachbarn die grünen Männchen zeigen. Sie waren schon weg.

3a Lies Text 8 laut vor. Wie wirkt der Text?
b Versuche Sätze zu verbinden, indem du Bindewörter (Konjunktionen) aus dem Wortspeicher einfügst.
als, nachdem, aber, und, obwohl, bis, während, weil, sodass, indem

> Die verschiedenen Verbindungsmöglichkeiten kannst du besonders leicht erproben, wenn du den Text am Computer bearbeitest.

4 Bestimme in den folgenden Sätzen die Haupt- und Nebensätze:
– Prof. Plummer konnte kaum glauben, dass er eben ein grünes Männchen gesehen hatte.
– Er wollte seinen Kollegen nichts von diesem Erlebnis erzählen, denn sie würden ihn vermutlich für verrückt erklären.
– Plummer setzte sich in sein Auto und er fuhr ganz langsam und vorsichtig zum College.

Einzelne Sätze kann man verbinden, um inhaltliche Zusammenhänge in einem Text zu verdeutlichen. Man unterscheidet zwei Möglichkeiten:

Die **Satzreihe** ist die Verbindung von mindestens **zwei Hauptsätzen**:
Heute bin ich etwas müde, aber ich bin trotzdem ganz aufmerksam im Unterricht.

Das **Satzgefüge** ist die Verbindung von einem **Hauptsatz** und mindestens einem **Nebensatz**: *Ich melde mich heute dreimal in der Deutschstunde, damit Philipp nicht immer besser ist.*

Regeln zur Zeichensetzung:
– Haupt- und Nebensätze werden durch ein Komma getrennt.
– Hauptsätze werden durch Kommas getrennt, wenn sie nicht durch ein *und* oder ein *oder* miteinander verbunden sind.

Die kleinen Wörter, die die Sätze miteinander verbinden, heißen **Konjunktionen** (Bindewörter): z. B. *denn, weil, oder, und, aber, als, sodass, nachdem, damit, falls, da, obwohl, obgleich.*

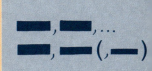

5a Bilde mit den Konjunktionen (Bindewörtern) aus der Sachinformation Satzreihen und Satzgefüge. Bestimme Haupt- und Nebensätze.
b Übertrage die Tabelle in dein Heft und ordne die verwendeten Konjunktionen ein:

Konjunktionen, die einen Hauptsatz einleiten	Konjunktionen, die einen Nebensatz einleiten
*	als

c Bei welchen Konjunktionen hattest du Schwierigkeiten? Besprecht Unklarheiten.
d Ergänze weitere Konjunktionen, entweder aus deinem Gedächtnis oder aus Text 9.

Text 9 Aufmerksame Leser haben sicherlich sofort geahnt, dass in Text 7 ein Monster durch die Luft gesaust kam. Monster werden am Trinity-College von Prof. Plummers Kollegin, Prof. Demeter Rosenkranz, erforscht. Prof. Rosenkranz erzählt von ihren Erfahrungen:

[...] Was die Monster für die Menschen so gefährlich machte, war ihre Menschenähnlichkeit. Monster konnten ebenso schlau, unberechenbar, hinterlistig und heimtückisch sein wie die Menschen selbst. Manche waren den Menschen auch im Aussehen ähnlich, der *Triceratops sapiens* etwa oder das ständig
5 lächelnde *Säbelzahnmonster (Smileodon)*. [...] Wenn die Scheusale sich ausschließlich von Menschen ernährt hätten, würden sie wohl in den großen Städten gelebt haben. Dort aber waren sie nur vom Hörensagen bekannt, während man sie im Gebirge und im dünn besiedelten Hügelland davor schon recht häufig antreffen konnte. Übrigens war allen Monstern, wie
10 verschieden sie auch sein mochten, eine Eigenschaft gemein: Sie benützten mit Vorliebe Zahnstocher. Wenn die Ungeheuer nicht gerade ihrem Nahrungserwerb nachgingen, kauerten sie meist unter Bäumen. Sie brachen Zweige und benagten sie mit Ausdauer so lange, bis sie die Hölzer in mundgerechte Form gebracht hatten [...]

3. MONSTERJÄGER – Satzglieder werden Gliedsätze

Text 10 A (1) Die Monster brachen Zweige zum Zahnstochermachen ab.
(2) Die Monster brachen Zweige ab, damit sie daraus Zahnstocher machen konnten.
B (1) An den Monstern war ihre Menschenähnlichkeit so gefährlich.
(2) An den Monstern war so gefährlich, dass sie menschenähnlich waren.
C (1) Das Monster stellte nach dem Bebeißen die Fertigstellung des Zahnstochers fest.
(2) Das Monster stellte nach dem Bebeißen fest, dass der Zahnstocher fertig war.

1a Vergleiche die Sätze in Text 10 A, B und C. Was stellst du fest? Betrachte den Inhalt und den Satzbau.
 b Übertrage zur genauen Untersuchung die Sätze A–C in dein Heft. Bestimme zunächst mithilfe der Fragemethode die Objekte und Adverbialien in A1, B1, C1.
Beispiel: *Wen/Was* brachen die Monster ab? *Zweige.* Wozu? Zum Zahnstochermachen.
 c Unterstreiche in A2, B2 und C2, was aus diesen Satzgliedern geworden ist. Wie nennt man die unterstrichenen Teilsätze?
 d Versuche dann, den Begriff Gliedsatz zu erklären:
Ein *satz, der ein * ersetzt, wird Gliedsatz genannt.
 e Zeichne das folgende Schaubild in dein Heft, ergänze und erläutere es. Finde dann zu jeder Nebensatzart einen Beispielsatz.

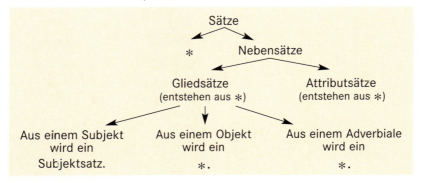

Subjekt- und Objektsätze

2a Bestimme die Satzglieder in folgenden Satzgefügen. Für welches Satzglied stehen jeweils die Gliedsätze?
– Mortimer entdeckte, dass er plötzlich Spaß an der Schule hatte.
– Dass er der neue Monsterjäger werden sollte, freute ihn ganz besonders.
– Diese Tatsache stellte ihm nämlich in Aussicht, dass er in die nächste Klasse versetzt wird.
– Aber von nichts kommt nichts: Wer Monsterjäger werden will, muss hart trainieren.
 b Versuche nun, die Subjekte bzw. Objekte der folgenden Sätze in Subjekt- oder Objektsätze umzuwandeln. Das Beispiel hilft dir dabei.
Beispiel: <u>Ein hartes Training</u> ist für das Monsterjagen unerlässlich.
        (Subjekt)
<u>Dass man hart trainiert</u>, ist unerlässlich für das Monsterjagen.
        (Subjekt)
– Die Monsterjägerei machte ihm richtig Spaß. Das Training mit den Hanteln fand er allerdings ziemlich langweilig. Er übte dafür intensiv den Umgang mit dem Degen. Eine gute Körperhaltung ist dafür eine wichtige Voraussetzung. Jetzt kann Mortimer nur noch auf das Gelingen seiner Aktion hoffen.

Satzbauwerkstatt

Adverbialsätze

3 Du hast gelernt, dass Adverbialien in einem Satz bzw. Text wichtige Informationen vermitteln.
a Wiederhole: Welche Adverbialien kennst du bereits?
b Denke dir zehn Sätze mit Adverbialien aus. Ersetze dann alle Adverbialien durch Gliedsätze.
Beispiel:

| Er kam *ganz langsam* die Treppe herunter. | Er kam die Treppe herunter, *indem er ganz langsam ging*. |

Text 11 **Schüler der Trinity-Internatsschule verhaftet**
Exklusivbericht unseres Londoner Korrespondenten

Mortimer P. – 16-jähriger Schüler der Trinity-Internatsschule – vorläufig verhaftet worden – störte die Nachbarschaft lautstark –

4a Schreibe aus den Stichwörtern einen Zeitungsartikel – beantworte dabei die Fragen *wer?, wann?, wo?, was?, wie?, warum?, wozu?, welche Folgen?*
Unterstreiche und bestimme die Adverbialsätze bzw. Adverbialien.
b Vergleicht eure Texte:
– Welche Ideen waren besonders passend und überzeugend?
– Wie viele Adverbialien und Adverbialsätze habt ihr benutzt?
– Wie wirkte sich dies auf die Verständlichkeit des Textes aus? Testet dies z. B. mit der Weglassprobe.

Gliedsätze, die Adverbialien ersetzen, nennt man **Adverbialsätze**.
Wie die Adverbialien unterscheidet man auch die Adverbialsätze; die wichtigsten sind:

1. **Temporalsätze** (Zeit): Sie werden z. B. mit *als* oder *nachdem* eingeleitet und antworten auf die Frage *wann?*
Beispiel: Ich wachte auf, *als* mein Wecker klingelte.
2. **Kausalsätze** (Grund): Sie werden mit *weil* oder *da* eingeleitet und antworten auf die Frage *warum?*
Beispiel: Ich spanne meinen Schirm auf, *weil* es regnet.
3. **Lokalsätze** (Ort): Sie werden mit *wo, wohin, woher* eingeleitet und antworten auf die Fragen *wo, wohin, woher?*
Beispiel: Er stand immer noch dort, *wo* sie ihn verlassen hatte.
4. **Finalsätze** (Zweck, Ziel): Sie werden mit *damit* oder *dass* eingeleitet und antworten auf die Frage *wozu?*
Beispiel: Ich schalte das Licht an, *damit* es im Zimmer heller wird.
5. **Modalsätze** (Art und Weise): Sie werden mit *indem* oder *(dadurch,) dass* eingeleitet und antworten auf die Frage *wie?*
Beispiel: Er löste die Aufgabe, *indem* er alles im Kopf ausrechnete.

Satzglieder werden Gliedsätze

5a Schreibe Text 12 um, indem du in jedem Satz ein Satzglied in einen Gliedsatz umwandelst. Unterstreiche Subjektsätze, Objektsätze und Adverbialsätze verschiedenfarbig.

b Wie verändert sich der Text? Untersuche die Länge, die Leserlichkeit und die Verständlichkeit des Textes.

Text 12 **Mortimer, der Monsterjäger**

Mortimer, der unbegabteste Junge des Colleges, entdeckte plötzlich seinen Spaß an der Schule. Das angestrebte Ziel des Direktors sollte ihm selbst und Mortimer nutzen. Zum Überwinden der Monsterplage am College sollte er nämlich Monsterjäger werden. Bei einem Sieg über die Monster sollte er eine automatische Versetzung in die nächste Klas-
5 se bekommen. Mortimer freute sich über diese ungeahnte Chance. Der Direktor war auf diese Idee aufgrund fehlender anderer Handlungsmöglichkeiten gekommen. Mortimer kam also zu der Ehre nach der vergeblichen Bitte um Hilfe bei den Lehrern. Zum Kämpfenüben durfte Mortimer nun in den geheimen Waffenkeller des Colleges. Mortimer hatte sehr viel Freude am Kämpfen, sodass er überhaupt keine Angst mehr vor den
10 Monstern hatte. Hoffentlich vergeht Mortimer nicht der Spaß beim echten Kampf gegen die Monster. Aber der Trainierte hat auch im echten Kampf gute Chancen.

Infinitivgruppen

6 Im Folgenden findest du eine Satzkonstruktion mit einem **Infinitiv mit zu**, der erweitert wurde. Verlängere den Satz durch weitere Erweiterungen. Unterstreiche jeweils den erweiterten Infinitiv mit *zu*. Wer bildet den längsten Satz?
– *Mortimer verspricht zu kommen.*
– *Mortimer verspricht bald zu kommen.*
– *Mortimer verspricht bald* ∗ *zu kommen.*

Text 13 1a) Mortimer spornte sein Pferd an, damit er das Monster verfolgen konnte.
1b) Mortimer spornte sein Pferd an(,) um das Monster verfolgen zu können.
2a) Das Pferd sprang über die Hecke, ohne dass es Mortimer abwarf.
2b) Das Pferd sprang über die Hecke(,) ohne Mortimer abzuwerfen.
3a) Mortimer bat Prof. Plummer, dass er ihm seinen Monsterentschleuniger lieh.
3b) Mortimer bat Prof. Plummer(,) ihm seinen Monsterentschleuniger zu leihen.

7a Vergleiche Inhalt und Satzbau der Sätze 1a, 2a, 3a mit dem der Sätze 1b, 2b, 3b. Was fällt dir auf?

b Denk dir weitere Beispiele wie die Sätze 1a, 2a, 3a zur Umformung aus.

Infinitive mit *um zu, ohne zu, (an-)statt zu* oder mit einer *Erweiterung* können einen Gliedsatz ersetzen.
Erweitert ist ein Infinitiv, wenn zum Infinitiv eine weitere Angabe hinzukommt: *Mortimer bat Prof. Plummer(,) das Pferd (Erweiterung) zu halten (Infinitiv).*

Vor und nach Infinitivgruppen kann man ein Komma setzen(,) um die Gliederung des ganzen Satzes besser durchschaubar zu machen; man muss aber kein Komma setzen. Wenn ein Missverständnis möglich ist, sollte ein Komma gesetzt werden, z. B.:
– *Mortimer empfiehlt, den Pferden frischen Hafer zu kaufen.*
– *Mortimer empfiehlt den Pferden, frischen Hafer zu kaufen.*

8 Versuche zu erklären: Warum kann man den folgenden Gliedsatz nicht in eine Infinitivgruppe umwandeln?
Sie kämmt ihrem Pony jeden Tag die Mähne, damit sie schön glänzt.

Das hast du in diesem Kapitel gelernt:
- Satzglieder (Wiederholung)
- Bestimmung von Adverbialien
- Unterscheidung von Adverbialien und Präpositionalobjekten
- Attribute: häufige Formen und Zeichensetzung
- Unterschied zwischen Haupt- und Nebensatz; Zeichensetzung
- Verbindung von Haupt- und Nebensätzen durch Konjunktionen
- Satzreihe und Satzgefüge
- Umwandlung von Satzgliedern in Gliedsätze
- Subjekt- und Objektsätze
- Adverbialsätze in ihren Formen
- Infinitivgruppen

Ideen und Projekte
Ihr habt in diesem Kapitel viel Fachwissen erworben. So könnt ihr leicht testen, was ihr behalten habt, z. B.:
- Spielt das Satz-Ausbau-Spiel: Eine oder einer leitet das Spiel und nennt ein Satzglied (z. B. Subjekt) oder ein Satzgliedteil (Attribut). Die anderen schreiben ein Beispiel auf (z. B. das Haus; das uralte Haus); dann vielleicht das Satzglied Dativobjekt usw. Wer hat am Schluss alle genannten Satzglieder in einem verständlichen Satz untergebracht?
- Erfindet in Gruppen einen Text, der alle Satzglieder enthält, die ihr kennen gelernt habt, und lasst durch die anderen Gruppen die Satzglieder bestimmen.
- Entwerft in Gruppen einen kurzen Text mit Satzgliedern, die sich in Gliedsätze umwandeln lassen. Können die anderen Gruppen in fünf Minuten den Text umschreiben und die Gliedsätze bestimmen?
- Schreibt einen Text mit vielen Nebensätzen und lasst die Kommas weg. Können die anderen Gruppen alle Kommas richtig setzen?
- Solche Übungen und Spiele könnt ihr natürlich auch selbst erfinden; ihr könnt dabei auch Ideen aus Quizsendungen im Fernsehen übernehmen.

Nutzt eure Fachkenntnisse um Texte wirkungsvoller zu gestalten. Ihr könnt z. B.:
- eine kleine Erzählung mit Satzreihen verfassen, die Texte austauschen und Satzreihen durch Satzgefüge ersetzen, wo es euch wirkungsvoller erscheint.
- eine knappe Zeitungsmeldung so ausbauen, dass daraus ein interessanter Bericht wird.
- an eigenen Texten in Schreibkonferenzen durch Proben textart- und adressatengerechte Wirkungen ausprobieren: Umstellprobe, Erweiterungsprobe, Weglassprobe, Ersatzprobe.
- ...

Erweitern · Vertiefen · Anwenden

DIE REDAKTIONSKONFERENZ

Redaktionskonferenz der Schülerzeitung „ProWo"

Die Redakteure der „ProWo" tagen. Heute sollen eigentlich alle Berichte über die Aktivitäten der Schule während der diesjährigen Projektwoche fertig sein, doch die Durchsicht der Texte hat gezeigt, dass viele Berichte noch verbesserungswürdig sind. Also müssen sie überarbeitet werden. Doch Texte überarbeiten – wie geht das eigentlich? Zusammen mit ihrem Lehrer hat die Redaktion folgenden, noch unvollständigen Cluster entworfen:

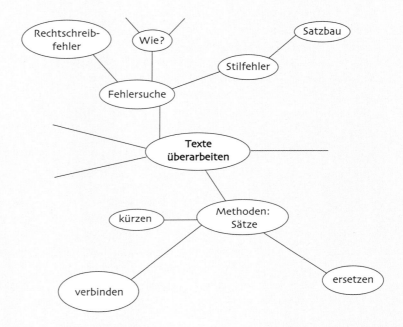

1a Besprecht und ergänzt den Cluster zum Thema „Texte überarbeiten": Was ist unklar? Was fehlt?
 b Könnt ihr anhand des Clusters einen Plan entwickeln, wie man am besten Texte überarbeitet? Versucht es.

Text 1 **Bericht vom Deutsch-Projekt in der Klasse 6c (Daniel)**

Ich finde Deutsch manchmal ziemlich langweilig.
Meine Freunde und ich lesen keine altmodischen Gedichte und Geschichten.
Meine Deutschlehrerin liebt aber über alles Gedichte von Goethe und Schiller.
Wir lesen häufig im Unterricht diese alten Gedichte.
5 Wir wollten lieber einmal moderne Lieder im Unterricht behandeln.
Sie wollte uns sogar in der Projektwoche mit diesen alten Texten kommen.
Wir waren echt sauer darüber.
Wir haben allerdings dann Musik zu den Texten komponiert.
Wir durften vor dem ganzen Jahrgang unsere Kompositionen vorspielen.
10 Die Mitschüler waren begeistert.
Sie fanden unser Projekt am besten.
Ich muss jetzt am Ende doch feststellen, dass die Woche ganz lustig war.

2a **Erste Möglichkeit der Textüberarbeitung: die Umstellprobe.** Stelle die Satzglieder in den Sätzen in Text 1 so um, dass der Text flüssiger wird und die Zusammenhänge deutlicher werden.

b **Zweite Möglichkeit der Textüberarbeitung: die Ersatzprobe.** Welche Wörter in den einzelnen Sätzen kannst du durch aussagekräftigere ersetzen? Probiere es aus.

c **Dritte Möglichkeit der Textüberarbeitung: die Erweiterungs- bzw. Kürzungsprobe.** Was ist das Thema des Textes? Was ist in den einzelnen Sätzen überflüssig, was fehlt? Mach dir hierzu Notizen.

Text 2 Niklas schreibt für „ProWo": „Bericht vom Deutschprojekt in der 6c"

In der Projektwoche mussten wir uns mal wieder mit dem Lieblingsthema unserer Deutschlehrerin beschäftigen. Das sind nämlich Gedichte und Balladen. Erst haben wir uns gefragt: Warum müssen ausgerechnet wir das langweiligste Thema der ganzen Schule haben? Wir lernen Balladen. Alle anderen machen Ausflüge. Allerdings gibt es
5 auch eine Klasse, die muss sich die ganze Woche mit Fischen beschäftigen. Ich hasse Fische! Ich war dann doch ganz zufrieden mit den Balladen. Wir haben ganz interessante Sachen mit den Balladen gemacht. Wer weiß nicht, was Balladen sind? Balladen sind lange Gedichte mit einer spannenden Handlung.

Wir hatten den „Zauberlehrling" von Goethe. Es handelt von einem Lehrling in einer
10 Zauberwerkstatt. Der ist zu faul. Er will kein Badewasser holen. Also verzaubert er den Besen. Der soll das Badewasser holen. Das klappt natürlich nicht. Der Zauberlehrling bekommt allmählich Angst. Die ganze Werkstatt ist schon vom Wasser überschwemmt. Nachher kommt der Zaubermeister und rettet den Lehrling.

Wir haben ein Theaterstück aus dem Zauberlehrling gemacht. Den Text haben wir mit
15 verteilten Rollen gespielt. Wir brauchten den Lehrling, den Zaubermeister und den Besen. Die Schauspieler waren: Miriam, Marcel und Philipp. Kostüme hatten wir auch. Marcel war der Zauberlehrling. Er hatte ein tolles Kostüm mit einem Hut, einem Umhang und einem Zauberstab. Philipp war der Zaubermeister. Er hatte auch ein Kostüm wie Marcel, aber prächtiger und mit einem Bart. Miriam als Besen musste in
20 ihrem Kostüm tanzen. Das war gar nicht so einfach. Wir bekamen viel Applaus. Unsere Vorführung kam bei allen gut an.

3 Erprobe an Text 2, wie man Texte überarbeiten kann. Mit einer Kopie des Textes oder am Computer geht das am besten.

a Lies den Text mehrfach, auch laut und mit einem Partner. Notiere dann, was man an dem Text verbessern könnte. Bedenke dabei: Dieser Bericht soll in einer Schülerzeitung stehen. Auch die, die nicht am Projekt teilgenommen haben, müssen ihn verstehen.

b Überprüfe: Sind die Informationen vollständig? Ist etwas überflüssig?

c Suche Verbesserungsmöglichkeiten:
– Wo solltest du den Satzbau verändern (z. B. Satzverbindungen, Umformen von Hauptsätzen in Nebensätze, Erweitern durch Einfügen von Sätzen oder Satzgliedern)?
Beispiel: *Wir lernen Balladen. Alle anderen machen Ausflüge.* → *Wir lernen Balladen, während alle anderen Ausflüge machen.*
– Wo solltest du die Wortwahl ändern (z. B. Erweitern durch Einfügen von Attributen, unpassende Wörter ersetzen)?
Beispiel: *Kostüme hatten wir auch.* → *Passende Kostüme hatten wir auch.*

d Überarbeite nun Text 2. Vergleiche deine Erfahrungen im Überarbeiten von Texten mit dem Cluster auf S. 150. Ergänze bzw. verändere den Cluster entsprechend.

Erweitern · Vertiefen · Anwenden

SATZBAU UND STIL

Text 1 **Herr Lehmann im Schwimmbad**

> Frank Lehmann, fast dreißig Jahre alt, Berliner, wird von allen nur Herr Lehmann genannt. Er ist ein Einzelgänger. Eines Tages wird er aus seinem gewohnten Trott gerissen, eine Frau überredet ihn, sich mit ihr im Schwimmbad zu treffen.

Sportbecken, dachte Herr Lehmann, Sportbecken, während er am Rand desselben stand und es etwas ratlos überschaute. Komisches Wort, Sportbecken, dachte er, er kannte die einzelnen Schwimmbeckenbezeichnungen genau, er hatte sie sich gemerkt, damals, Birgit hatte ihm das alles erklärt, sie hatte überhaupt dauernd vom Sportbecken geredet und davon, dass sie nur im Sportbecken schwimmen würde. Sportlich geht es hier allerdings zu, dachte Herr Lehmann jetzt und betrachtete versonnen die Leute in dem milchigen Wasser, während eine Lautsprecheransage darauf hinwies, dass Stefan, drei Jahre alt, seine Mutti suchte und dass das Rauchen im gesamten Beckenbereich nicht erlaubt war. Hinter ihm und überhaupt um das gesamte Sportbecken herum lagen und saßen Unmengen von Menschen auf Handtüchern, in seinem Rücken sogar auf mehreren Ebenen auf einer Art Steintribüne, aber noch mehr waren im Wasser, und alle versuchten, so gut es eben ging, ihrem Treiben einen Sinn zu geben. Einige waren richtige Sportler, ernsthafte Athleten, oder sie sahen zumindest so aus, sie durchpflügten mit Schwimmbrille und Schwimmhaube dermaßen autistisch[1] das Wasser, dass sie, wie Herrn Lehmann sogleich auffiel, niemandem ausweichen mussten, ihnen vielmehr alle anderen Schwimmer freie Bahn gaben, von denen es einige wenigstens noch schafften, einen geschickten Zickzackkurs durchzuhalten, während die große Mehrheit sich irgendwie durchquälte, Brustschwimmer zumeist, die ständig erschreckten, auswichen, anhielten, sich zur Seite warfen, wegtauchten, auf der Stelle hundepaddelten und überhaupt alles taten, um nirgendwo anzuecken. Erschwert wurde die Lage noch durch die Chaoten, Kinder und Jugendliche, [...] die an den Kopfenden des Beckens unermüdlich ins Wasser sprangen, wieder herauskamen und wieder hineinsprangen, dabei kreischten, sich schubsten und überhaupt alles durcheinander brachten. Sie waren die eigentlichen Herren der Lage, ...

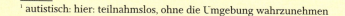

[1] autistisch: hier: teilnahmslos, ohne die Umgebung wahrzunehmen

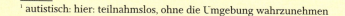

1 Sprecht über euren ersten Eindruck: Worum geht es in diesem Text?
   Was für ein Typ ist dieser Herr Lehmann? Woran kannst du das erkennen?

2 Lies Text 1 zunächst noch einmal leise; bereite anschließend den Text für ein gestaltendes, lautes Lesen vor. Überlege dir: Wo machst du Pausen? Was betonst du? Warum?

3a Der Satzbau dieses Textes ist auffällig. Untersuche ihn mithilfe einer kleinen Statistik: Wie viele Punkte (als Satzschlusszeichen) findest du? Wie viele Hauptsätze, wie viele Nebensätze, wie viele Appositionen? Trage deine Ergebnisse in eine Tabelle ein oder noch anschaulicher, zeichne ein Torten- oder Stabdiagramm.

b Stelle Vermutungen an: Was kann dieser Satzbau über die Denkweise des Herrn Lehmann aussagen?

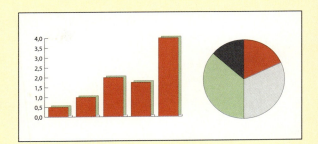

Text 2 Sportbecken/
dachte Herr Lehmann/
Sportbecken/
während er am Rand desselben stand und es etwas ratlos überschaute.
5 Komisches Wort/
Sportbecken/
dachte er/
er kannte die einzelnen Schwimmbeckenbezeichnungen genau/
er hatte sie sich gemerkt/
10 damals/
Birgit hatte ihm das alles erklärt/
sie hatte überhaupt dauernd vom Sportbecken geredet und davon/
dass sie nur im Sportbecken schwimmen würde.

4 In Text 2 ist der Anfang von Text 1 anders „gesetzt". Erkläre: Was kann man durch die Anordnung und die Trennstriche deutlich machen? Was verändert sich in der Wirkung?

5a Die Wirkung eines Textes durch Veränderung im Satzbau und in der Zeichensetzung verändern – geht das?
Probiere es aus: Wähle dir einen Abschnitt aus Text 1 aus und schreibe ihn z. B. aus Sicht eines übertrieben sorgfältigen, eines übertrieben spontanen, eines übertrieben ängstlichen Menschen.
Versuche, nur mit Veränderungen in Satzbau und Zeichensetzung auszukommen, am Inhalt solltest du möglichst wenig ändern.

b Die Wirkung deines Textes kannst du am besten durch lautes, gestaltendes Lesen überprüfen.

> Ein Tipp: Wenn du den Text am Computer schreibst, fallen dir Korrekturen besonders leicht.

Du könntest z. B. so beginnen:

Text 3 *Einige – waren richtige Sportler!!! Ernsthafte Athleten!!! (Sie sahen zumindest so aus.) Sie durchpflügten (mit Schwimmbrille und Schwimmhaube!!!) das Wasser. Herrn Lehmann fiel sogleich auf: Sie mussten niemandem ausweichen!!! Ihnen gaben vielmehr alle anderen Schwimmer freie Bahn!*

6a Überprüfe deinen Satzbau, indem du eine ähnliche Statistik führst wie in 3a. Als zusätzliche Kategorien solltest du die übrigen Satzzeichen (?, !, ...) auszählen. Was stellst du fest?

b Was wurde in Text 3 inhaltlich ausgelassen? Welchen Grund könnte es dafür geben?

7 Lest euch eure Texte vor und besprecht die Wirkungsmöglichkeiten des Satzbaus. Könnt ihr die Schreibhaltung (z. B. ängstlich, sorgfältig, unordentlich, ...) erkennen?

Erweitern · Vertiefen · **Anwenden**

TRAINING: Zeichensetzung in Satzgefügen

Zur Erinnerung:

Hauptsätze	Das Komma trennt als grammatisches Zeichen Haupt- und Nebensätze.
Nebensätze sind *Gliedsätze*	**Wenn** ein Hauptsatz mit einem oder mehreren Nebensätzen **zusammengefügt ist,**
oder *Attributsätze*.	**die** zusammen eine Einheit **bilden**, spricht man von einem Satzgefüge.

Gliedsätze ersetzen Satzglieder: Adverbialien werden zu Adverbialsätzen; Subjekte oder Objekte zu Subjekt- oder Objektsätzen. **Attributsätze ersetzen Attribute.**

1 Wenn du die Zeichensetzung bei Haupt- und Nebensätzen sicher beherrschen willst, musst du dir ganz klar machen, woran du Haupt- und Nebensätze erkennst und wie du sie sicher unterscheiden kannst.

a Seht euch – am besten in Gruppen – die obige Übersicht genau an und erfindet dazu Quizfragen und Aufgaben, z.B.:
Sind Nebensätze immer Gliedsätze?
Wie werden Gliedsätze eingeleitet?
Bilde einen Satz mit Attribut und forme das Attribut in einen Attributsatz um... usw.

b Können die anderen Gruppen alle Fragen beantworten und alle Aufgaben richtig lösen? Probiert es aus.

2 Diktiert euch die folgenden Satzgefüge im Partnerdiktat oder scannt sei ein und arbeitet am Computer weiter:

a Entscheide jeweils, ob es sich um einen Hauptsatz oder um Nebensätze handelt, und unterstreiche Haupt- und Nebensätze mit verschiedenen Farben.
Achte darauf, woran man Nebensätze erkennt.

b Schreibe eine Fortsetzung, verwende nur Satzgefüge und lass die Kommas von deiner Banknachbarin oder deinem Banknachbarn setzen.

c Überprüfe die Zeichensetzung: Welche sind richtig gesetzt, welche fehlen?

Text 1 Carolin hatte viele Freunde, darauf war sie auch sehr stolz, auch wenn sie sich manchmal über sie ärgerte. Aber so bilderbuchharmonisch ohne jeden Streit wären ihr ihre Freundinnen und Freunde auch zu langweilig, denn Carolin liebte auch den Streit, damit man nicht gleich einschläft, wie sie sagte. Freunde, die nur lieb waren, nannte sie
5 „meine lieben Eierkuchenfreunde". Carolin war schon sehr selbstständig, denn nachmittags musste sie oft auf ihre kleine Schwester aufpassen, weil ihre Mutter nachmittags häufig arbeiten musste. Jetzt wollte sie ihre Freundinnen und Freunde endlich mal wieder einladen, da sie es manchmal langweilig fand, wenn sie nur mit ihrer Schwester zum Spielplatz gehen musste. Da war Sebastian, den sie ...

3 Übertrage den folgenden Text in den Heft und setze die fehlenden Kommas. Kennzeichne jeweils mit einer Nummer, um welche Art Nebensatz es sich handelt:
(1) = Gliedsatz: Adverbialsatz   (2) = Gliedsatz: Subjektsatz
(3) = Gliedsatz: Objektsatz   (4) = Attributsatz

Text 2 Carolins Freunde und Freundinnen die sie schon lange kannte waren nicht gerade begeistert wenn sie nur Carolins kleine Schwester antrafen. Wer Leute einlädt sollte wenigstens zu Hause sein. Als Carolin nach zehn Minuten immer noch nicht da war fing Thomas plötzlich mit seinen Monstergeschichten an. Er erzählte dass sie auf dem
5 Spielplatz im Stadtwald ihr Unwesen treiben. Dass Carolins kleine Schwester Angst bekam und weinte fand Thomas eher witzig. Marie schaltete auch noch das Licht aus damit die Stimmung passte. Da kam Carolin die den letzten Bus verpasst hatte nach Hause. Sie freute sich über den Besuch obwohl sie sich über das dunkle Wohnzimmer wunderte.

4a Setze den Text fort: Carolin setzt sich dazu, Thomas und die anderen erzählen von Monstern im Stadtwald. Verwende bei deiner Fortsetzung möglichst viele Nebensätze, aber setze noch keine Kommas.

c Tauscht eure Fortsetzungen aus, setzt die fehlenden Kommas und notiert wie in Aufgabe 3 am Rand mit einer Nummer die Art des Nebensatzes.

5 Schreibe den folgenden Text um, indem du aus den kursiv gedruckten Satzgliedern Gliedsätze und aus den kursiv gedruckten Attributen Attributsätze machst. Achte auf die Kommas zwischen Haupt- und Nebensätzen.

Text 3 Schluss mit den Monstern!
Vor Aufregung rutschte Carolin an die äußerste Kante ihres Stuhls. Sie war ärgerlich! Ärgerlich und so richtig wütend! „Nun ist aber wirklich Schluss!", schimpfte sie, „dieses *dumme* Gerede von Monstern *auf dem Spielplatz im Stadtwald* ist doch lächerlich. Jedes Kind weiß, *dass das totaler Unsinn ist*. *Wer so etwas erzählt*, sollte eingesperrt werden!"
5 Carolin war noch nicht fertig, jetzt musste sie ihren *angestauten* Ärger loswerden, und zwar gründlich. Und ehe jemand auch nur piep sagen konnte, fuhr sie *wild gestikulierend* fort: „Für meine *kleine* Schwester war der Spielplatz der liebste *ihr bekannte* Ort. *Trotz der Entfernung* wollte sie jeden Tag nur dorthin. *Zum Spielen* war sie fast immer da oben. Sie war glücklich da. Und da kommt ihr und verbreitet die *albernen* Monstergeschichten!
10 *Bei eurem dummen Gerede über Monster* hat sie genau hingehört und sich *zitternd* versteckt! *Dass ihr so unsensibel seid*, hätte ich nun wirklich nicht gedacht. So klein ist sie ja nun auch nicht mehr! *Aus Angst* geht ja jetzt nicht mal mehr aus dem Haus! Und ich muss jeden Tag auf sie aufpassen! Meine Mutter ist nun mal berufstätig und ich bade das aus, ich, ich, ich!" Carolin wischte sich *mit ihrem Ärmel* eine Wutträne weg ...

6 Tauscht eure Texte aus und prüft,
   – ob Satzglieder und Attribute so umgeformt wurden, dass sich der Sinn des Satzes nicht verändert hat,
   – ob alle Nebensätze durch ein Komma vom Hauptsatz getrennt wurden,
   – ob Nebensätze, die mitten im Hauptsatz stehen, durch Kommas eingeschlossen sind.

7 Carolin übertreibt ein bisschen – oder nicht? Was meint ihr?

8 Stellt euch vor: Carolins Freundinnen und Freunde wehren sich. Sie finden Carolins Wut übertrieben, manche finden Carolin überdreht, andere finden Monstergeschichten gar nicht so schlimm, da sind, sagen sie, Märchen auch nicht viel besser ...

a Spielt diese Situation im Rollenspiel. Achtet darauf, dass sich die Beteiligten an die Gesprächsregeln halten und fair argumentieren.

b Schreibt das Gespräch entweder als Dialog oder als Geschichte auf.

c Lasst alle Kommas zwischen Haupt- und Nebensätzen weg und lasst sie von euren Nachbarinnen oder Nachbarn setzen. Prüft anschließend, ob sie richtig gesetzt sind.

Wortkunde

Wörter und ihre Bedeutung

1. DAS KNEUWÖTÖFF – Neue Wörter finden

Text 1 Während seine Kollegen sich heftig darüber streiten, nach welchem von ihnen ein bisher unbekannter, besonders farbenprächtiger Schmetterling benannt werden soll, fliegt Prof. Dr. N. E. Olog, der Vorsitzende der Kommission für neue Wörter, kurz KneuWö, mit dem KneuWöTöff in eine Stadt. Er will nach weiteren Gegenständen suchen, die noch
5 eine Bezeichnung brauchen.

1a Suche treffende Wörter für die abgebildeten Dinge.
 b Welche Gegenstände fallen dir noch ein, für die es kein Wort gibt?

2 Finde ein passendes Wort:
   hungrig – satt; durstig – ?

3a Bestimme die Wortart der Wörter *KneuWö* und *KneuWöTöff*. Wie sind sie gebildet?
 b Wie würdest du die Mitglieder der KneuWö nennen? Wie ihre Tätigkeit bezeichnen?

Text 2 Eine Abordnung der KneuWö ist auf einer fernen Insel gelandet, die noch auf keiner Karte zu finden ist. Über diese Insel ist eine Eiszeit hereingebrochen – nur eine ganz kleine, eine, die leicht nach Vanille schmeckt und an Weihnachten nach Schokolade. Es gibt keinen Sommer mehr, denn jeden Monat fällt Schnee, und zwar jeden Monat eine
5 andere Art von Schnee. Im Januar ist er pulvrig, im Februar eher schwer und klebrig, im März ist er leicht grau, im April quietscht er unter den Schuhen, im Mai riecht er manchmal nach Blütenstaub ...

Wortkunde

4a Setze fort: Beschreibe den Schnee im Juni, Juli, August, ...
 b Den Schnee im Januar beschließt die KneuWö *Pulv* zu nennen, den Maischnee *Blühsch*. Hilf der Kommission dabei, für den besonderen Schnee in jedem Monat ein eigenes Wort zu finden.
 c Welche Wörter für Schnee kennst du im Deutschen? Überlege: Warum haben die Innuit (Ureinwohner Grönlands) in ihrer Sprache sehr viele Wörter für *Schnee*, wir dagegen nur ganz wenige? Warum haben sie kein Wort für *Krieg*?

Text 3 Als die Bewohner der Eiszeitinsel mit ihrer morgendlichen Schneeballschlacht fertig sind, sehen sie sich die seltsamen Dinge an, die an Bord des KneuWöTöff aus der Zivilisation gekommen sind. „Da ist ein Riesenkasten, der innen ganz kalt ist!", wundert sich einer. „Und hier ist eine Art Tier, das surrt und Dreck frisst!", staunt ein anderer.
5 Bald spricht die ganze Insel nur noch vom surrenden Dreckfresswurm und vom unnützen Innenkaltkasten. Bald heißen die Geräte Surrwurm und Kaltkasten.

5a Wie nennen wir die Geräte, die die Inselbewohner im Töff gefunden haben?
 b Überlege, warum nicht weiter vom „Tier, das surrt und Dreck frisst" gesprochen wird.
 c Suche zunächst genaue Umschreibungen (z. B.: ein Gerät um Staub vom Boden wegzunehmen), dann neue Wörter für die folgenden Dinge, die sich noch im Töff befinden oder die man dort tun kann. Du kannst dir auch selbst etwas ausdenken.

 d Bildet zwei Gruppen und lasst die anderen raten! Sammelt eure Wörter und erklärt, wie ihr sie gebildet habt.

6a Unterstreiche oder markiere in deinem Heft alle neuen Wörter, die du in diesem Kapitel erfunden hast. Ordne sie nach der Art, wie sie gebildet sind, in eine Tabelle ein.

Abkürzung	Zusammensetzung	lautliche Ähnlichkeit	Sonstige
KneuWö	Surrwurm	Blühsch	*

 b Schreibe jeweils ein Wort, das es im Deutschen gibt, in die richtige Spalte, z. B.: Blubber, LKW, Garagentor, ...
 c Vergleicht eure Aufstellungen miteinander. Ergänze deine Tabelle mit Wortbildungsmöglichkeiten, die du bei deinen eigenen Neuschöpfungen nicht gefunden hast.

7 Wenn ein neues Wort gebraucht wird, behelfen sich unterschiedliche Sprachen manchmal auf verschiedene Art und Weise. So heißt unser Handy auf Italienisch *telefonino*, auf Englisch *mobile phone* und auf Französisch *portable*.
 a Erkläre die Bildung der Wörter für *Handy*. Wenn du nicht genug Italienisch, Englisch oder Französisch kannst, dann frage nach oder schlage in einem Lexikon nach. Was haben all diese Wörter inhaltlich gemeinsam?
 b Versuche, auch die türkischen, griechischen, ... Bezeichnungen für *Handy* herauszufinden und ihre Bildung zu erklären.
 c Überlegt gemeinsam, für welche Art von neuen Gegenständen man in vielen Sprachen gleichzeitig eine neue Bezeichnung braucht.

Wortfelder und Synonyme

8 Neue Wörter finden

a Probiert es einmal anders herum – nehmt ungewöhnliche oder euch unbekannte deutsche Wörter und erfindet neue Bedeutungen. Gut eignen sich dafür Ortsnamen aus dem Register eines Atlas. Was könnte z. B. ein *Salzderhelden* sein? Was ist wohl ein *Zwischenwasser*? Oder was bedeutet das Verb *aachen*?

b Spielt das **Lexikonspiel**. Eine/r sucht aus einem Lexikon einen Begriff heraus, dessen Bedeutung keiner der Mitspielenden kennt, und schreibt die Definition aus dem Wörterbuch auf. Die anderen müssen dann versuchen, eine möglichst lustige, aber richtig klingende Erklärung dazu zu schreiben. Wer den Begriff im Lexikon gefunden hat, liest alle Definitionen am Ende laut vor. Gewonnen hat, wessen Worterklärung von den meisten als die überzeugendste gewählt wird.

2. DIE KNEUWÖ HILFT SOFORT
Wortfelder und Synonyme

Text 4 **Aus einem Interview mit Dr. P. Ass, Vorstandsmitglied der Kommission für neue Wörter (KneuWö)**

Beschreiben Sie doch bitte einmal das Aufgabengebiet der KneuWö.
Also, die KneuWö kümmert sich nicht nur um ganz neue Wörter, sondern inzwischen auch um solche, die es schon gibt, die aber immer dann verschwinden, wenn man sie brauchen würde. Kennen Sie das? Man benötigt dringend ein Wort und es liegt einem
5 auf der Zunge, aber man hat es vergessen, es ist entschwunden, weg, abgehauen, hat sich in Luft aufgelöst, sich aus dem Staub gemacht, sich verdrückt ... In solchen Fällen sind wir da und helfen, das Wort wiederzufinden.

1a Erzähle: Hättest du schon einmal gerne die KneuWö angerufen, um ein Wort zu finden?
b Dr. P. Ass verwendet in seiner Antwort Wörter und Ausdrücke aus dem **Wortfeld** *verschwinden*. Ergänze das Wortfeld.

Text 5

Wortkunde

2a Ergänze mit den Wörtern aus dem Wortspeicher:
Die Stuhllehne ist *. Die Farbe ist von den Wänden *. Die Lebensmittel sind *. Das Besteck ist *. Die Fensterscheiben sind *. Der Sessel ist *. Das Parkett ist *. Die Polster sind *. Die Töpfe sind *.

> *abgeplatzt, verbeult, vermodert, aufgeplatzt, abgebrochen, verkratzt, verbogen, zersplittert, verfault*

b Suche weitere Wörter aus dem Wortfeld *kaputt* und bilde Sätze mit ihnen.

3a Zu welchem Wortfeld gehören die folgenden Adjektive:
angenehm – anmutig – prima – ansehenswert – lecker – anziehend – attraktiv – ausgezeichnet – begeisternd – bemerkenswert – beneidenswert – berauschend – super – bewundernswert – cool – toll

b Ergänze das Wortfeld und schreibe eine kleine Geschichte, in der mindestens zehn dieser Adjektive vorkommen.

Synonyme

Text 6 **Fortsetzung des Interviews**
Welche Menschen wenden sich denn besonders häufig an die KneuWö?
Oh, alle Sprecher oder Schreiber, die ein passendes, genaues, treffendes, besonders schönes, ganz bestimmtes Wort brauchen oder einfach ihren Wortschatz erweitern wollen. Da sind einmal Menschen mit einer anderen Muttersprache, die noch nicht so
5 viele deutsche Wörter kennen. Dann sind da Schüler, die ..., Geschäftsleute, die ..., Wörterbuchschreiber, die ... – Sie sehen, fast jeder braucht uns ab zu!

4a Ergänze die Antwort von Dr. P. Ass.
b Was kannst du tun, wenn du ein bestimmtes Wort suchst und die KneuWö gerade nicht erreichbar ist?

Text 7 **Aus einem Bedeutungswörterbuch**
Auto, das: *von einem Motor angetriebenes Fahrzeug mit offener oder geschlossener Karosserie (das zum Befördern von Personen oder Gütern auf Straßen dient);* ein altes, neues Auto haben, fahren; gebrauchte Autos verkaufen; mit dem Auto unterwegs sein. Syn.: Fahrzeug, Mühle (ugs., oft abwertend), PKW, Vehikel (oft abwertend), Wagen, fahrbarer
5 Untersatz (ugs. scherzhaft). Zus.: Fluchtauto, Katalysatorauto, Kleinauto, Polizeiauto, Postauto, Rennauto, Sanitätsauto, Umweltauto.

5a Untersuche: Welche Informationen gibt dir dieser **Artikel** eines Bedeutungswörterbuches?
b Ergänze die Sätze mit den passenden **Synonymen** für Auto.
– Verkehrspolizist zu Autofahrer: „Sie haben Ihr * nicht vorschriftsmäßig geparkt!"
– Junger Mann zu Freund: „Wo hast du denn diese alte * her?"
– Stolzer Führerscheinneuling: „Jetzt brauche ich nur noch einen *!"

c Suche Zusammensetzungen, bei denen *Auto* das Bestimmungswort ist (z.B. **Auto**bahn).

> Grundwort, Bestimmungswort

Text 8 **betrügen:** *bewusst täuschen;* bei diesem Geschäft hat er mich betrogen. Syn.: anschmieren (ugs.), aufs Glatteis führen, aufs Kreuz legen (salopp), hinters Licht führen, übers Ohr hauen (ugs.), düpieren (geh.)

Wortfelder und Synonyme

6a Warum stehen in Text 8 hinter manchen Wörtern die Abkürzungen *ugs.* für *umgangssprachlich* und *geh.* für *gehoben*?

b Schreibe selbst Wörterbuchartikel für die Begriffe *Ferien, faulenzen* und *prima*. Überlege dabei, ob Zusammensetzungen immer möglich sind und kennzeichne die Synonyme.

7a Hast du schon einmal das Textverarbeitungsprogramm eines Computers genutzt, um ein passendes Wort zu finden? Berichte.

b Teste ein Bedeutungswörterbuch, ein Synonymenwörterbuch und den so genannten **Thesaurus** im Computer, indem du in allen drei Medien die Wörter *sagen* und *spannend* nachschlägst. Benenne Gemeinsamkeiten und Unterschiede. Mit welchem Medium kommst du persönlich besser zurecht?

8a Suche mindestens fünf Wörter aus dem Wortfeld *Sitzmöbel*. Sammelt eure Einfälle.

b Versuche, die Bedeutung der gefundenen Wörter genau zu erklären, indem du ihre **Bedeutungsmerkmale** untersuchst und dein Ergebnis in die Tabelle einträgst: + heißt, das Bedeutungsmerkmal liegt vor, - heißt, es liegt nicht vor. Manchmal muss man in einem Feld o eintragen; das bedeutet, dass das Merkmal sowohl vorhanden als auch nicht vorhanden sein kann: Ein Sessel z. B. kann Armstützen haben, es gibt aber auch Modelle ohne.

c Ergänze die Tabelle in deinem Heft. Wie kann man aus der Tabelle ganz leicht erkennen, ob zwei Wörter genau das Gleiche bedeuten, also echte **Synonyme** sind?

	zum Sitzen	mit Beinen	mit Lehne	mit Armstützen
Stuhl	+	+	+	-
Sessel	+	+	+	o
		*	*	

9a Suche möglichst viele Wörter, die das Bedeutungsmerkmal *menschlich* haben (z. B. Frau, Kind, Person, ...). Bestimme dann weitere Bedeutungsmerkmale und lege mit ihnen eine Tabelle an.

b Hast du Synonyme gefunden? Dann bilde für jedes zwei Sätze, in denen es richtig gebraucht wird.

3. WAS IST EIGENTLICH EIN WORT?
Bedeutung und Mehrdeutigkeit

1 Überlegt: Was macht dieser Dialog deutlich? Lasst euch bei der Übersetzung helfen, wenn ihr kein Französisch sprecht.

2a Was musst du anstelle der Fragezeichen ergänzen?
 b Erkläre: Was ist der Unterschied zwischen **Wortkörper** und **Wortbedeutung**?

> Ein Wort kann mehr als eine Bedeutung haben. Solche Wörter nennt man **Homonyme** oder **mehrdeutige Wörter**.

3 Zeichnet Schaubilder mit mehrdeutigen Wörtern, die euch besonders gut gefallen. Das geht auch mit Wörtern aus Fremdsprachen!

4a Überlegt gemeinsam: Welche Wortbedeutung gab es wohl zuerst,  oder ?

 b Aus welchen Gründen wurde die Bedeutung dann wohl auf die andere Sache **übertragen**? Überlege dazu, welche **Bedeutungsmerkmale** ein Blatt Papier und das Blatt eines Baumes gemeinsam haben.
 c Nenne die **übertragene Bedeutung** folgender Wörter und erkläre, wie die Übertragung möglicherweise zustande kam: Birne, Eis, Fliege, Kamm, Hahn, Löffel, Feder, Decke.
 d Kennst du Homonyme aus anderen Sprachen? Nenne sie und versuche dann jeweils, den Übertragungsvorgang zu erklären.

Metaphern, Redensarten, Sprichwörter

5 ¹**Band**, das: schmaler Streifen aus Stoff o. Ä. (...)
   ²**Band**, die: Gruppe von Musikern, die besonders Rock, Beat, Jazz spielt (...)
   ³**Band**, der: Buch, das zu einer Reihe gehört (...)

a Lies diesen Ausschnitt aus einem Bedeutungswörterbuch laut vor. Worauf musst du bei der Aussprache von ²Band achten?
b Erkläre, was die hochgestellten Zahlen bedeuten.
c Bilde zu jedem der drei Homonyme einen Satz.
d Suche noch weitere Wörter mit mehr als zwei Bedeutungen und erkläre sie.

6a Sammelt möglichst viele Wörter mit zwei oder mehr Bedeutungen und spielt das Teekesselspiel.
b Bildet mit euren Homonymen lustige Sätze, z. B.: Lasst doch mal die Fliegen fliegen! Sollen wir über den Rasen rasen? Der Läufer lief auf dem Läufer zum Siegerpodest.

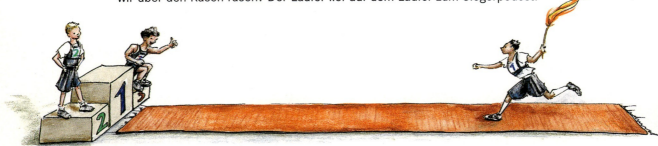

4. BILDWÖRTER UND WORTBILDER
Metaphern, Redensarten, Sprichwörter

Text 9 Manuel stand am Fuß des Berges und machte große Augen. Da war er den weiten Weg von der Hauptstadt hergekommen, und nun das! Er hatte die Zähne zusammengebissen und war durch das eisige Wasser eines Flussarms hindurchgewatet; die Haare waren ihm zu Berge gestanden, als er sich hinter einer Felsnase vor einem hungrigen Grizzly
5 verstecken musste, und er hatte die steilen Bergrücken gemeistert, ohne den Kopf hängen zu lassen. Schließlich war er kein Hasenfuß, sondern konnte seine Muskeln spielen lassen. Er hatte deshalb die Nase immer hoch getragen und wollte immer mit dem Kopf durch die Wand. Aber jetzt – dieser armselige Hügel hier sollte der höchste Berg des Landes sein? Da musste ihn jemand an der Nase herumgeführt haben! Er
10 konnte sich auch schon denken, wer das war. „Na warte", dachte er, „wer zuletzt lacht, lacht am besten!"

1a Gefällt dir dieser Text? Begründe deine Meinung.
b Wie stellst du dir das Land vor, in dem Manuel lebt? Wie könnte seine Geschichte weitergehen?

2a Schreibe den Text in dein Heft und unterstreiche alle Einzelwörter und alle Ausdrücke aus mehreren Wörtern (Wendungen), in denen Körperteile vorkommen.
b Ordne sie in die Tabelle ein. Die Sachinformation hilft dir dabei.

Metapher	Redensart
*	*

Wortkunde

Metaphern und **Redensarten** sind bildliche Ausdrücke, die Sachverhalte anschaulich machen. Bei einer **Metapher** wird ein Wort in andere Zusammenhänge übertragen, sodass es eine neue Bedeutung erhält (*Bett* ➔ *Flussbett*). Eine **Redensart** ist ein bildlicher Ausdruck, der aus mehreren Wörtern besteht und so häufig gebraucht wird, dass ihn jeder versteht (z. B. *im Geld schwimmen*).

c Suche noch mehr Wörter oder Wendungen, in denen Körperteile bildhaft, also in einer übertragenen Bedeutung gebraucht werden.

3a „Wer zuletzt lacht, lacht am besten." Erkläre, was Manuel in Text 9 mit diesem **Sprichwort** meint.

b Benenne die Sprichwörter, die hier illustriert sind, und erkläre, was sie bedeuten. Inwiefern stimmen die Zeichnungen nicht genau mit den Sprichwörtern überein?

c Besprecht gemeinsam: Was haben Sprichwörter mit Metaphern und Redensarten gemeinsam, was unterscheidet sie davon?

d Zeichne selbst einige der Redensarten aus Text 9 oder andere Redensarten und Sprichwörter, die du kennst.

Das hast du in diesem Kapitel gelernt:
– Wortbildung
– Wortfelder und Synonyme
– Bedeutungswörterbuch: Benutzung und Aufbau
– Homonyme
– Metaphern, Redensarten und Sprichwörter

Ideen und Projekte
Mit Wortbildern spielen
– Führt in Gruppen eine Pantomime zu einem Sprichwort oder einer Redensart auf.
– Sucht Redensarten oder Sprichwörter zu einem bestimmten Thema, z. B. zu „finden" (*Ein blindes Huhn findet auch einmal ein Korn. Wo ein Wille ist, ist auch ein Weg.*), und zeichnet sie, indem ihr sie wörtlich nehmt.
– Wandelt Redensarten oder Sprichwörter auf möglichst lustige Weise ab (z. B. *Wer heute den Kopf in den Sand steckt, knirscht morgen mit den Zähnen. Wissen ist Macht, ich weiß nichts, macht nichts. Wer zuletzt lacht, hat es nicht eher begriffen.*)
– Erstellt aus euren Einfällen ein illustriertes Bildwörter-Wortbilder-Buch.

Erweitern · **Vertiefen** · Anwenden

NAMEN UND IHRE HERKUNFT

Text 1 Indianische Namen zu übersetzen ist oft sehr schwierig, weil die wörtliche Übersetzung den Sinn des Namens in der Regel nicht erklärt. Indianische Namen zu verstehen erfordert nämlich meist Vorkenntnisse über die Weltanschauung des Indianerstammes, der den Namen benutzt. Genau genommen muss jeder Name in einer Geschichte erzählt
5 werden, damit man die Bedeutung des Namens erfassen kann.
In der Regel gehört ein Indianername zu einer ganz bestimmten Person und kann nicht auch noch zu einem anderen Menschen gehören. Nicht wie bei uns, wo jeder Hinz oder Kunz heißen kann. Beispiele für Indianernamen:

Stamm oder Sprache	Indianisch	Deutsch	Englisch
Cree	Ahtahkakoop	Sternendecke	Starblanket
Shawnee	Aquewa Apetotha	Kind in einer Wolldecke	Child in a Blanket
Shawnee	Chiungalla	Schwarzer Fisch	Black Fish
Assiniboine (Nakota)	Cuwkencaayu	Der Mann, der den Mantel nahm	Man-Who-Took-The-Coat
Kiowa	Edo-eette	Großer Baum	Big Tree

Aber trägt nicht jeder von uns einen geheimnisvollen, „indianischen" Namen? Wer kennt
10 schon die Bedeutung seines eigenen Namens? Hätten mich meine Eltern *„Schützer des Besitzes"* oder sinngemäß *Nachtwächter* nennen wollen, der Standesbeamte hätte es ihnen verweigert. Trotzdem heiße ich so oder ähnlich, denn das ist die Bedeutung des Namens *Ottmar* in irgendeiner ausgestorbenen germanischen Sprache.

Wortkunde

1a Fasse mit eigenen Worten zusammen, was du in diesem Text über Indianernamen erfährst.
 b Erkläre: Wo liegen die Unterschiede zwischen indianischen Namen und Namen bei uns? Gibt es Gemeinsamkeiten? Welche?

2a Frage deine Eltern, warum sie dir deinen Vornamen gegeben haben und ob sie wissen, was er bedeutet. Berichte darüber in der Klasse. Stellt dann die wichtigsten Gründe für die Namensgebung zusammen.
 b Schlage in einem Namenslexikon die Bedeutung und die Herkunft deines Vornamens nach. Auch im Internet kannst du diese Information finden – wenn du in eine Suchmaschine die Suchwörter „Vornamen" und „Bedeutung" eingibst, stößt du auf die entsprechenden Seiten.
 c Stellt mit euren Vornamen ein kleines Namenslexikon zusammen. Das kann ungefähr so aussehen:

Name	Herkunft	Bedeutung
Aischa	algerisch	das Leben
Arthur	keltisch	der Bär
Camilla	lateinisch	die Ehrbare

 d Bist du mit deinem Vornamen zufrieden? Passt er zu dir? Welchen Namen würdest du dir selbst geben? Das kann auch ein indianischer Name sein ...

3 Auch die meisten Nachnamen haben eine Bedeutung. Oft lassen sie sich auf Berufsbezeichnungen (*Schneider*), Vornamen (*Walter*), Herkunftsbezeichnungen (*Schwab*) oder Spitznamen (*Kleinhans*) zurückführen.
 a Erkläre mithilfe dieser Information die Herkunft der folgenden Nachnamen: Zimmermann, Müller, Westphal, Bergmann, Vogelweide, Jung, Hamburger, Friedrich, Beyer, Lachnit, Fuchs, Gärtner.
 b Versucht, die Herkunft eurer Nachnamen herauszufinden. Auch hier kann euch ein Namenslexikon helfen!
 c Stellt zusammen, aus welchen Sprachen eure Vor- und Nachnamen ursprünglich herkommen. Wie viele Sprachen habt ihr gefunden?

4 Sehr spannend kann es auch sein, nach der Herkunft von Ortsnamen zu forschen. Namen von Städten, Flüssen und Landschaften haben oft eine lange und wechselhafte Geschichte. Häufige Bestandteile von Ortsnamen, die auf germanische Sprachen zurückgehen, sind die Vorsilben Ober-, Unter-, Nieder-, Hinter-, Groß-, Klein- ... und die Nachsilben -furt, -hausen, -stadt, -dorf, -burg, -berg ...
 a Suche auf einer Landkarte Orte in eurer Nähe, deren Namen einen der genannten Bestandteile haben. Erkläre Bedeutung und Herkunft der Ortsnamen mithilfe eines geeigneten Lexikons oder des Internets.
 b Bildet kleine Gruppen: Jede Gruppe versucht, Bedeutung und Herkunft des Namens der Hauptstadt eines Bundeslandes herauszufinden. Präsentiert eure Ergebnisse möglichst anschaulich.

5 Stell dir vor, es gäbe, neben der Insel Amrum, ein zusätzliches Bundesland auf der Insel Hintenrum. Wie soll seine Hauptstadt heißen? Illustriere deine Ideen und Vorstellungen, indem du sie zeichnest, malst oder eine Collage anfertigst.

Erweitern · **Vertiefen** · Anwenden

OBER- UND UNTERBEGRIFFE

Aus den Rubriken des Anzeigenblattes Floh&Markt:

Text 1

Haushalt	**Freizeit**	**Büro & Geschäft**
Möbel, Haushalt TV, HiFi, Video	Lernen, Lehren, Lesen Sammlungen Urlaub, Reise Hobby Tiere Sport	**Telefon & PC**
Immobilien & Bauen		**autoaktuell**
Vermietungen Versteigerungstermine Immobilien Handwerk, Hausbau, Garten		Autos nach Marken Auto Specials Camping- und Nutzfahrzeuge Reifen und Felgen Teile, Zubehör, Sonstiges
	Kleidung	
Stellenmarkt	**Baby & Kind**	**Motorräder & Teile**

Rudi ist ratlos: „Ich will wissen, ob jemand ein Rennpferd verkauft. Wo soll ich bloß danach suchen?"

1a Hilf Rudi: In welcher Rubrik findet er sein Rennpferd?
 b Aisha sucht einen Ananasentsafter, Bert einen Bürostuhl, Carla einen neuen Computer, Emil eine Eisensäge, Feylin eine Festplatte und Gabi wünscht sich einen Gameboy. In welcher Rubrik der Anzeigenzeitung sollten sie danach suchen?
 c Setze die Liste fort mit Hans, Irina, James ..., die alle etwas kaufen möchten. Hilf ihnen dann beim Suchen. Vielleicht musst du noch zusätzliche Rubriken einführen.

2a Wie lautet der **Oberbegriff**, der in der Mitte der Mindmap stehen muss?
 b Vervollständige die Mindmap, indem du alle Wörter, die ins Wortfeld passen, nach **Ober-** und **Unterbegriffen** ordnest.
 c Unterbegriffe können zugleich Oberbegriffe sein. Beispiel: „Tiere" ist ein Oberbegriff zu „Fische", „Fische" kann ein Oberbegriff z. B. für „Hai" und „Barsch" werden.
 – Wo findest du in der Mindmap Unterbegriffe, die zu Oberbegriffen werden?

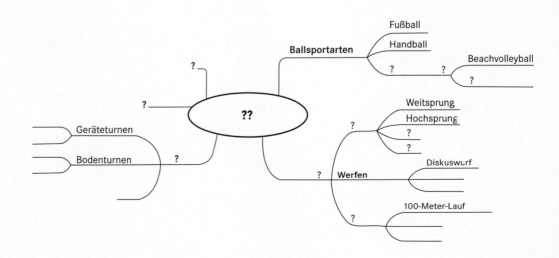

Wortkunde

3 Erstelle je eine möglichst große und verzweigte Mindmap zu den Oberbegriffen „Tiere" und „Pflanzen".

4 Schreibe drei deiner Lieblingsspeisen auf ein Blatt. Teilt euch in zwei Gruppen auf und lasst die anderen herausfinden, wo in einem Kochbuch man dieses Gericht jeweils finden könnte. Ihr könnt vorher versuchen, einige Rubriken (Oberbegriffe) festzulegen (z. B. Süßspeisen, Salate, Fischgerichte …).

5a Überlegt gemeinsam: Warum kann es auch nützlich sein, den Oberbegriff zu einem Suchwort zu kennen, wenn man in einem Sachbuch oder im Internet Informationen zu einem bestimmten Thema sucht?

b Stelle deinen Mitschülerinnen und Mitschülern einige Rechercheaufgaben zu einem Sachbuch. Ihr könnt auch in kleinen Gruppen an verschiedenen Sachbüchern oder im Internet arbeiten. Besprecht, ob euch die Unterscheidung von Ober- und Unterbegriffen dabei geholfen hat.

Text 2

Erlebniserzählung
Die Sonne schien warm vom Himmel und es waren nur ganz oben einige Wolken zu sehen. Fröhlich stapfte ich mit meinen neuen Schuhen durchs Gras. Mein Ziel war das Gewässer, wo ich zum Baden verabredet war. Ich kannte den Weg dorthin nicht ganz genau, aber ich war mir sicher ihn zu finden. Meine Freun-
5 *de hatten mir beschrieben, dass ich nur zwischen den Bäumen durchgehen muss-te und dann über die Wiese mit den vielen Blumen.*
Plötzlich kam ein eiskalter Wind auf …

6a Um diesen Beginn einer Erlebniserzählung genauer und anschaulicher zu machen, hilft dir die Suche nach treffenden Unterbegriffen. Suche zu jedem der unterstrichenen Wörter fünf Unterbegriffe. Probiere aus, welcher am besten in die Geschichte passt.

b Schreibe die Geschichte zu Ende. Tauscht eure Geschichten untereinander aus und korrigiert sie, indem ihr die Stellen anstreicht, an denen ein Unter- oder Oberbegriff besser passen würde.

7a Kannst du dir eine ähnliche Situation vorstellen? Erzähle.
b Suche eine sinnvolle Antwort des Verkäufers. Am besten spielt ihr die Situation.

Erweitern · **Vertiefen** · Anwenden

WORTBEDEUTUNGEN ERSCHLIESSEN

restauriert, Zerfall, Fundstellen, Aushub, historisch, informativ, Idealismus

1 Bei welchen dieser Wörter bist du dir nicht sicher, was sie bedeuten? Welche Möglichkeiten kennst du, wie du die Bedeutung herausfinden kannst? Du kannst vieles selbst klären, wenn du weißt, wie man geschickt vorgeht.

1. Schritt: Nutze den Text als Informationsquelle

Schwierige Wörter sind vor allem in Sachtexten zu finden. Der Text selbst gibt aber oft Aufschluss über die Bedeutung des unbekannten Wortes durch eine Erklärung oder ein Beispiel, z. B. Text 1 (Zeile 17f.) *restauriert, d.h. in den ursprünglichen Zustand versetzt.*

Text 1 **Die Praxis der Archäologie**

Archäologen sind keine historisch interessierten Schatzsucher, die zu mitternächtlicher Stunde die Erde nach wertvollen Funden durchwühlen. Archäologen sind ausgebildete Fachleute: studierte Wissenschaftler und praktisch arbeitende Techniker. Die Zahl der professionellen Archäologen ist aber klein, denn diesen Beruf wählt
5 man aus Idealismus und Interesse, nicht um Millionen zu verdienen.
Was tun Archäologen? Ausgraben natürlich, wichtig sind aber auch andere Arbeiten, wie z. B. die Sicherung von Fundstellen. Wenn ein Landwirt auf seinem Acker Tonscherben ausgepflügt hat, muss man versuchen, weitere Bodeneingriffe wie Pflügen zu verhindern. An Baustellen sind aber Aushubarbeiten meist nicht lange aufzuhal-
10 ten, deshalb muss eine Notgrabung gestartet werden, die in großer Eile die Funde sichert und die Fundstelle dokumentiert. Dabei geht es weniger darum, möglichst viele Funde zu machen, denn diese sind eigentlich von sekundärer Bedeutung. Vorrang hat der Befund, also die Kenntnis, in welcher Lage und Tiefe die Gegenstände gefunden wurden, um später Aussagen über die Anlage machen zu kön-
15 nen. Der Boden wird daher stets in Schichten abgetragen und jede wird fotografiert. Dann werden alle Fundstücke in ihrer Lage vermessen und genau aufgezeichnet. [...] Nach der Ausgrabung müssen die Fundstücke konserviert und anschließend restauriert, d.h. in den ursprünglichen Zustand versetzt werden: Scherben müssen zu Gefäßen zusammengesetzt werden, Dinge aus Metall müssen in einem Entrostungsbad
20 gereinigt werden, Reste von Textilgewebe, Holz oder Knochen müssen konserviert werden. Das ist die Arbeit der Restauratoren und Präparatoren im prähistorischen Museum. Auch Naturwissenschaftler leisten wichtige Dienste, wenn sie z. B. das Alter der Funde bestimmen, indem sie den Zerfall bestimmter Stoffe darin messen. Bei Holzgegenständen wird dafür die Dendrochronologie eingesetzt.
25 Durch die Arbeit der Techniker stehen den Museen vollständige Fundstücke zur Verfügung. Für die Besucher wäre ein Haufen Scherben nur wenig informativ! Dem Archäologen liefern die Funde Erkenntnisse über die Lebensverhältnisse der damaligen Bevölkerung. Aus den Resten von Hütten und Häusern lässt sich das Bild einer Siedlung und ihrer Sozialstruktur, also des Aufbaus ihrer Gesellschaft, zusammenset-
30 zen. Kostbare Grabbeigaben lassen auf soziale Unterschiede schließen, denn der Tote muss zur reichen Oberschicht eines Stammes gezählt haben. Jeder archäologische Fund ist also ein Stück lebendige Geschichte. Dieses Stück Vergangenheit deutlich zu machen, ist die eigentliche Arbeit des Archäologen.

Wortkunde

2 Suche im Text Erklärungen oder Beispiele für die folgenden Wörter: *Bodeneingriffe* (Z. 8), *Notgrabung* (Z. 10).

> Du musst nicht immer die genaue Bedeutung des Wortes selbst kennen. Oft reicht es zunächst zu verstehen, was inhaltlich gemeint ist.

2. Schritt: Nutze dein Wissen über die Wortbildung

Manchmal kannst du ein unbekanntes Wort in Bestandteile zerlegen, die du kennst:

a) Zusammensetzungen aus zwei Wörtern (Komposita):
  z. B. *Fundstellen* (Z. 7) = finden + Stellen: eine Stelle, an der man etwas findet.

b) Ableitungen von einem Wortstamm
  – durch Präfixe (Vorsilben), die die Wortbedeutung verändern,
  – durch Suffixe (Nachsilben), die die Wortart ändern.

Wenn du diese Präfixe und Suffixe weglässt, erkennst du vermutlich den Wortstamm und kannst dann leichter die Bedeutung erschließen: z. B. *Zerfall* (Z. 23): *Zer-Fall*. Manchmal hat sich durch eine Ableitung der Vokal des Wortstamms geändert: z. B. *Aushub* (Z. 9). Den ursprünglichen Vokal kannst du durch Ausprobieren herausfinden: aus-h(a/e/i/o)b+en.

3 Kläre auf diese Weise die Bedeutung der folgenden Wörter:
Funde (Z. 2), *Entrostungsbad* (Z. 19).

Präfixe	Suffixe
an-	Substantiv/Nomen:
aus-	-heit/-keit
be-	-nis
ent-	-schaft
er-	-tum
ge-	-ung
un-	Adjektiv:
ver-	-bar
vor-	-haft
zer-	-ig/-isch
	-lich
	-sam

3. Schritt: Nutze dein Wissen über Fremdwörter und Fremdsprachen

Viele Fremdwörter hörst oder nutzt du täglich ohne dir dessen bewusst zu sein. Wenn du dieses Wissen aktivierst, kannst du manche dieser „fremden" Wörter entschlüsseln.

a) Viele Fremdwörter sind aus dem Lateinischen ins Deutsche gelangt. Vielleicht hast du das lateinische Ursprungswort bereits gelernt oder das entsprechende englische Wort (im Englischen gibt es viele Wörter lateinischen Ursprungs). Daraus kannst du auf die Bedeutung des Fremdwortes schließen:
  z. B. *historisch* = geschichtlich (Z. 1) von lat. *historia*/engl. *history* = Geschichte.

b) Oft kennst du einen „Verwandten" des vorliegenden Fremdwortes und bemerkst es nicht, weil der „Verwandte" einer anderen Wortart angehört und daher ein anderes Suffix hat. Lass wie beim Schritt 2b das Suffix weg, vielleicht kennst du dann den Wortstamm allein (oder mit einem anderen Suffix): z. B. *informativ* (Z. 26) → *Information*.

c) Präfixe und Suffixe gibt es auch bei Fremdwörtern; du kennst sicher einige. Sie haben eine bestimmte Bedeutung, z. B. *prähistorisch* (Z. 21): *prä* = vor.

lateinische Präfixe +	Suffixe
anti- [gegen]	Substantiv/Nomen
co- [zusammen]	-ant/-ent
ex- [(hin)aus, früher]	-enz
in-/im- [in, hinein]	-ion
inter- [zwischen]	Adjektiv
prä- [vor]	-abel
re- [wieder]	-ant/-ent
trans- [hinüber]	-al/-ell
	-iv

4 Kläre auf diese Weise die Bedeutung der folgenden Wörter:
Präparator (Z. 21), *sekundär* (Z. 12, hier hilft dir auch Schritt 1!).

4. Schritt: Nutze Expertenwissen

Wörter, die du mit den Schritten 1 bis 3 nicht entschlüsseln kannst, musst du in einem Lexikon nachschlagen: in einem Bedeutungswörterbuch oder einem Fremdwörterlexikon, z. B. *Idealismus* (Z. 5). Du kannst natürlich auch Fachleute befragen.

5 Kläre mit den vier Schritten die Bedeutung der unterstrichenen Wörter in Text 1.

Zum Nachschlagen

Sachlexikon Deutsch

Hier findest du Sachinformationen, die du bei Bedarf nachschlagen und im Unterricht oder zu Hause nutzen kannst. Die Sachinformationen sind alphabetisch geordnet; Stichworte, die Grundwissen darstellen, sind rosa unterlegt, solche, die Methoden/Arbeitstechniken darstellen, grün.
> bedeutet: Sieh unter dem folgenden Stichwort nach.

Ableitung > Wortkunde
Adjektiv > Wortarten
Adverb > Wortarten
Adverbiale > Satz/Satzglieder
Aktiv > Wortarten/Verb/Handlungsarten
Akzent > Laut
Antonym > Wortkunde
Argument > argumentieren/appellieren

argumentieren/appellieren

Wenn du jemanden zu etwas aufforderst, dann appellierst du; wenn du dich mit jemandem auseinander setzt und dabei begründet deine Meinung zu einem Sachverhalt oder Problem äußerst, dann argumentierst du.

Wer **argumentiert**, will andere von seiner Meinung **überzeugen**, dabei geht er meist von einer **Position** (Meinung, Behauptung, These) aus, stützt sie mit **Argumenten** (Begründungen) und kann sie zusätzlich durch **Beispiele** verstärken.

Wer auf Argumente verzichtet und stattdessen z. B. schmeichelt oder bettelt (z. B.: *Lass mich doch zu der Party, du bist doch sonst nicht so, lass mich doch bitte, bitte dahin*), wer Scheinargumente verwendet, die sich leicht widerlegen lassen (z. B.: *..., weil die Party für meine Zukunft sehr wichtig ist.*) oder wer sich auf zweifelhafte Beispiele stützt (z. B.: *Da gehen doch alle hin.*), der will nicht überzeugen, sondern überreden.

Artikel > Wortarten
Attribut > Satz/Satzglieder
Ballade > Gedicht

berichten/erzählen

Wenn du jemandem mitteilst, was du erlebt, gesehen, gehört, empfunden hast, dann erzählst oder berichtest du. Wenn du dich knapp an die nüchternen Tatsachen hältst, dann berichtest du; wenn du das Erlebte anschaulich ausmalst, dann erzählst du.
Im Alltag mischen sich Bericht und Erzählung häufig.

Einen Bericht schreiben

Berichte findest du im Alltag z. B. als Bericht über einen Schadensfall, aber auch als Bericht über ein besonderes Ereignis in der Tageszeitung oder der Schülerzeitung. Beim Schreiben eines Berichts musst du den Zweck und den Adressaten (Empfänger/Leser) des Berichts beachten. Versicherungen z. B. geben in ihren Formularen meist sehr genau an, was für sie wichtig ist. Wenn du einen Bericht für die Schülerzeitung schreibst, kannst du dich an folgende Tipps halten:

1 Ein Bericht dient der **sachlichen Information**; du vermittelst dem Leser ein knappes, aber genaues Bild von **Ablauf** und **Ergebnis** eines einmaligen Geschehens; Berichtstempus ist deshalb das **Präteritum**.
2 Ein Bericht sollte so genau wie nötig und so knapp wie möglich sein. Konzentriere dich deshalb auf die wichtigsten Tatsachen und beantworte die **W-Fragen**.

3 Die **Einleitung** führt den Leser in die Situation ein. Am besten beantwortest du hier bereits die ersten vier W-Fragen: *Wer, was, wann, wo*? Oft genügt dafür bereits ein einziger Satz.
4 Der **Hauptteil** stellt den Ablauf des Geschehens in zeitlicher Reihenfolge dar; dabei beantwortest du vor allem die W-Frage: *Wie ist das Ereignis genau abgelaufen*?
5 Der **Schluss** nennt meist das Ergebnis und/oder die Quelle deiner Information, z. B.: *Welche* Folgen hatte das Geschehen? *Woher* stammt deine Information?

beschreiben/ erklären

Wenn du beschreibst oder erklärst, dann willst du vor allem darstellen, wie etwas aussieht, funktioniert oder zu handhaben ist. Du kannst z. B. Gegenstände, Personen und ihr Verhalten, Vorgänge (z. B. Arbeits- und Bedienungsanleitungen, Versuche), Orte oder Wege beschreiben oder erklären.

Vorgänge beschreiben

Wenn du einen Vorgang beschreibst, stellst du kein einmaliges Ereignis dar wie im Bericht, sondern einen **wiederholbaren Vorgang**; du willst, dass Adressatinnen oder Adressaten den Vorgang Schritt für Schritt verstehen und nachvollziehen (z. B. Weg einer Pfandflasche) oder ihn anschließend problemlos wiederholen können (z. B. Bauanleitung, Rezept).
1 In der **Einleitung** nennst du zunächst den Vorgang, den du beschreiben willst, und stellst dar, welche **Vorbereitungen** nötig sind, damit der Vorgang starten kann (z. B.: *Zum Flicken eines Fahrradschlauchs benötigst du ...*).
2 Im **Hauptteil** stellst du **Schritt für Schritt** genau, vollständig und anschaulich den Ablauf dar (z. B.: *Zuerst nimmst du ...*).
3 Am **Schluss** kannst du noch **Tipps und Tricks** nennen (z. B.: *Das Flicken funktioniert besonders gut, wenn du ...*).
4 Das Tempus der Vorgangsbeschreibung ist das **Präsens**, weil das Präsens auch das wiederholbare „Immer-wieder" oder das „Zu-jeder-Zeit" ausdrückt.

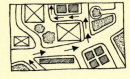

Einen Weg beschreiben

Wenn du einen Weg beschreibst,
1 benutzt du das Präsens, das auch ausdrücken kann, dass etwas nicht nur jetzt, sondern immer so ist.
2 stellst du dir den einfachsten (schnellsten, sichersten) Weg zum Ziel vor und beschreibst ihn sachlich und knapp in der richtigen Reihenfolge.
3 achtest du besonders auf Richtungsangaben (rechts, geradeaus ...), Straßennamen (Rossinistraße ...) und besondere Orientierungspunkte, die man sofort sieht (Kirche, Turm, Supermarkt ...).

Ein Spiel erklären

Wenn du ein Spiel erklärst,
1 achtest du auf einen sinnvollen **Aufbau**, der es leicht macht, das Spiel Schritt für Schritt zu verstehen und zu spielen.
2 formulierst du **zu Beginn** am besten die **Grundinformationen**: Art des Spiels (z. B. Brettspiel), Spielvorbereitung (Was braucht man, was muss vorbereitet werden?), Ziel des Spiels (Worauf kommt es an?).
3 erklärst du den **Spielverlauf Schritt für Schritt** und gibst an, wie oder wann das Spiel endet (z. B.: *Sieger ist, wer ...*).
4 fügst du vielleicht noch **Spielvarianten**, Tipps und Tricks an, die das Spiel noch interessanter machen können.

Bibliothek

Bibliothek kommt aus dem Griechischen und bedeutet eigentlich „Büchergestell". Eine Bibliothek ist eine öffentliche oder private, planmäßig angelegte Büchersammlung. Auch das Gebäude, in dem sie untergebracht ist, heißt Bibliothek.

Damit jeder schnell findet, was er ausleihen möchte, gibt es **Kataloge** (früher in Karteikästen, heute meist als Computerkataloge: **OPAC** = Online Public Access Catalogue). In einer Suchmaske kann man Autorinnen und Autoren, Titel oder auch Sachgebiete eingeben und erhält als Ergebnis die verfügbaren Medien mit Signatur (meist eine Kombination aus Buchstaben und Zahlen). Diese **Signatur** findet sich auch auf jedem Buch, jedem Medium, sodass man es schnell finden kann.

> informieren

Brief

Einen persönlichen Brief schreiben

Wenn du einen persönlichen Brief schreibst, solltest du auf Folgendes achten, damit dein Brief auch „ankommt":

1 Versetze dich in die Empfängerin oder den Empfänger (**Adressat/in**). Überlege, was du mitteilen oder erzählen willst und was sie oder ihn besonders interessiert.
2 Wende dich **persönlich** an die Empfängerin oder den Empfänger, nicht nur in der Anrede, sondern auch im Brieftext; gehe auf Fragen ein, informiere nicht nur, sondern äußere auch Empfindungen und Gefühle, erzähle von Erlebnissen ... **Handschriftliche Briefe** wirken meist persönlicher als Briefe, die du mit dem Computer schreibst.
3 Vermeide inhaltsleere Redensarten („Mir geht es gut. Wie geht es dir?").
4 Schreibe in geordneter **Reihenfolge**, damit die Empfängerin oder der Empfänger dir in deinen Gedanken gut folgen kann.
5 Denke dabei auch an den Zweck und das Ziel deines Briefes (z. B. sich bedanken, um etwas bitten).

Einen sachlichen Brief schreiben

Natürlich können persönliche Briefe auch sachlich sein. Gemeint sind mit „sachlichen Briefen" Briefe, die du an Personen, Behörden, Firmen schreibst und wo du die Empfängerin oder den Empfänger persönlich nicht oder nicht gut genug kennst. In sachlichen Briefen musst du deshalb nicht nur auf Zweck und Ziel, sondern auch besonders auf die **Form** und den **Stil** (höflich, sachlich) achten:

1 Am besten schreibst du den Brief mit dem **Computer**. Wenn du ihn handschriftlich schreibst, verwende unliniertes, weißes Papier und beschreibe es nur einseitig.
2 Grammatik, Rechtschreibung und Zeichensetzung müssen **korrekt** sein. Das Rechtschreibprogramm des Computers kann dir dabei helfen.
3 Konzentriere dich auf die Sache, um die es dir geht; Absätze fördern die Übersichtlichkeit.
4 Äußere Form (zwischen den einzelnen Teilen mindestens zwei Zeilen Abstand lassen):
   – oben links: Absender und Anschrift; oben rechts: Ort und Datum
   – darunter links: Name und Anschrift der Empfängerin oder des Empfängers
   – dann darunter: Benennung der Sache, um die es geht (*Skaterbahn an der Rossinistraße*)
   – Anrede: *Sehr geehrte/r Frau/Herr XY,*
   – nun folgt der Brieftext
   – am Schluss Grußformel (*Mit freundlichen Grüßen*) und Unterschrift

Argumentieren im sachlichen Brief

In sachlichen Briefen kannst du nicht nur um Informationen bitten, sondern auch eine Meinung vertreten (argumentieren) oder zu etwas auffordern bzw. etwas fordern (appellieren). Dabei stellst du dich auf den Adressaten ein und überlegst, wie du gerade diesen Adressaten am besten überzeugen kannst.

Buchstabe > Laut
Buchvorstellung > Jugendbuch/Jugendsachbuch

Cluster

Ein Cluster hilft Ideen zu sammeln und zu entwickeln. Du beginnst mit einem Wort in der Mitte und ergänzt den Cluster durch spontane Einfälle.

Deklination > Wortarten
Diagramm > Präsentation
Diphthong > Laut
Diskussion/ > sprechen
diskutieren

erzählen/berichten

In einer Erzählung (Geschichte) erzählst du von einem Ereignis, das du selbst so erlebt hast oder das sich wirklich so ereignet haben könnte (Erlebniserzählung). Eine Erzählung kann auch eine Fantastische Geschichte sein; dabei können Figuren und Ereignisse vorkommen, die es in Wirklichkeit nicht gibt (z. B. Zwerge), aber dennoch muss alles zusammenpassen (innere Glaubwürdigkeit): Zwerge können nur mit einem Auto fahren, wenn das Auto „klein gezaubert" wurde usw.

Eine Erzählung schreiben

1 Entscheide dich, ob du in der **Ich-Form** (Ich *zitterte vor Angst* ...) oder in der **Er-/Sie-Form** (Er/sie *zitterte vor Angst* ...) schreiben willst. Erzählungen lassen sich oft in der Ich-Form leichter erzählen, weil du dich dann besser hineinversetzen kannst.
2 Erzähle/erfinde ein interessantes Ereignis oder Erlebnis (**Erzählidee**); beschränke dich auf ein **Hauptereignis**, das du ausgestaltest.
3 Deine Erzählung sollte eine hinführende Einleitung, einen Hauptteil und einen abrundenden Schluss haben (**Aufbau**). Im Hauptteil führst du die Handlung in folgerichtigen **Handlungsschritten** zum wichtigsten oder spannendsten Erzählteil (**Höhepunkt**), den du besonders ausführlich oder spannend gestaltest (Nahaufnahme).
4 Zur Gestaltung:
   – Schreibe **anschaulich**, die Leserin oder der Leser sollen das Geschehen „vor sich sehen", es „mit dem inneren Auge anschauen" können.
   – Gib den Figuren Namen; schreibe auch, was sie sagen (**wörtliche Rede**), denken, empfinden (**innere Handlung**).
   – Wähle treffende Verben, Substantive/Nomen und Adjektive; nutze Attribute und Adverbialien für genauere Angaben; vermeide möglichst Allerweltswörter wie *tun, machen, sagen, gehen* (**Wortwahl**).
   – **Spannung** erzeugst du auch, wenn du den Ausgang früh **andeutest**, das genaue Erzählen des Ausgangs aber bis zum Schluss **hinauszögerst**.
   – Das **Tempus** der Erzählung ist meist das **Präteritum**.

Erzählen nach literarischen Mustern

Manche Erzählformen in der Literatur haben ganz typische Merkmale (z. B. Fabel, Märchen). Wenn du selbst nach solchen „literarischen Mustern" erzählen willst, musst du die Merkmale des literarischen Textes genau kennen. Mach dir also zunächst klar: Was ist typisch für eine Fabel, ein Märchen oder eine Eulenspiegel- oder Münchhausengeschichte?

Weitererzählen, ausgestalten

Wenn du eine Geschichte **weitererzählst** (einen Anfang weitererzählen, einen Schluss erfinden), ist nicht nur deine Fantasie gefragt (**Ideen**), sondern auch dein **Verständnis des bereits erzählten Teils der Geschichte**, die du weitererzählen willst; dabei kommt es nicht darauf an, die Geschichte so weiterzuerzählen, wie sie der Dichter oder die Dichterin wirklich weitergeschrieben hat, aber deine weitererzählte Geschichte muss möglichst gut zum bisherigen **Handlungsverlauf** und zu den **Figuren** passen. Am besten prüfst du zunächst, welche – auch rätselhaften – Hinweise (**Textsignale**) für die weitere Handlung im Textanfang zu finden sind.

Wenn du eine Geschichte **ausgestaltest** (**Erzählkern**, etwas in eine Geschichte **einfügen**, z. B. Gedanken, wörtliche Rede, einen weiteren Handlungsschritt), orientierst du dich ebenfalls genau an der Handlung der Geschichte und an den Eigenarten der Figuren: Was könnten sie sagen, denken, tun?

> nacherzählen

Erzählungen (Geschichten) erschließen

Wenn du eine Erzählung genauer verstehen willst, musst du den **Inhalt**, die beteiligten Figuren und auffällige sprachliche **Gestaltungsmittel** genauer untersuchen. Du fragst: *Was* ist erzählt? *Wie* ist es erzählt? *Warum* ist es gerade so erzählt (Wirkung)?

1. **Inhalt:** Vergewissere dich, dass du die Handlung wirklich verstanden hast. Oft hilft dabei zur Kontrolle eine Nacherzählung mit eigenen Worten oder eine Zusammenfassung des Handlungsverlaufs.
2. **Figuren:** Erkläre Lebensumstände der Figuren, beschreibe ihr Verhalten und untersuche ihre Beweggründe (Motive) für ihr Verhalten. Eine gute Möglichkeit, die Figuren besser zu verstehen, ist es, sich in eine Figur hineinzuversetzen und aus ihrer Sicht zu erzählen.
3. **Gestaltungsmittel:** Achte auf Besonderheiten in Wortwahl und Satzbau: Wo und mit welcher Wirkung weicht die Erzählweise vom üblichen Sprachgebrauch ab? Wie passt das zur Handlung und zu den Figuren?
4. **Wirkung/Aussage:** Jetzt kannst du dein Ergebnis zusammenfassen: Wie wirkt die Geschichte auf dich und warum? Was sagt sie aus?

Erzählstil/Sachstil

Wenn du eine Erzählung (Geschichte) oder ein erzählendes Jugendbuch liest und wenn du einen Sachtext oder ein Sachbuch liest, dann begegnen dir unterschiedliche Schreibstile, die vereinfacht Erzählstil und Sachstil genannt werden. Die wichtigsten Unterschiede sind:

Erzählstil
anschaulich, ausgemalt, spannend, an Handlungen, Figuren und ihren Motiven orientiert; Tempus: fast immer Formen der Vergangenheit; Wirkung: Hineinversetzen in eine erfundene Welt, miterleben und mitfiebern, sich unterhalten lassen, Auseinandersetzung mit Situationen, Figuren, ihren Problemen und ihrer Eigenart

Sachstil
sachlich (auch Fachausdrücke), knapp, genau, an Sachverhalten und ihrer Klärung orientiert; Tempus: fast immer Präsens; Wirkung: Auseinandersetzung mit einer Sache oder Sachfrage, sich informieren, Wissen erweitern oder eigene Position klären

Sachlexikon Deutsch

Fabel

In Fabeln **sprechen** und **handeln Tiere**; mit diesen Tieren sind aber **Menschen** mit bestimmten Eigenschaften und Verhaltensweisen **gemeint**.
Meist sind Fabeln so aufgebaut:
– Einführung in die Situation,
– Dialog der Handelnden,
– Ergebnis der Handlung.
Daraus ergibt sich für die Leserin oder den Leser eine **Lehre**, die manchmal auch direkt genannt wird. Die Fabel kritisiert die Herrschaft der Mächtigen oder stellt typische menschliche Schwächen bloß.

Fantastische
 Geschichte > erzählen/berichten
 Fernsehen > Medien
 Futur > Wortarten/Verb/Tempora

Gedicht

Gedichte leben oft von Stimmungen, Gefühlen, Eindrücken, die die Dichterin oder der Dichter durch besondere sprachliche Mittel ausdrückt und mitteilt. Wenn du ein Gedicht untersuchst, kannst du es noch besser verstehen (Inhalt und Gestaltungsmittel, Aussage und Wirkung) und dein Verständnis begründen.
Typische Gestaltungsmittel sind sprachliche Bilder wie **Metapher**, **Personifikation** und **Vergleich**:

Metapher
(griech. Übertragung): Die Metapher benennt etwas im übertragenen Sinn; sie überträgt ein Wort auf eine Sache, auf die es auch passt (z. B.: *Der Säugling kräht.* > übertragen von der Stimme des Hahns auf die Stimme des Säuglings).

Personifikation
eine Sonderform der Metapher; Gegenständen, Pflanzen, Tieren oder Naturerscheinungen werden Eigenschaften und Verhaltensweisen von Menschen zugeschrieben
(z. B.: *Die Natur schläft.*).

Vergleich
Dabei wird etwas direkt mit etwas anderem verglichen (z. B.: *Das Wasser glänzte wie Silber.*). Der Vergleich wird meist durch eine der folgenden Wendungen eingeführt: *wie, als ob, als wenn, von der Art/Farbe eines ...*

Formale Gestaltungsmittel sind:

Strophe und Vers
Gedichte gliedern sich meist in Strophen, zu jeder Strophe gehören zwei oder mehr Verse. Strophen zählt man mit römischen Zahlen (I, II, III, IV ...), Verse mit arabischen (also den uns heute geläufigen) Zahlen (1, 2, 3, 4 ...).

Reim (Endreim)
Gleichklang von Wörtern am Versende vom letzten betonten Vokal an (z. B. *Bérg – Zwérg; erkánnte – sándte*). Du kannst Reime und Reimordnung näher bestimmen; gleiche Reime werden mit gleichem Buchstaben gekennzeichnet (z. B. ... *Hose ... Dose ... Mutter ... Butter* = a – a – b – b); die häufigsten Reimformen haben einen Namen:

Paarreim: aabb **Kreuzreim:** abab **umarmender Reim:** abba

Es gibt **reine Reime**, die gleich klingen (z. B. *fasst – Ast*) und **unreime Reime**, die nur annähernd gleich klingen (z. B. *fiel – Gefühl*).

177

Metrum und Takt
(griech. metron = das Maß) bedeutet (Vers-)maß; in der Metrik, der Lehre vom Versbau, wird vor allem untersucht, in welcher Ordnung kurze und lange (Lateinisch, Griechisch) oder betonte und unbetonte Silben (in unserer heutigen Sprache) aufeinander folgen.

Taktordnung
Die kleinste Einheit in der Ordnung von betonten und unbetonten Silben (Hebungen und Senkungen) nennt man Takt. Ein Takt besteht aus einer Hebung zu Beginn und einer oder mehreren Senkungen.
Nach der Anzahl der zu einem Takt gehörigen Silben kannst du die Taktarten unterscheiden:

Zweiertakt x́ x / x́ x / x́ x / x́ x
Stil- le   Was- ser   kei- ne   Wel- le

Dreiertakt x́ x x / x́ x x / x́ x x́
Lus- ti ge   Kin- der im   Mär- chen- wald

Eine unbetonte Silbe vor dem ersten Takt nennt man **Auftakt**.
x / x́ x x / x́ x x / x́ x ...
ein   Häus- chen im   Wal- de bei   Mün- chen

Rhythmus
(griech. rhein = fließen) bedeutet „Fluss des Sprechens"; wenn du ein Gedicht wirkungsvoll vorträgst, gliedert sich die Lautfolge vor allem durch Betonung, Pausen und Sprechtempo. Du liest ein Gedicht nicht schematisch nur nach der Taktordnung, sondern nach der Stimmung und dem Sinn, also nach der Bedeutung.

Eine weitere Gedichtform ist die Ballade:
Handlungsreiche Geschichte in Gedichtform. Balladen enthalten meist einen deutlich erkennbaren zeitlichen Ablauf von Ereignissen und lassen sich deshalb leicht in Handlungsschritte unterteilen. Balladen erzählen oft von besonderen Taten mit erstaunlichem Ausgang oder von geheimnisvollen Naturereignissen.

Gesprächsregeln > sprechen
Gestaltendes Schreiben > erzählen/berichten
Hauptsatz > Satz

Hörspiel
Ein Hörspiel ist eine gespielte Geschichte, die man nicht sieht, sondern nur hört (Radio, Kassette, CD). Wenn du eine Geschichte zu einem Hörspiel umgestaltest, musst du wie bei einem Theaterstück die Handlung in **Dialoge** (Dialogisierung) umschreiben. Die Regieanweisungen geben u. a. an, mit welchen **Geräuschen** du die Wirkung des Gesprochenen ergänzen oder unterstützen willst.

Infinitivgruppen > Satz/Hauptsatz, Nebensatz

informieren
Es gibt viele Situationen, in denen du etwas genauer wissen willst oder musst; dann musst du dich sachkundig machen, musst Informationen beschaffen und sie ordnen, um sie nutzen oder anderen präsentieren zu können.

Informationen suchen, recherchieren
1 Grundlage erfolgreicher Informationsbeschaffung ist eine **gut überlegte Fragestellung**: Überlege dir sehr genau, was du wissen willst und welche Fragen du hast.

2 Nun kannst du dir geeignete **Informationsquellen** überlegen: Fachleute befragen (Interview), Lexikon (als Buch, CD oder online), Bibliothek oder Buchladen, Internet.
3 Suche dir aus den Informationsquellen nur die Informationen heraus, die ganz konkret Antworten auf deine Fragen enthalten.
4 Überlege und **prüfe**, ob deine Informationen verlässlich sind; z. B. im Internet finden sich auch oft falsche Informationen. Im Zweifelsfall also musst du mit anderen Informationsquellen vergleichen.

Informationen ordnen und präsentieren

Ordnen: Ordne deine Suchergebnisse aus verschiedenen Quellen als Antworten zu den Fragen, die Ausgangspunkt der Recherche waren. Am besten geht das in einer Mindmap.

Präsentieren: Manchmal brauchst du Informationen für eigene Fragen, manchmal willst du aber auch Rechercheergebnisse anderen mitteilen; dann musst du dir gut überlegen, wie deine Informationen besonders gut „ankommen".

Tipps zur **Präsentation**:
1 Gib zunächst einen **Überblick**: Fragestellung, Informationsangebot und -quellen, ausgewählte Informationen.
2 Stelle **übersichtlich** dar, welche Antworten auf die Ausgangsfragen du gefunden hast.
3 Nutze auch Möglichkeiten der **Veranschaulichung** deiner Ergebnisse; eine Mindmap, Bilder, Kopien der wichtigsten Informationen.

> Kurzvortrag > Präsentation

Interview > sprechen

Jugendbuch/ Jugendsachbuch

Als Jugendbuch bezeichnet man literarische Texte, meist längere Erzählungen, die eigens für Jugendliche geschrieben und veröffentlicht wurden.

Als Jugendsachbuch bezeichnet man für Jugendliche geschriebene Bücher, die sich mit Sachfragen und Sachverhalten befassen.

Ein Jugendbuch erarbeiten

Erarbeitung bedeutet die genauere Untersuchung von: Thema/Problem, Handlungsverlauf, Verhalten und Beweggründen (Motive) der Hauptfiguren, Besonderheiten im Aufbau und in der sprachlichen Gestaltung.

Das Lesen lässt sich auch durch ein Lesetagebuch begleiten. Nach einem „Lese-Halt" notierst du Leseeindrücke, Fragen oder Beurteilungen von Situationen und Figuren; darüber hinaus gibt es noch viele weitere Möglichkeiten, ein Lesetagebuch zu gestalten: Textstellen weiterschreiben/ausgestalten, anstelle der Hauptfiguren einen Tagebucheintrag oder einen Brief verfassen, Zeichnungen, Informationen über Autorin oder Autor, Zeitungsartikel oder Internet-Texte über das Buch (Buchkritiken) einfügen – und vieles mehr.

Ein Jugendbuch vorstellen

Ziel ist es, Zuhörerinnen und Zuhörern einen anschaulichen Eindruck des Jugendbuches zu vermitteln, sodass sie Lust bekommen, das Buch selbst zu lesen.

1 **Grundinformationen:** Autorin bzw. **Autor**, Titel, Erscheinungsjahr (steht im Impressum), Umfang (Seitenzahl), Preis

Zum Nachschlagen

2 **Überblick: Thema** oder Problem, Zeit und Ort der Handlung
3 **Inhalt:** Übersichtliche Wiedergabe des **Handlungsverlaufs**, den Schluss weglassen, sonst liest es vielleicht keiner mehr.
4 **Kostprobe: Vorlesen** eines interessanten, typischen Abschnitts aus dem Buch (höchstens zwei Seiten)
5 **Beurteilung:** Gründe für die Auswahl des Buches, für die Leseempfehlung; Was findest du besonders gut, was hat dir weniger gefallen? Warum?

Tipps zum Vortragen > Kurzvortrag

Komma > Zeichensetzung

Kommunikation bedeutet: Verständigung untereinander. Der Vorgang der Kommunikation lässt sich als Modell darstellen: Ein **Sender** „überträgt" seine **Sprechabsicht** in eine **sprachliche Äußerung**. Der **Empfänger** hört die sprachliche Äußerung, versteht die Sprechabsicht und reagiert darauf. Kommunikation gelingt nicht immer, Gründe können z. B. sein: Der Sender findet nicht die richtigen Worte, der Empfänger versteht die Sprechabsicht nicht usw.

Kompositum/ Komposita > Wortkunde
Konjugation > Wortarten/Verb
Konsonant > Laut

Kurzvortrag Kurzvorträge haben die Aufgabe, die Zuhörerinnen und Zuhörer in wenigen Minuten über einen Sachverhalt, den Inhalt eines Textes, über ein Buch zu informieren. Damit dein Kurzvortrag oder deine Buchvorstellung gelingt, solltest du folgende Tipps beachten:

1 **Sprich** möglichst **frei** und lies nicht ab.
2 Am besten fertigst du dir einen gegliederten **Stichwortzettel** an; wenn du dich gut vorbereitet hast, fallen dir zu den Stichworten die Informationen ein, die du mitteilen willst.
3 Sieh die Zuhörerinnen und Zuhörer immer wieder an (**Blickkontakt**), damit sie sich auch „angesprochen" fühlen, und gib ihnen Gelegenheit zum **Nachfragen**.
4 Biete auch etwas „**für das Auge**" (z. B. Gliederung an die Tafel schreiben, das Buch, über das du informierst, herumgeben usw.).

> Präsentation

Laut Die gesprochene Sprache besteht aus Lauten: aus **Vokalen** (Selbstlauten: *a, e, i, o, u*) und **Konsonanten** (Mitlauten: *b, c, d* usw.).
Die geschriebene Sprache besteht aus **Buchstaben**, die die Laute der gesprochenen Sprache wiedergeben; manche Laute werden mit mehreren Buchstaben aufgeschrieben (z. B. *ch, ck, sch,* auch *ei, uh, ie* usw.).
Ä, ö und ü heißen **Umlaute**. Au, äu, eu und ei heißen Doppellaute oder **Diphthonge** (Zwielaute). Mit Lauten bildet man (Sprech-)**Silben**. Du kannst sie beim langsamen Sprechen heraushören (Haus = 1 Silbe, Haus – tür = 2 Silben, Haus – tür – schlüs – sel = 4 Silben).
In jeder Silbe steckt genau ein Vokal, Umlaut oder Diphthong.
Mehrsilbige Wörter werden auf einer oder mehreren festgelegten Sprechsilben betont (**Akzent**): verbérgen, ménschenleer.

Sachlexikon Deutsch

Märchen

Schon seit langer Zeit wurden in vielen Völkern Märchen mündlich von Generation zu Generation weitererzählt. Die meisten Menschen konnten nicht schreiben und lesen und so dienten oft Märchen zur Unterhaltung, nicht nur für Kinder, sondern auch für Erwachsene. Die bekannteste Sammlung deutscher Märchen stammt von den Brüdern Jacob und Wilhelm Grimm; sie sammelten Märchen aus dem Volk (Volksmärchen) und schrieben sie auf, denn immer mehr Menschen konnten lesen und schreiben und das mündliche Weitererzählen wurde zunehmend bedeutungsloser.

– Ein Märchen versetzt uns in eine **Fantasiewelt** ohne genaue Angaben über Ort und Zeit des Geschehens („Es war einmal …").
– Hier treffen wir nicht nur **gute und böse** Menschen (schwarz-weiß gezeichnet), sondern auch Hexen, Zauberer, Feen und andere **Zauberwesen**, die Gutes und Böses bringen.
– Häufig muss jemand schwierige **Aufgaben** lösen oder eine **Probe** bestehen, wobei in der Regel hilfreiche Wesen dem Schwächeren zum Glück verhelfen, denn meist finden Märchen ein glückliches Ende: Die Bösen haben das Nachsehen oder werden bestraft, die Guten machen ihr Glück oder werden belohnt.
– So wollen Märchen also nicht nur unterhalten, sondern sagen uns auch viel über typische Situationen, in denen man sich **bewähren** muss und vermitteln die Hoffnung: Trotz aller Macht der Bosheit wird das Gute letztlich doch siegen.

Medien

(Sing.: das Medium, von lat. Mittel, Mittler) die „Mittel", die der **Übermittlung** von **Informationen**, **Unterhaltung** und **Belehrung** dienen (z. B. Film, Fernsehen, Radio, Zeitung, Buch …). Man kann unterscheiden: **Print**medien (zu lesen, z. B. Zeitungen, Bücher), **akustische** Medien (zu hören, z. B. CD), **audiovisuelle** Medien (zu sehen und zu hören, z. B. Film, Fernsehen) und **elektronische** Medien (zu lesen, zu hören, zu sehen, deshalb „Multimedia", z. B. Computer, Internet).
> Hörspiel > Jugendbuch

Fernsehen
Die meisten Sendungen im Fernsehen lassen sich einem bestimmten **Format** zuordnen (Beispiele: Nachrichten, Spielfilm, Talk-Show, Serie, Kulturmagazin, Quiz).

(Vorabend-)**Serien**: Die meisten Serien werden täglich gezeigt; man nennt sie auch **Daily Soaps**, weil solche Sendungen ursprünglich im Rundfunk für Hausfrauen gesendet und von Seifenfirmen finanziert wurden (USA ab ca. 1930), damit diese Firmen dafür kostenlos Werbung für Seife machen konnten.
Diese Serien sind nach einer **Zopfdramaturgie** aufgebaut: Mehrere Handlungsstränge werden wie bei einem Zopf zusammengeflochten und können beliebig fortgesetzt werden.

Fachbegriffe Film:
Produzent: Hersteller von Filmen, der das finanzielle Risiko trägt.

Drehbuchautor: Schreibt die Vorlage für einen Film; im Drehbuch steht, was der Zuschauer sehen und hören soll.

Kameraeinstellung: Gibt an, was das „Auge" der Kamera sieht: Weit – Totale – Halbtotale – Halbnah – Nah – Groß – Detail.

Kameraperspektive: Gibt an, ob die Kamera etwas so filmt, wie es ein Betrachter auch sieht (Normalsicht), ob sie eher von unten (Froschperspektive) oder von oben (Vogelperspektive) aufnimmt.

Metapher > Wortkunde/Bildliches Sprechen

Zum Nachschlagen

Mindmap — Ideen-Netz, Gedankennetz. Sie dient der Ordnung und Strukturierung von Ideen, Fragen, Themen. Du schreibst die Überschrift in die Mitte (z. B. *Lindgren*) und ordnest zunächst Hauptzweige an (z. B. *Lebensdaten, Werke, Bewertungen*), die sich weiter verzweigen können (z. B. *Lebensdaten* → *Geburtsjahr und Ort* → *geschichtliche Ereignisse dieser Zeit*).

nacherzählen — Wer **nacherzählt**, erzählt den Inhalt mit eigenen Worten. Dabei solltest du Folgendes beachten:
1 Gib den Handlungsverlauf in der richtigen **Reihenfolge** mit **eigenen Worten** wieder.
2 Unwichtiges kannst du weglassen, aber vergiss nichts, was für das Verständnis der **Handlung** oder das **Verhalten der Person** wichtig ist.
3 Erzähle **anschaulich**, wähle **treffende Wörter**, damit Leserinnen oder Leser die erzählten Begebenheiten miterleben können (**äußere und innere Handlung**).
4 Zur **Vorbereitung** einer Nachzählung solltest du die Ausgangsgeschichte **gründlich lesen** oder dir langsam vorlesen lassen und dir dabei **Stichworte** (Handlungsschritte) machen, damit du nichts Wichtiges vergisst.

Nacherzählen aus anderer Sicht
Wenn du eine Geschichte aus anderer Sicht erzählst, versetzt du dich in die entsprechende Erzählfigur und erzählst nur das, was diese Figur erlebt, denkt und fühlt.
– Was hat die Figur, aus deren Sicht du erzählst, selbst erlebt? Was kann sie wissen, was nicht?
– Wie handelt die Figur, was denkt und empfindet sie?
– Was ist zu Verhalten, Denkweise und Empfinden der Figur nicht direkt gesagt, ergibt sich aber folgerichtig aus dem Text und kann miterzählt werden?

Nebensatz > Satz
Objekt > Satz/Satzglieder
Pantomime > Spielszene
Passiv > Wortarten/Verb/Handlungsarten
Plusquamperfekt > Wortarten/Verb/Tempora
Prädikat > Satz/Satzglieder
Prädikativ > Satz/Satzglieder
Präposition > Wortarten
Präpositionalobjekt > Satz/Satzglieder
Präsens > Wortarten/Verb/Tempora

Präsentation — Wenn du Ergebnisse deiner Arbeit der Klasse vorstellst, dann präsentierst du. Damit die Zuhörer deine Präsentation verstehen und sich leicht orientieren können, ist es empfehlenswert, dass du bei deiner Präsentation
– von der Fragestellung ausgehst, die zu deinen Arbeitsergebnissen geführt hat,
– die Informationen gliederst und auf das Wesentliche kürzt,
– Möglichkeiten zur Veranschaulichung (z. B. Gliederung, Bilder, Mindmaps, Diagramme) nutzt,
– die Informationen am Schluss noch einmal zusammenfasst.

Diagramm
Diagramme dienen vor allem dazu, Zahlenverhältnisse darzustellen. Umfrageergebnisse lassen sich so anschaulich vermitteln.

Torten- oder Kreisdiagramme:
Ihr habt z. B. drei Ziele für einen Schulausflug (Wandertag) festgelegt und gefragt, wer welches Ziel bevorzugt. Ergebnis:
Ort X = 10 Stimmen, Ort Y = 14 Stimmen, Ort Z = 6 Stimmen.
Du zeichnest nun eine Torte (einen Kreis) für die Klasse und drei Tortenstücke (Ausflugsziele) in den Kreis, die je nach Stimmenzahl unterschiedlich groß sind und insgesamt den ganzen Kreis ausfüllen.

Balken- und Säulendiagramme:
Du kannst das Ergebnis auch als Balken- oder Säulendiagramm darstellen: Balken liegen waagerecht, Säulen stehen senkrecht. Am genauesten lassen sich Diagramme mit dem Computer erzeugen.

Präteritum > Wortarten/Verb/Tempora

Proben

Mit verschiedenen Proben kann man die richtige oder wirkungsvolle sprachliche Gestaltung in Sätzen bzw. Texten ausprobieren:

Umstellprobe: Satzglieder umstellen um herauszufinden, welche Wörter zu einem Satzglied gehören und wie ein Satz am besten wirkt.
Ersatzprobe: Wörter oder Satzglieder ersetzen um eine genauere Ausdrucksweise oder bessere Wirkung zu erzielen.
Erweiterungsprobe und **Weglassprobe:** Wörter oder Satzglieder hinzufügen (z. B. Attribute oder Adverbialien) oder weglassen, wenn sie überflüssig sind (z. B. beim Bericht).
Ableitungsprobe: Wörter ableiten um die richtige Schreibung zu ermitteln.

Projekt

Ein Projekt lässt sich meist in fünf Phasen aufteilen:
1 **Ideensammlung:** Welches Projekt soll es sein? Welche Ideen haben wir dazu?
2 **Auftrags-/Zielformulierung:** Was genau wollen wir machen (z. B. ein Geschichtenbuch schreiben)? Je präziser der Auftrag, um so weniger Missverständnisse bei der Durchführung: am besten schriftlich festhalten.
3 **Planen:** Einteilung in Teilaufgaben, Verantwortliche für Teilaufgaben festlegen, Termine festlegen, Arbeitsaufträge vergeben, Zeitplan festlegen
4 **Durchführen:** Jeder/jede Gruppe erledigt die zugewiesene Aufgabe bis hin zur Präsentation der Ergebnisse.
5 **Bewerten:** Was lief gut, was sollte man beim nächsten Mal verändern?
Alle Phasen (bis auf 4.) unterteilt man jeweils wieder in drei Phasen: sammeln, ordnen, bewerten (z. B. was ist wichtig/unverzichtbar, was nicht?).

Pronomen > Wortarten
Radio/Rundfunk > Medien
recherchieren > informieren

Rechtschreibung

Für die allermeisten Wörter gibt es feste Schreibregeln und Rechtschreibhilfen.

Dehnung und Schärfung

Schreibung nach kurz und lang gesprochenem Vokal:
Ein **langer Vokal** wird in der Rechtschreibung
– oft gar nicht (z. B. *Tal, Rat*),
– durch ein Dehnungs-h (z. B. *Kehle, Dehnung*)
– oder durch eine Vokalverdoppelung (z. B. *Boot, Moor*) gekennzeichnet.
Langes *i* wird oft *ie* geschrieben (z. B. *Biene, lieb*).
Auf einen **kurzen Vokal** folgen meist Konsonantenverdoppelung (z. B. *Damm, Felle*) oder Konsonantenhäufung (z. B. *Bart, Schärfung, Wecker, Katze*).
Beachte: tz und ck gelten als Ersatz für Doppelkonsonanten (*zz, kk*).

Groß- und Kleinschreibung

Satzanfänge und **Substantive/Nomen** werden großgeschrieben. Auch aus Verben und Adjektiven können Substantive/Nomen werden (**Substantivierung/Nominalisierung**), du erkennst sie an ihren Begleitern:
– Artikel: *das Suchen, beim (= bei dem) Laufen, die Schöne, ein Lustiger*
– andere Begleiter: *etwas Modernes, alles Gute, kein Weinen, sein Krächzen, mein Lachen*

Großgeschrieben werden auch: Adjektive als Bestandteile von Eigennamen (z. B. *die Vereinten Nationen, die Deutsche Bahn*); alle Orts- und Länderangaben mit der Endung -er (z. B. *der Schweizer Käse*).

Aber: **Kleingeschrieben** werden Ableitungen von Eigennamen mit der Endung *-isch* (z. B. *der holländische Käse*)

s-Laute

s-Laut in der **Wortmitte**
– Stimmhaft (weich) gesprochene s-Laute (z. B. *Fasan, Rosen*) schreibt man immer *s*.
– Stimmlos (scharf) gesprochene s-Laute schreibt man *ss*, wenn sie einem kurzen Vokal folgen (z. B. *gerissen, müssen*); man schreibt sie *ß*, wenn sie auf langen Vokal oder Umlaut folgen (z. B. *Straße*).

s-Laut am **Wortende**
– Nach kurzem Vokal schreibt man auch hier *ss* (z. B. *schoss, Kuss*).
– Nach langem Vokal, Diphthong oder Umlaut schreibt man *ß* (z. B. *saß, weiß*).
– Nach langem Vokal, Diphthong oder Umlaut schreibt man aber *s*, wenn der s-Laut bei einer Verlängerung des Wortes stimmhaft gesprochen wird (z. B. *Gras – Gräser, Hinweis – Hinweise*).
– Besonderheiten: Einige Kurzwörter (z. B. *Bus, was, es*), Adverbien (z. B. *abends, morgens*) sowie Substantive/Nomen mit der Nachsilbe *-nis* (z. B. *Ereignis, Bekenntnis*) schreibt man am Wortende mit *s*.

das oder dass?

Das und *dass* gehören zu unterschiedlichen Wortarten. Im Zweifelsfall kannst du die richtige Schreibung durch die Ersatzprobe herausfinden. Man schreibt *das*,
– wenn es sich um den Artikel des Substantivs/Nomens handelt (z. B. *das Buch*).
– wenn es sich auf ein vorausgegangenes Substantiv/Nomen bezieht und du es durch *welches* ersetzen kannst, z. B. *Ich lese in dem Buch, das (welches) du mir gegeben hast.*
– wenn es auf etwas hinweist und du es durch *dieses* ersetzen kannst, z. B. *Wer hat sich das (dieses) nur ausgedacht?*

dass ist eine Konjunktion und leitet einen Nebensatz ein, z. B. *Ich vermute, dass er morgen kommt.*

Gleich- und Ähnlichklinger
Vokale, Umlaute, Diphthonge
ä oder *e*: Oft hilft schon deutliches Sprechen (*Beeren* und *Bären*), meistens hilft die Ableitung vom Stammwort, denn Wörter mit *ä* stammen fast immer von Wörtern mit *a* (*Erkältung < kalt, geschwächt < schwach*).
äu oder *eu*: Wörter mit *äu* stammen von Wörtern mit *au* (*Räume < Raum, Gäule < Gaul*).
Konsonanten: b – p, d – t, g – ch – k
Nicht immer hilft deutliches Sprechen, aber fast immer hilft Verlängern und Ableiten (*es piept > piepen; ich erschrak > sie erschraken; grimmig > ein grimmiger Blick*).

Silbentrennung

– Wörter werden nach Sprechsilben getrennt (*Ho-sen-trä-ger*).
– Ein Konsonant zwischen zwei Vokalen kommt auf die folgende Zeile (*Stra-ße*).
– Stehen zwischen Vokalen mehrere Konsonanten, so kommt der letzte von ihnen auf die folgende Zeile (*wis-sen*).
– Untrennbar sind: ch, ck, sch, ph, th (*So-cke*).
– Ein einzelner Vokal am Wortende wird nicht abgetrennt (*Klaue*).

Rechtschreibhilfen
Zum regelmäßigen **Üben**:
– Schreibe Wörter, die in der Schreibung schwierig sind, auf Karteikarten, bilde Ableitungen und übe sie, bis du sie richtig schreiben kannst.
– Sieh deine selbst geschriebenen Texte (z. B. Diktate) durch und ordne deine Fehler in Gruppen (Fehlerkartei); so stellst du deine **Fehlerschwerpunkte** fest (z. B. s-Laute) und kannst gezielt Wörter aus deinen Fehlerschwerpunkten üben.
– Lass dir immer wieder kurze Texte **diktieren**; kontrolliere anschließend die Rechtschreibung.
– **Schreibe** kleine Texte ab und trainiere das genaue Hinsehen.
– **Lies** genau und **höre** genau hin.

Tipps:
– Wörter mit den **Suffixen** (Nachsilben) *-ig, -isch, -lich, -bar, -sam, -haft, -los* sind Adjektive.
– Wörter mit den **Suffixen** (Nachsilben) *-keit, -schaft, -heit, -ung, -tum, -nis, -ling* sind immer Substantive/Nomen.
– **Stamm**schreibung: Bilde den Wortstamm: *Naht – nähen; Ge-fahr – ge-fähr-lich; Haus – Häus-er*.
– Wörter **ableiten** oder **verlängern**: *Kälte < kalt, Tag > Tage, gelb > gelbe, gibt > geben*.
– Im Zweifelsfall: im **Wörterbuch** nachschlagen.

Rollenspiel > Spielszene
Sachbuch > Jugendbuch/Jugendsachbuch
Sachstil > Erzählstil/Sachstil

Sachtext
Sachtexte (auch Sachbücher) behandeln Sachen; im Gegensatz zu „erfundenen" literarischen Texten (Dichtung) geht es in Sachtexten um Darstellung von oder Auseinandersetzung mit **Sachverhalten** und **Problemen** der **wirklichen**, „nicht erfundenen" **Welt**. Wenn du einen Sachtext genauer untersuchst (analysierst), gehst du oft von einer Sachfrage aus, die durch den Sachtext zu beantworten ist.

1 Genau **lesen**, auch mehrmals; am besten „mit dem Stift in der Hand", also Unverständliches **markieren**, für deine Fragen Wichtiges unterstreichen.
2 Wörter und Textstellen **klären**, die unbekannt oder unverständlich sind (Wörterbuch, Lexikon).

3 Den Text in Sinnabschnitte **gliedern** und für jeden Abschnitt eine Überschrift finden.
4 Den Inhalt jeden Abschnitts knapp mit eigenen Worten **wiedergeben** und darauf achten, wie ein Abschnitt mit dem folgenden gedanklich zusammenhängt.
5 Die Antwort(en), die der Sachtext auf deine Fragestellungen gibt, **zusammenfassen**.

Sagen

Sagen gibt es seit alters her als „weitergesagte" Geschichten in allen Völkern.
Oft erzählen sie von großen Heldentaten (**Heldensagen**). Häufig aber wollen sie nur erklären, wie es zu einer bestimmten Naturerscheinung (z. B. einer merkwürdigen Felsform, einem uralten Baum), einem bestimmten Bauwerk (z. B. einem Turm), einem ungewöhnlichen Namen oder Brauch gekommen ist. Viele dieser **erklärenden Sagen** waren nur in der Gegend (Heimat) bekannt, in der sie entstanden sind (**Heimatsagen**).
Trotz vieler unglaublicher Ereignisse erheben Sagen den Anspruch, „wahr" zu sein (**Wirklichkeitsanspruch, wahrer geschichtlicher Kern**); zu Beginn finden wir deshalb oft Angaben zu Ort und Zeit.

Antike Sagen
Sie handeln häufig von den Heldentaten bedeutender Männer. Sie zeigen, wie Menschen sich in der Ordnung der Welt, die von Göttern und dem Schicksal bestimmt war, verhalten haben, wie sie gegen die Gebote der Götter verstoßen haben und dafür bestraft worden sind. Antike Sagen erklären letztlich den Sinn der Weltordnung (Mythos).

Germanische Sagen
Auch die Germanen überlieferten Götter- und Heldensagen, die meist an historischen Tatsachen anknüpfen und das Schicksal von berühmten Helden in einer von Göttern und Herrschern bestimmten Welt aufgreifen und ausschmücken (z. B. Dietrich von Bern).

Satz

Ein Text besteht aus Sätzen. Sätze sind kleinere Sinn- oder Redeeinheiten. Man erkennt sie beim Sprechen (Stimme senkt sich am Ende eines Satzes, Sprechpause) oder beim Lesen (Satzschlusszeichen).

Satzarten
Aussagesatz (abgeschlossen durch den Punkt): *Ich komme zu dir.* Die Personalform des Verbs steht an zweiter Satzgliedstelle.
Aufforderungs-, **Befehls-** oder **Wunschsatz** (abgeschlossen durch Punkt oder Ausrufungszeichen): *Komm (doch) zu mir!* Die Personalform des Verbs steht an erster Stelle.
Fragesatz (abgeschlossen durch das Fragezeichen): *Wer kommt zu mir?* (W-Frage). *Kommst du zu mir?* (Entscheidungsfrage). Die Personalform des Verbs steht an erster Stelle, in der W-Frage hinter dem Fragewort.

Hauptsatz und Nebensatz
Hauptsätze können für sich allein stehen; das Prädikat (Personalform) im Hauptsatz steht an zweiter Satzgliedstelle, (z. B. *Der kleine Junge* (Subjekt) *gab* (Prädikat) *der Mutter* (Dativobjekt) *sein Heft* (Akkusativobjekt).

Nebensätze sind von einem Hauptsatz abhängig und können nicht alleine stehen; die Personalform des Verbs steht in der Regel beim Neben-/Gliedsatz am Schluss, z. B. *..., weil ich das Heft unter dem Tisch fand* (Prädikat).

Die **Nebensätze** lassen sich einteilen in:
Gliedsätze: Sie entstehen aus einem Satzglied:
– **Subjektsatz**: Wer traurig ist, weint. (aus: *Der Traurige weint.*)
– **Objektsatz**: Er bedauerte, dass er zu spät gekommen ist. (aus: *Er bedauerte sein Zuspätkommen.*)
– **Adverbialsätze**: Er kam zu spät, weil es regnete. (aus: *Er kam wegen des Regens zu spät.*)
Attributsätze: Sie entstehen aus einem Attribut: Das Mädchen, das eine rote Jacke trug, lachte. (aus: *Das Mädchen mit der roten Jacke lachte.*)

Adverbialsätze

Gliedsätze, die Adverbialien ersetzen, kann man wie die Adverbialien nach ihrem Inhalt ordnen:
– **Temporalsätze** (Zeit) antworten auf die Frage **wann** und werden z. B. durch *als* oder *nachdem* eingeleitet.
– **Kausalsätze** (Grund) antworten auf die Frage **warum** und werden z. B. durch *weil* eingeleitet.
– **Lokalsätze** (Ort) antworten auf die Frage **wo, wohin, woher** und werden z. B. durch *wo, wohin* oder *woher* eingeleitet.
– **Finalsätze** (Zweck, Ziel) antworten auf die Frage **wozu** und werden z. B. durch *damit* oder *dass* eingeleitet.
– **Modalsätze** (Art und Weise) antworten auf die Frage **wie** und werden z. B. durch *indem* oder *dadurch, dass* eingeleitet.

Infinitivgruppen

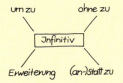

Infinitive mit *um zu, ohne zu, (an-)statt zu* oder mit einer Erweiterung können einen Gliedsatz ersetzen. Erweitert ist ein Infinitiv, wenn zum Infinitiv eine weitere Angabe hinzukommt: Mortimer bat Prof. Plummer *das Pferd* (Erweiterung) *zu halten* (Infinitiv).

Satzreihe und Satzgefüge

Satzreihe: Hauptsatz + Hauptsatz: *Mein Onkel kaufte sich ein neues Motorrad, er wollte damit in den Urlaub fahren, er war sehr mutig.*
Satzgefüge: Hauptsatz + Nebensatz (Gliedsatz): *Mein Onkel kaufte sich ein neues Motorrad, weil er damit in den Urlaub fahren wollte und weil er sehr mutig war.*
Im Hauptsatz steht die Personalform des Verbs an zweiter Satzgliedstelle, im Nebensatz (Gliedsatz) fast immer am Schluss.

Satzglieder

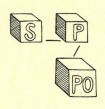

Ein Satz besteht aus dem Prädikat und aus einem oder mehreren weiteren Satzgliedern. Die Satzglieder sind innerhalb eines Satzes umstellbar; durch die Umstellprobe kann man herausfinden, welche Wörter immer zusammenbleiben und zu einem Satzglied gehören.

Prädikat: Das Prädikat (Satzaussage) wird aus der Verbform (Personalform) gebildet. Besteht das Prädikat aus einem zusammengesetzten Verb, wird das Verb bei betonter Vorsilbe aufgespalten: *wéglaufen – Er lief weg.* Aber: *verlíeben – Sie verliebte sich.*

Satzglieder kann man als Antwort auf Satzgliedfragen betrachten (Frageprobe).
Ein Tipp: Frage immer mit dem ganzen Satz! *Meine Oma spendierte mir ein Eis. Wer (oder was) spendierte mir ein Eis? Meine Oma.*

Das **Subjekt** (Satzgegenstand) antwortet auf die Frage *Wer (oder was)? Die Tante (sie) kommt morgen. Wer (oder was) kommt morgen? Die Tante.* Das Subjekt besteht meist aus einem Substantiv/Nomen, *die Tante*, oder einem Pronomen, *sie*.

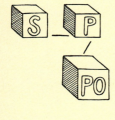

Objekte (Satzergänzungen) antworten auf die Fragen *Wem* (**Dativobjekt**) oder *Wen (oder was?)* (**Akkusativobjekt**):
Die Tante schenkt mir Geld. Wem schenkt die Tante Geld? Mir. = Dativobjekt.
Die Tante begrüßt die Oma. Wen begrüßt die Tante? Die Oma. = Akkusativobjekt.
Das sehr seltene **Genitivobjekt** kommt nur noch im Zusammenhang mit wenigen Verben vor (z. B. *bedürfen: Er bedarf der Heilung.*).

Präpositionalobjekt: Es gibt manchmal feste Verbindungen zwischen Verb und Präposition (*z. B. gehören zu, warten auf, sprechen mit, stehen zu*); das dem Verb zugeordnete Objekt heißt Präpositionalobjekt (*z. B. Der Text handelt von einem Detektiv. – Von wem handelt der Text? Von einem Detektiv = Präpositionalobjekt*).
Nicht verwechseln: *Ich sitze auf dem Pferd.* **Wo** *sitze ich? Auf dem Pferd.* = Adverbiale. Aber: *Du setzt auf das richtige Pferd.* **Auf wen** *setzt du? Auf das richtige Pferd.* = Präpositionalobjekt.

Adverbialien (Sg. das Adverbiale; Umstandsbestimmung) geben an, unter welchen Umständen (z. B. Zeit, Ort, Grund) oder in welcher Art und Weise das Geschehen vor sich geht. Z. B.:

Adverbiale der **Zeit**	Wann? Wie lange?	*Gestern kam Lina an.*
Adverbiale des **Ortes**	Wo? Bei wem?	*Er sah das geheimnisvolle Buch auf dem Tisch.*
Adverbiale der **Art und Weise**	Wie?	*Aufgeregt rief er Sabine an.*

Prädikativ (Gleichsetzungsnominativ, **Prädikatsnomen**): Substantiv/Nomen im Nominativ oder Adjektiv. Das Prädikatsnomen kommt nur im Zusammenhang mit wenigen Verben vor: *sein, werden, bleiben* (z. B. *Jan ist ihr Freund. Jana wird Ärztin. Ina bleibt skeptisch*).

Attribut: Attribute sind keine eigenen Satzglieder, sondern **Teile von Satzgliedern**. Durch Attribute kann der Bedeutungsgehalt von Wörtern (Bezugswort) innerhalb eines Satzglieds eindeutiger bestimmt oder erweitert werden (z. B.: *Die kurzen Haare standen ihr gut*). Bei der Umstellprobe bewegt sich das Attribut immer zusammen mit dem Bezugswort.

Die häufigsten Attribute sind:
1 das vorangestellte, deklinierte Adjektiv (z. B. *das* **hellbraune** *Haar*)
2 mehrere vorangestellte, deklinierte Adjektive oder adjektivisch gebrauchte Partizipien, durch ein *und* verbunden oder ein Komma getrennt (Aufzählung) (z. B. *eine* **blaue, schmutzige und geflickte** (Partizip) *Jacke*)
3 das nachgestellte Substantiv/Nomen mit Präposition, manchmal auch zusätzlich mit Adjektiv (z. B. *Haare* **mit einem abscheulichen Haarschnitt**)
4 der nachgestellte Ausdruck mit einem Substantiv/Nomen im gleichen Kasus wie das Bezugswort (Apposition), durch ein Komma vom Bezugswort getrennt (z. B. *seine Jacke,* **ein Kleidungsstück aus billigem Leder**, ...)
5 das Genitivattribut (z. B. *die Augen* **des Diebes**)
6 der Relativsatz (z. B. *Der eine Mann,* **der sich verdächtig verhält**, *ist ziemlich dünn.*)

Bei drei Attributformen werden Kommas gesetzt:
– Bei der **Aufzählung** werden die Adjektive durch ein Komma getrennt, wenn sie nicht durch *und* oder *oder* verbunden sind.
– Die **Apposition** wird durch Kommas eingeschlossen.
– Der **Relativsatz** wird, wie andere Nebensätze auch, durch Komma(s) vom Hauptsatz getrennt.

Sachlexikon Deutsch

Schreibkonferenz

Gute Texte zu verfassen, ist nicht so einfach. Deshalb ist es gut, wenn man sich zusammensetzt um die eigenen Texte mit anderen zu besprechen, Tipps für Verbesserungen und neue Ideen zu erhalten, eigene Texte gezielt zu überarbeiten.

Bei einer Schreibkonferenz setzt ihr euch in Gruppen zusammen, lest einander eure Texte vor und besprecht, was ihr gut findet und was ihr noch nicht für so gelungen haltet. Ihr sprecht über Möglichkeiten der Verbesserung oder schreibt Verbesserungsmöglichkeiten an den Rand und dann könnt ihr an die Überarbeitung eurer eigenen Texte gehen.
Hilfen bei der Schreibkonferenz > Proben

Schreibplan

Etwas schreiben kann man entweder spontan oder überlegt. Immer wenn man etwas in einer bestimmten Absicht oder Form schreiben will, ist es wichtig, sich vorher Gedanken zu machen: Was will ich erreichen? Welche Gestaltungsmittel kann ich nutzen? Welchen Aufbau wähle ich? Ein wichtiges Hilfsmittel kann dabei ein **Schreibplan** sein; hier einige Tipps dazu:

- Zur Ideensammlung kannst du **Cluster** oder **Mindmaps** nutzen.
- Was ist dir selbst besonders **wichtig**? Was willst du unbedingt schreiben?
- Achte auf den **Adressaten**: Was will/soll er erfahren? Welche Interessen hat er? Was ist für ihn uninteressant?
- Beachte die **Form**: Was gehört z. B. zu einer Erzählung, zu einem Bericht?
- Bringe deine Ideen in eine sinnvolle **Reihenfolge (Gliederung)**, **streiche**, was überflüssig ist, **ergänze**, wo es dir sinnvoll erscheint.
- Du kannst nun den Text **vorschreiben**, ihn **überprüfen** und dann die **Reinschrift** anfertigen. Schreibe den Text aber nur vor, wenn du Zeit genug hast, ihn vor der Reinschrift zu verbessern.

Schwank

Vom alten deutschen Wort *swanc = schwingende Bewegung*, auch mit der Waffe eines Fechters; ein **Streich**, ein Hieb mit dem Schwert; übertragen: lustiger Einfall, Streich.
- Eine kurze lustige **Erzählung**; auch als unterhaltsames, komisches Stück auf der **Bühne**.
- Eine **komische** Begebenheit mit festgelegten Figuren (**Typen**) steht im Mittelpunkt: Oft werden Dumme, die sich für besonders klug halten, verspottet oder hereingelegt; so denken z. B. die Schildbürger durchaus scharfsinnig, lassen aber immer eine wichtige Überlegung aus und erweisen sich so als Dumme.
- Die **Handlung** entwickelt sich zielstrebig auf eine **Wendung** hin; der Leser ahnt den Schluss, fühlt sich überlegen und lacht über die Dummheit der Hereingelegten.
- Manchmal sind solche Geschichten zu **Schwanksammlungen** zusammengefasst; dabei wurden ähnliche Geschichten einem Ort (z. B. **Schilda**) oder einer Person (z. B. **Eulenspiegel**) zugeschrieben.

Silbe > Laut
Silbentrennung > Rechtschreibung, Worttrennung
Spielerklärung > beschreiben/erklären

Spielszene

In Spielszenen (Darstellendes Spiel) stellt ihr – mit oder ohne Worte – eine **Handlung** vor einem **Publikum** dar. Spielszenen können mit festgelegtem Text (z. B. Theaterstück) oder spontan aufgrund einer vorgegebenen Situation (z. B. Rollenspiel) gespielt werden.

Pantomime
Darstellung einer Handlung oder Stimmung **ohne Worte**. Mit Mimik (Gesicht), Gestik (Händen) und Körperhaltungen und -bewegungen stellst du dar, was du tust oder empfindest.

Zum Nachschlagen

Stegreifspiel
Theaterspiel ohne festgelegten Text und ohne genaue Vorabsprachen; **spontanes Spiel** oder Nachspielen von Situationen

Rollenspiel
Du versetzt dich in die **Situation und Rolle** anderer (z. B. Mutter, Freund, Nachbarin) und redest und handelst im gespielten Dialog wie sie (in ihrer Rolle).

Eine Geschichte zu Spielszenen umschreiben
Wenn du eine Geschichte zu Spielszenen (einem Theaterstück) umschreibst, musst du Inhalt und Wirkung der Geschichte mit den Mitteln des Theaters ausdrücken.

1. Versetze dich in die **Situation** der Geschichte: Handlungsverlauf, Figuren.
2. In Spielszenen (**Dialoge** = Zwiegespräche und **Monologe** = Selbstgespräche) sollen **Handlungsverlauf** und Eigenart der Figur mit dem Inhalt und der Wirkung der Geschichte übereinstimmen.
3. Füge passende **Regieanweisungen** hinzu.
4. Tipp: Du kannst die wörtliche Rede aus der Geschichte benutzen. Ein „Erzähler" spricht den Zwischentext. Noch besser ist es, wenn du auch erzählte Begebenheiten oder Stimmungen mit den Mitteln des Theaters ausdrückst, z. B.:
   Geschichte: … Der Riese stampfte mit dem Fuß auf den Boden, so sehr ärgerte er sich über die List der Hexe …
   Theaterstück: RIESE: Diese verflixte Hexe! (*stampft wütend auf den Boden, ein Zinnteller fällt aus dem Regal*) Ich werde mich rächen! Mich, den unüberwindlichen Riesen Grogul, so reinzulegen!

\> Standbild

Sprechabsicht
Absicht, die ein Sprecher hat. Grundlegende Sprechabsichten sind: etwas **aussagen**, zu etwas **auffordern**, etwas **fragen**. Sprechabsichten sind nicht immer am Satzschlusszeichen erkennbar, sondern hängen von der Situation ab. *Es zieht.* – kann Aussage oder Aufforderung sein.
überreden/überzeugen > argumentieren/appellieren

sprechen
Es gibt verschiedene Gesprächssituationen und Formen: Gespräche mit Freundinnen oder Freunden, mit Eltern, Lehrerinnen oder Lehrern, Diskussionen in der Gruppe oder der Klasse, einen Vortrag halten, jemanden interviewen usw.
Bei einem Gespräch stellst du dich auf die **Gesprächssituation** und auf den **Gesprächspartner (Adressaten)** ein.

Diskussion: Gespräch in der Klasse
Diskussionen in der Klasse haben meist ein Thema (z. B. Ziel des Wandertags) und ein Diskussionsziel (z. B. Entscheidung über das Ziel des Wandertags); damit das Gespräch gelingt, sollten sich alle an vereinbarte Diskussionsregeln (Gesprächsregeln) halten, z. B.:

1. Wir **melden uns zu Wort** und reden nicht einfach dazwischen.
2. Wir hören genau auf das, was gesagt wurde, wir **knüpfen** daran **an** und bleiben beim Thema.
3. Wir **argumentieren** (Meinung, Argument, Beispiel/Begründung) und begnügen uns nicht mit unbegründeten Behauptungen und mit Scheinargumenten, denn wir wollen **überzeugen** und nicht nur überreden.
4. Wir verhalten uns **fair**: Wir lassen **andere ausreden**. Wir lachen niemanden aus und **beleidigen niemanden**.

5 Wir **fragen nach**, wenn wir etwas nicht verstanden haben.
6 Wir respektieren die Rolle der **Diskussionsleiterin** oder des **Diskussionsleiters**.

Diskussionen leiten
Bei Diskussionen in größeren Gruppen ist eine Diskussionsleiterin oder ein Diskussionsleiter sinnvoll, damit alle zu Wort kommen und Diskussionsergebnisse möglich werden.

Tipps für die Diskussionsleitung
1 Die Diskussion einleiten (*Es geht um die Frage, ob …*).
2 Nach der Reihenfolge der Diskussionsmeldungen aufrufen (notieren).
3 Auf die Einhaltung der Diskussionsregeln achten (*Lass Jan bitte ausreden.*).
4 Verbinden und überleiten (*Theresa hat vorgeschlagen …; wir haben bisher …; sollten wir nicht auch überlegen, ob …*).
5 Zusammenfassen, eine Abstimmung einleiten (*Ich fasse den Diskussionsverlauf zusammen …; beide Seiten haben ihren Standpunkt begründet …; jetzt können wir abstimmen …*).

Interview
Das Interview ist eine besondere Form des Miteinander-Sprechens. Es ist eine Befragung von Personen, die zu einem Problem oder Ereignis lohnende oder fachkundige Aussagen machen können. Wenn du jemanden interviewst, solltest du einiges beachten, damit die Ergebnisse der Befragung ertragreich sind.

1 Überlege dir vorher genau, **was** du erfragen willst (am besten Fragen vorher aufschreiben).
2 Stelle möglichst **keine** Entscheidungsfragen, die man einfach nur mit ja oder nein beantworten kann.
3 **Notiere** dir stichwortartig die Antworten – oder benutze, wenn die Gesprächspartnerin oder der Gesprächspartner einverstanden ist, einen Kassettenrekorder o. Ä..
4 Sei **höflich**! Sage zu Beginn, worum es geht; bedanke dich am Schluss für das Interview.

Standbilder
Szenische Darstellung einer besonderen Situation einer Geschichte. Wie in einem Foto stellen die Darsteller die Situation nach und „erstarren", damit die Zuschauer die Darstellung betrachten und beurteilen können. Ein Standbild ist eine szenische Interpretation (Deutung), die deutlich macht, wie die Figuren zueinander stehen. Bei einem Standbild kommt es deshalb darauf an,
– eine konkrete Textstelle festzulegen, zu der ein Standbild erstellt werden soll,
– sich in die Figuren hineinzuversetzen und darzustellen, wie die Figuren einander zugeordnet sind (sitzen, stehen, abwenden, zuwenden, umarmen usw.),
– wie ihre Gestik und Mimik ist,
– die dargestellte Situation zu beurteilen und Korrekturen zu besprechen, bis die Darstellung als gelungen gelten kann.
> Spielszene

Stegreifspiel > Spielszene
Subjekt > Satz/Satzglieder

Text
Wörter bilden Texte. Texte kann man in Textarten unterteilen. Es gibt **literarische** (poetische) Texte (Geschichten, Gedichte, Theaterstücke, …) und **nichtliterarische** (nichtpoetische) Texte (Sachtexte).

Zum Nachschlagen

Literarische Texte (Dichtung)
erfinden eine „erdichtete" Welt, in die sich der Leser, Zuhörer oder Zuschauer hineinversetzen und mit der er sich auseinander setzen kann (z. B. Märchen oder Erzählung).

Sachtexte
enthalten die Darstellung von oder die Auseinandersetzung mit „Sachen" oder Sachverhalten (z. B. Vorgangsbeschreibung oder Zeitungsartikel).
> Erzählung > Fabel > Gedicht > Märchen > Sachtext > Sage > Spielszene

Umlaut > Laut
Vokal > Laut

Vortragen
Wenn du einen Text vortragen willst, musst du dich in die Situation des Textes hineinversetzen und versuchen durch deine Stimme und manchmal auch durch Gestik und Körperhaltung die Wirkung des Textes deutlich zu machen.
Am besten markierst du in dem Text, den du vortragen willst, Betonungszeichen und Lesepausen, damit du ihn wirkungsvoll vortragen kannst.

Wegbeschreibung > beschreiben/erklären

Wortarten
Wörter kann man nach ihrem Verhalten im Satz und ihrer Aufgabe (Funktion) in Gruppen einteilen. Die meisten Wörter verändern sich im Satz, manche bleiben aber auch immer gleich.

Wörter, die man verändern (beugen) kann:

Substantiv/Nomen benennt
– Wesen und Dinge (Konkreta: Menschen, Tiere, Pflanzen, Gegenstände):
  der Mann, Roberta, die Tanne, der Ball, das Radio
– Gedankendinge (Abstrakta): *der Verdacht, die Liebe*

Artikel (Begleiter, Geschlechtswort)
bestimmter Artikel   ***der*** *Baum,* ***die*** *Katze,* ***das*** *Boot*
unbestimmter Artikel   ***ein*** *Baum,* ***eine*** *Katze,* ***ein*** *Boot*

Deklination (Fallsetzung) des Substantivs/Nomens

Kasus (Fall)	Numerus (Zählform; Plural: Numeri)		Genus (Geschlecht; Plural: Genera)
	Singular (Einzahl)	Plural (Mehrzahl)	
Nominativ 1. Fall, Wer-Fall Frage: *Wer kommt ...?*	*der Hund* *die Katze* *das Huhn*	*die Hunde* *die Katzen* *die Hühner*	maskulinum (männlich) femininum (weiblich) neutrum (sächlich)
Genitiv 2. Fall, Wessen-Fall Frage: *Wessen Nase ...?*	*des Hundes* *der Katze* *des Huhns*	*der Hunde* *der Katzen* *der Hühner*	mask. fem. neutr.
Dativ 3. Fall, Wem-Fall Frage: *Wem gebe ich ...?*	*dem Hund* *der Katze* *dem Huhn*	*den Hunden* *den Katzen* *den Hühnern*	mask. fem. neutr.
Akkusativ 4. Fall, Wen-Fall Frage: *Wen sehe ich?*	*den Hund* *die Katze* *das Huhn*	*die Hunde* *die Katzen* *die Hühner*	mask. fem. neutr.

Pronomen (Fürwort) Stellvertreter für ein Substantiv/Nomen

– **Personalpronomen**
steht für (= pro) ein Substantiv/Nomen   *ich, du, er, sie, es, wir, ihr, sie*

– **Possessivpronomen** („besitz"anzeigendes Fürwort)
fast immer Begleiter von Substantiven/Nomen   *mein, dein, sein, meins* usw.

– **Reflexivpronomen**: bezieht sich auf den Handelnden zurück (z. B. Sie freut *sich*.)

– **Relativpronomen**: bezieht sich auf ein Substantiv/Nomen zurück und leitet einen Nebensatz ein (z. B. Ich suche *das Buch, das* Julia mir geliehen hat.)

– **Demonstrativpronomen**: weist auf etwas hin (z. B. Nimm *diese* Tüte.)

– **Indefinitpronomen**: steht für etwas Unbestimmtes (z. B. *Keiner* ruft mich an.)

– **Interrogativpronomen**: leitet eine Frage ein (z. B. *Wer* hat angerufen?)

Adjektiv (Eigenschaftswort, Wiewort)

bezeichnet Art, Eigenschaft,   frech, schön, eisern, farblos
Merkmale von Wesen und Dingen,   spindeldürr
von Tätigkeiten, Vorgängen, Zuständen   die schöne Blume, er arbeitet sorgfältig

Steigerung (Komparation) von Adjektiven

Der **Positiv**	Der **Komparativ**	Der **Superlativ**
(Grundstufe)	(Vergleichsstufe)	(Höchststufe)
sportlich, alt, gut	*sportlicher, älter, besser*	*(die) sportlichste, der älteste, am besten*

Verb (Zeitwort, Tätigkeitswort) bezeichnet

Tätigkeiten   *Ich spiele mit dir.*
Vorgänge   *Der Ball rollt weg.*
Zustände   *Ich liege im Bett.*

Neben diesen **Vollverben** gibt es **Hilfsverben** (*haben, sein, werden*), die als Hilfe zur Bildung der Zeitformen (Tempora) verwendet werden (*Er **hat** gezittert. Die Münze **ist** in den Gully gefallen.*).

Diese Hilfsverben gibt es aber auch als Vollverben (*Ina **wird** Lehrerin. Sie **hat** Freude daran. Sie **ist** noch Studentin.*).

Eine besondere Art der Verben sind die **Modalverben**: *müssen, sollen, können, dürfen, wollen*.

Modalverben können Hilfsverb sein (*Er **muss** kommen.*) oder als Vollverb eingesetzt werden (*Ich **muss** gar nichts!*).

Konjugation (Beugung) des Verbs

	finite Formen		infinite Formen
	gebeugte Personalformen		nicht gebeugte Formen
	Singular	Plural	
1. Person	ich laufe	wir laufen	Infinitiv: *laufen*
2. Person	du läufst	ihr lauft	Partizip I (Partizip Präsens): *laufend, essend ...*
3. Person	er, sie, es läuft	sie laufen	Partizip II (Partizip Perfekt): *gelaufen, gegessen ...*

Tempora (Zeitformen; Sing.: das Tempus)

	Zeitstufe	starke Verben	schwache Verben
Präsens	jetzt, immer	*ich singe*	*ich sage*
Präteritum	vergangen	*ich sang*	*ich sagte*
Perfekt	vollendet und vergangen	*ich habe gesungen*	*ich habe gesagt*
Plusquamperfekt	noch davor	*ich hatte gesungen*	*ich hatte gesagt*
Futur	später, vermutlich	*ich werde singen*	*ich werde sagen*

Bildung der Tempora
- **Perfekt/Plusquamperfekt:** Personalform von *haben* + Partizip II
  (*ich habe gesagt, ich hatte gesagt*). Bei einigen Verben (vor allem bei Verben
  der Bewegung (z. B. *gehen, laufen, rennen*): Personalform von *sein* + Partizip II
  (*ich bin gelaufen, ich war gelaufen*).
- **Futur I:** Personalform von *werden* + Infinitiv (*ich werde laufen*).
  Futur II (selten): Personalform von *werden* + Partizip II + *haben* oder *sein*
  (*ich werde gelaufen sein, ich werde gefragt haben*).

	Singular	Plural
Plusquamperfekt noch davor	*ich hatte gesagt* *ich war gelaufen* *du hattest gesagt* *du warst gelaufen* *er, sie, es hatte gesagt* *er, sie, es war gelaufen*	*wir hatten gesagt* *wir waren gelaufen* *ihr hattet gesagt* *ihr wart gelaufen* *sie hatten gesagt* *sie waren gelaufen*
Perfekt vollendet und vergangen	*ich habe gesagt* *ich bin gelaufen* *du hast gesagt* *du bist gelaufen* *er, sie, es hat gesagt* *er, sie, es ist gelaufen*	*wir haben gesagt* *wir sind gelaufen* *ihr habt gesagt* *ihr seid gelaufen* *sie haben gesagt* *sie sind gelaufen*
Präteritum vergangen	*ich sagte* *ich lief* *du sagtest* *du liefst* *er, sie, es sagte* *er, sie, es lief*	*wir sagten* *wir liefen* *ihr sagtet* *ihr lieft* *sie sagten* *sie liefen*

Präsens jetzt: Sprechzeitpunkt, immer	ich sage ich laufe du sagst du läufst er, sie, es sagt er, sie, es läuft	wir sagen wir laufen ihr sagt ihr lauft sie sagen sie laufen
Futur später, vermutlich	ich werde sagen ich werde laufen du wirst sagen du wirst laufen er, sie, es wird sagen er, sie, es wird laufen	wir werden sagen wir werden laufen ihr werdet sagen ihr werdet laufen sie werden sagen sie werden laufen

Handlungsarten: Aktiv und Passiv
– **Aktiv** (Tatform): Das Subjekt handelt (*Ich springe über den Tisch.*).
– **Passiv** (Leideform): Dem Subjekt geschieht etwas, es ist von der Handlung betroffen (*Die Tische wurden umgeworfen.*).

Mit dem Passiv kann man den Vorgang betonen (*Die Tat wurde bestraft.*), den Betroffenen hervorheben (*Lisa wurde von der Lehrerin bestraft.*) oder den Handelnden unerwähnt lassen (*Lisa wurde bestraft.*).

– **Bildung des Passivs**: Personalform von *werden* + Partizip II (*er wird geschubst*); im Perfekt und Plusquamperfekt: Personalform von *sein* + Partizip II + *worden* (*er ist geschubst worden*).

– Neben diesen Passivformen (**Vorgangs- oder Handlungspassiv**) gibt es im Deutschen das **Zustandspassiv**, das fast nur im Präsens und Präteritum vorkommt (Vorgangspassiv: *Der Apfel wird aufgegessen. Der Apfel wurde aufgegessen.* – Zustandspassiv: *Der Apfel ist aufgegessen. Der Apfel war aufgegessen.*)

Modi (Sing.: der Modus)
– **Indikativ** (Wirklichkeitsform): *sie läuft, er ist gelaufen* usw.
– **Konjunktiv** (Möglichkeitsform): *Sie sagt, sie sei gelaufen* (Konjunktiv I). *Er wäre gesünder, wenn ...* (Konjunktiv II).
– **Imperativ** (Befehlsform): wird im Präsens als 2. Pers. Sing. oder 2. Pers. Plur. gebildet: *lauf/lauft – schreib/schreibt*

Numerale (Zahlwort)

Kardinalzahl (Grundzahl)	**Ordinalzahl** (Ordnungszahl)	**unbestimmtes Zahlwort**
eins, zwei, dreißig aber: *eine Million*	*der Erste, das dritte Kind*	*viele, mehrere, wenige, einzig, übrige*

Wörter, die man nicht verändern (beugen) kann:
Adverb (Umstandswort; Plural: die Adverbien)
– macht Angaben

	zum Ort	*hier, oben, überall, nirgends ...*
	zur Zeit	*dann, da, gestern, jetzt, oft, immer ...*
	zur Art und Weise	*so, vielleicht ...*
	zum Grund/zur Art der gedanklichen Verknüpfung:	*deshalb, folglich, dennoch, auch ...*

– **Frageadverb**: *wohin, wann, wo, wie, wozu ...*

Nicht verwechseln: Die Konjunktion steht **vor** dem Satz und kann nicht verschoben werden. Das Adverb kann seine Position ändern (*Koalas sind kaum zu sehen,* **denn** *sie sind scheue Tiere. Koalas sind scheue Tiere,* **deshalb** *sind sie kaum zu sehen – ... sie sind* **deshalb** *kaum zu sehen*).

Präposition (Plural: die Präpositionen)

Verhältniswort,   *an, auf, in, nach, durch, wegen ...*
steht vor einem   Sie wohnt *in* München. Er geht *durchs*
Substantiv/Nomen   (= *durch* das) Tor. Sie geht *ins* (= *in* das) Bett.
oder Pronomen   Er spricht *mit* ihr.

Der Kasus des nachfolgenden Substantivs (Nomens) hängt von der Präposition ab:
– ein Akkusativ folgt z. B. nach *um, durch ...*
– ein Dativ folgt z. B. nach *bei, mit, zu ...*
– Dativ oder Akkusativ folgen z. B. nach *auf, hinter, neben ...* (z. B. *Er liegt auf der Decke.* (Dativ) – *Er legt sich auf die Decke.* (Akkusativ)
– ein Genitiv folgt z. B. nach *wegen, während ...*

Konjunktion (Bindewort; Plural: die Konjunktionen)
verbindet Wörter, Satzglieder oder Sätze

– **nebenordnende**   *und, oder, aber, denn, sondern ...*
(verbinden Wörter, Satzglieder, Hauptsätze)   Sie kommt, **denn** sie hat frei.

– **unterordnende**   *dass, weil, als, wenn, nachdem ...*
(verbinden Haupt- und Nebensatz)   Sie kommt nicht, **weil** sie nicht frei hat.

Die unterordnenden Konjunktionen lassen sich nach der Art der gedanklichen Verknüpfung einteilen, z. B. temporal, modal usw.

Wortkunde

Neue Wörter werden in der deutschen Sprache oft durch das Zusammenfügen selbstständiger Wörter (Zusammensetzung: *Haus + Tür = Haustür*) oder durch unselbstständige Wortanhänge (Ableitung: *ver + brauchen = verbrauchen; lauf + Umlaut + -er = Läufer*) gebildet.

Zusammensetzung

(Kompositum; Plural: Komposita) Eine Zusammensetzung besteht aus Bestimmungswort und Grundwort. Das Grundwort gibt an, worum es „im Grunde" geht (z. B. *Tür*); das Bestimmungswort schränkt die Bedeutung des Grundwortes ein oder bestimmt es genauer (z. B. *Haus-tür, feuer-rot*). Das Grundwort bestimmt die Wortart des neuen Wortes und damit auch die Groß- oder Kleinschreibung:

Bestimmungswort		Grundwort	Wortarten
Haus	+	*tür*	Substantiv + Substantiv = Substantiv/Nomen
Schön	+	*schrift*	Adjektiv + Substantiv = Substantiv/Nomen
auf	+	*wachen*	Präposition + Verb = Verb
eis	+	*kalt*	Substantiv + Adjektiv = Adjektiv

Zwischen Bestimmungs- und Grundwort sind manchmal auch Fugenbuchstaben nötig: *Bestimmung-s-wort, Tasche-n-geld*

Ableitung
Eine Ableitung besteht aus Wortstamm und voran- (**Präfix**) oder nach- (**Suffix**) gestellten Wortbausteinen:

Präfix	Wortstamm	Suffix
	heil-	*sam*
ver-	*heil-*	*en*

Präfixe werden auch **Vorsilben** und Suffixe **Nachsilben** genannt. Präfixe verändern oft die Bedeutung eines Wortes (*finden – er-finden*), Suffixe bestimmen meist die Wortart (*finden – Er-find-ung*).
> Rechtschreibung

Wortfamilie und Wortfeld
Wortfamilie: Alle Ableitungen, also Wörter, die den gleichen Wortstamm haben, bilden eine Wortfamilie. Bei manchen Familienmitgliedern ändert sich dabei der Vokal des Wortstamms zum Umlaut: *fahr-en, ver-fahr-en, Ge-fahr;* aber auch *ge-fähr-lich*.

Wortfeld: Wörter mit ähnlichen Bedeutungen bilden ein Wortfeld: *gehen, laufen, springen, hüpfen, humpeln, rennen, spurten ...*
Wortfelder helfen, beim Schreiben abwechslungsreiche und treffende Wörter zu finden.
Wörter eines Wortfeldes haben gemeinsame und unterscheidende **Bedeutungsmerkmale**:

	zum Sitzen	mit Beinen	mit Lehne	mit Armstützen	hart
Stuhl	+	+	+	0	+
Hocker	+	+	-	-	+
Schemel	+	+	-	-	+
Sessel	+	0	+	+	-

Wörter mit gleichen Bedeutungsmerkmalen sind Synonyme.

Ober- und Unterbegriffe
Wörter, vor allem Substantive/Nomen, lassen sich **aufgrund gemeinsamer Bedeutungsmerkmale** meist in Oberbegriffe und Unterbegriffe einteilen. Zum Beispiel lassen sich zum Oberbegriff *Sportarten* viele Unterbegriffe finden. Ober- und Unterbegriffe helfen vor allem bei der Orientierung (z. B. beim Sortieren von Gedanken, beim Zurechtfinden in unübersichtlichen Situationen etwa in Bibliotheken oder Kaufhäusern). Ober- und Unterbegriffe lassen sich gut in **Mindmaps** darstellen.

Wortbedeutung
Wörter bezeichnen einen Gegenstand oder Sachverhalt, sie bedeuten etwas. Manche Wörter lauten gleich, haben aber eine unterschiedliche Bedeutung (Mehrdeutigkeit), andere lauten unterschiedlich, haben aber eine gleiche, ähnliche oder gegensätzliche Bedeutung.

Homonyme: Wörter, die gleich lauten, aber unterschiedliche Bedeutung haben: *Schloss* (Gebäude) und *Schloss* (an einer Tür).

Synonyme: Wörter, die unterschiedlich lauten, aber eine gleiche oder sehr ähnliche Bedeutung haben: *wieder – erneut*.

Manche Synonyme haben ihre Ursache im unterschiedlichen Sprachgebrauch in verschiedenen Landesteilen (*Brötchen – Semmel*) oder in Unterschieden zwischen Standardsprache und Umgangssprache (*Freund – Kumpel*).

Antonyme: Wörter, die einen Gegensatz in der Bedeutung ausdrücken: *groß – klein ...*

Im Laufe der Geschichte kann sich die Bedeutung von Wörtern verändern:
- **Bedeutungsübertragung:** Der **Wortkörper** bleibt gleich, typische Bedeutungsmerkmale werden übertragen (z. B. *Feder: Feder eines Vogels – Schreibfeder; Kamm: Hahnenkamm – Gerät zum Kämmen*).
- **Bedeutungsveränderung:** Der **Wortkörper** bleibt gleich, die **Wortbedeutung** verändert sich (z. B. *Fräulein:* früher: *eine hoch gestellte unverheiratete Frau* – später: *eine unverheiratete Frau* – heute: *kaum noch benutztes Wort*)

Oft versteht man ein heute gebrauchtes Wort, z. B. Namen, erst richtig, wenn man seine Herkunft kennt. Die Herkunft von Wörtern kann man in einem *Etymologischen Wörterbuch* nachschlagen.

Bildliches Sprechen

In der Literatur, aber auch im Alltag sprechen wir oft in sprachlichen Bildern. Bilder machen Sachverhalte, Meinungen oder Forderungen anschaulich und erübrigen oft umständliche sachliche Erklärungen. Bildlich können wir mit einzelnen Wörtern, aber auch mit (Rede-)Wendungen oder sogar Sprichwörtern sprechen:

Metapher (griech.: Übertragung): Die Metapher benennt etwas im übertragenen Sinn; sie überträgt ein Wort auf eine Sache, auf die es auch passt (z. B.: *Der Säugling kräht.* > übertragen von der Stimme des Hahns auf die Stimme des Säuglings).

Personifikation: Sie ist eine Sonderform der Metapher; Gegenständen, Pflanzen, Tieren oder Naturerscheinungen werden Eigenschaften und Verhaltensweisen von Menschen zugeschrieben (z. B.: *Der Winter schläft.*).

Vergleich: Dabei wird etwas direkt mit etwas anderem verglichen (z. B.: *Das Wasser glitzert wie Silber. Er stand da wie ein begossener Pudel.*). Der Vergleich wird meist eingeführt durch: *wie, als ob, als wenn, von der Art/Farbe eines ...*

Hyperbel (Übertreibung): Ein Vorgang wird übertrieben dargestellt (z. B. *Es goss aus Eimern.*).

Redensart: Ein bildlicher Ausdruck, der aus mehreren Wörtern besteht und so häufig gebraucht wird, dass ihn jeder versteht (z. B.: *Er schwamm im Geld.*).

Sprichwort: Ein Satz, der eine verbreitete Lebensweisheit enthält. Ein Sprichwort wird oft verwendet um Alltagssituationen in einem Bild zu bewerten (*Lügen haben kurze Beine. Wer zuletzt lacht, lacht am besten.*).

Worttrennung

Grundregel: Wörter werden nach Sprechsilben getrennt (*Klas-sen-zim-mer*).
Komposita trennt man zunächst nach ihren Wortbestandteilen (*Recht-schreib-regel*).
Besonderheiten: *ch, sch, th, ph* und *ck* werden nicht getrennt (*Sa-chen, Zu-cker*).
Konsonantenregel: Stehen bei einfachen Wörtern (also nicht bei zusammengesetzten) mehrere Konsonanten zwischen zwei Vokalen, kommt bei der Trennung nur der letzte Konsonant in die neue Zeile (*hof-fen, Schaff-ner*).
Nach einem Vokal am Wortanfang kann getrennt werden (*O-ma, A-bend*).

Sachlexikon Deutsch

Zeichen

Zeichen bedeuten etwas; Sprache ist auch ein Zeichensystem.
Zeichen bestehen z. B. aus Buchstaben, Formen und/oder Farben und haben eine **Bedeutung**. Die am häufigsten verwendeten Zeichen sind Wörter, aber auch Zeichen-(Finger-)sprachen, Verkehrs- oder Hinweisschilder, Piktogramme und Icons sind Zeichen. Zeichen können ihre Bedeutung vermitteln, wenn sie allgemein bekannt sind (z. B. Verkehrszeichen), leicht entschlüsselt werden können (z. B. Piktogramme und Icons) oder die Bedeutung dem Empfänger bekannt ist (z. B. Zeichensprache der Hörgeschädigten, Geheimschriften).

Piktogramm und Icon

Bildzeichen, die fast überall auf der Welt sofort in ihrer Bedeutung erkennbar sind (z. B. ☎ für *Telefon*) oder schnell gelernt werden können (z. B. ✉ für *E-Mail*). Piktogramme findet man oft in Städten oder an Orten mit internationalem Publikum (z. B. Flughafen). In der Computersprache werden sie Icons genannt.

Zeichensetzung

Regeln für das Komma und die wörtliche Rede:

Hauptsätze werden durch Komma getrennt: *Sie nahm die U-Bahn, es war spät, dann ging sie gleich schlafen.* Wenn Hauptsätze durch *und* oder *oder* verbunden sind, wird kein Komma gesetzt.

Nebensätze werden durch Komma getrennt: *Wenn ich komme, musst du fertig sein. Du musst fertig sein, wenn ich komme. Du musst, wenn ich komme, fertig sein.*

Aufzählungen werden durch Komma getrennt, wenn sie nicht durch *und* oder *oder* verbunden sind: *Er hatte keine Zeit, keine Lust, keinen Partner und keinen Gegner zum Tennisspielen.*

Wörtliche Rede: Die wörtliche Rede (direkte Rede) wird in Anführungszeichen gesetzt. Die Redeeinleitung (Begleitsatz) kann vor, nach oder mitten in der wörtlichen Rede stehen. Steht die Redeeinleitung danach oder in der Mitte, wird sie durch ein bzw. zwei Kommas abgetrennt.

Jan sagte: „Das verstehe ich nicht."	Begleitsatz vorangestellt
„Ich probiere noch", bestätigte Jan.	nachgestellt (Aussagesatz)
„Ist das nicht ein Adjektiv?", fragte er.	nachgestellt (Fragesatz)
„Das geht doch gar nicht!", rief er.	nachgestellt (Ausrufesatz)
„Ich finde es toll", meinte Jan, „dass jetzt alles klar ist."	eingeschoben (Aussagesatz)
„Warum habe ich das", seufzte Jan, „nur früher nicht verstanden?"	eingeschoben (Fragesatz)

Zusammensetzung > Wortkunde

Register

A
ABC-Ringbuch 70f.
Abkürzung 158f.
Ableitung 60, 63f., 171, 184f., 197
Ableitungsprobe 63f., 68, 183
Abstrakta 192
Adjektiv 31, 59, 64, 122, 127, 142f., 161, 171, 184, 188, 193
Adressatenbezug 16f., 52f., 172-174, 189f.
Adverb 120, 127f., 130, 184, 195f.
Adverbiale 138-140, 143, 146-148, 187f.
Adverbialsatz 126, 146-148, 187
Ähnlichklinger 63f., 68-70, 185
Akkusativobjekt 124, 186, 188
Aktiv 132-134, 195
Akzent 180
Analyse von literarischen Texten 75, 79, 82-84, 152f., 176
Analyse von Sachtexten 50f., 113, 171, 185f.
Antonym 198
Apposition 142f., 153, 188f.
Argumentieren 14, 17, 172, 174, 190
Artikel 59, 122, 128, 184, 192
Attribut 141-143, 146, 149, 151, 187f.
Attributsatz 146, 187, 189
Aufbau 29, 79, 81, 118, 173, 175, 179, 189
Auffordern, Appellieren 11, 172, 174
Aufforderungssatz 186
Aufzählung 142f., 188, 199
Aussagesatz 186
Auswendiglernen eines Gedichts 96-99
Autobiografie 111

B
Ballade 97-99, 151, 178
Bedeutung von Wörtern > Wortbedeutung
Bedeutung von Zeichen 199
Bedeutungsmerkmal 162f., 197
Bedeutungsübertragung 163, 165, 171, 198
Bedeutungsveränderung 198
Bedeutungswörterbuch 161f., 164
Begleiter > Artikel
Begleitsatz 199
Begründung 14, 172, 190
Behauptung 14, 172, 190
Berichten 40-46, 130, 147, 149, 150f., 172f.
Beschreiben 41, 46-51, 141-143, 173
Bestimmungswort 161, 196f.
Betonung 88f., 93-96, 152, 177f., 180, 187
Betonungszeichen 89, 93, 95, 192
Beweggrund > Motiv einer Figur
Bezugswort 125, 142f., 188

Bibliothek 54, 80, 116f., 174, 179
Bibliotheksrallye 117
Bild 54f., 94, 97, 103, 165, 167, 179, 182, 199
Bildlichkeit 78, 95, 102f., 164f., 177, 198
Bindewort > Konjunktion
Bitten 11
Brief 16f., 174, 179
Briefstil 17, 170
Buchhandlung 54, 179
Buchstabe 180, 199
Buchverfilmung 111-115
Buchvorstellung 54f., 179f.

C
Cliffhanger 109
Cluster 52f., 91, 143, 150f., 175, 189
Collage 28, 167
Computer 27, 33, 66f., 69, 108, 111, 113, 144, 151, 153, 162, 174, 181, 183, 199
Cover 54, 111

D
Daily Soaps 108-111, 181
das/dass > s-Laute
Dativobjekt 186, 188, 196
Dehnung 60f., 184
Deklination 122, 126, 192
Deklinationsprobe 127
Demonstrativpronomen 125, 193
Diagramm 106, 108, 118, 153, 182f.
Dialog 82, 88, 96, 125, 177f., 190
Dialogisieren 15, 75, 96, 178, 190
Diktat 71, 185
Diphthong 62, 65, 180, 184f.
Diskutieren 12-15, 190
Diskussionsleitung 15, 190
Drehbuch 110, 112, 115, 181
Drehbuchautor 109, 112, 115, 181

E
Echotext 136
Einleitung 53, 173, 175
Empfänger 9, 180
Er-/Sie-Form 82, 175
Erlebniserzählung 23, 122, 169, 172f., 175
Ersatzprobe 30, 62, 140, 143, 149, 151, 183f.
Erschließung von Sachtexten 50f., 113, 171, 185f.
Erschließung von literarischen Texten 75, 79, 82-84, 176
Erweiterungsprobe 31, 138, 149, 151, 183
Erzählbausteine 23, 27
Erzählen 20-39, 72-84, 108-111, 122, 130, 143-145, 149, 161, 169, 172f., 175f.

Erzählen aus anderer Sicht 176, 179, 182
Erzählen nach literarischen Mustern 34f., 81, 175
Erzählkern 23, 27, 29, 176
Erzählmaschine 27
Erzählperspektive 82
Erzählstil 30f., 37, 176
Erzählung, literarische 34, 36, 44f., 58, 74f., 76f., 78f., 79, 80, 81-84, 86f., 144f., 152f., 191f.
Erzählwelt 23, 27
Eulenspiegel 86, 189
Exzerpieren 19, 51, 111

F
Fabel 58, 72f., 78-81, 84, 177
Fantastische Geschichte 20-39, 81-84, 144f., 175
Fehlerkartei 71, 185
Fehlerschwerpunkte 64, 70f., 185
Fernsehen 106-111, 149, 181
Fernsehserien 108, 181
Figur 22f., 26-28, 36, 75, 80, 88, 109f., 112, 115, 175f., 179, 182, 189-191
Film 111-113, 181
Filmen 111, 114
Filmplakat 112
Flexion 122, 126, 192-195
Form, äußere 16, 174
Format 107, 181
Formular 43, 172
Frageadverb 127, 196
Frageprobe 139, 146, 187
Fragesatz 186
Fremdwörter 63, 64, 68, 171
Futur 130f., 133, 194f.

G
Gattungsmerkmale 74, 79f., 97, 101, 175
Gedicht 90-103, 120f., 123, 177
Gedichte schreiben nach literarischen Mustern 100f.
Gedichtinterpretation 90-103
Gedichtvortrag 93-99, 192
Genitivattribut 142, 188
Genitivobjekt 188, 196
Genus 192
Genus verbi 132-135
Geschichte > Erzählung
Gespräch 6-15f., 190f.
Gesprächspartner 8, 190f.
Gesprächsleitung 15, 190
Gesprächsregeln 13, 190
Gesprächssituation 8, 9, 191
Gestaltendes Arbeiten 34f., 36f., 81, 82, 84, 91, 95-98, 100f., 103, 121, 165

Gestaltung, sprachliche 17, 30f., 37, 78, 95f., 101-103, 153, 176f., 178, 183, 189
Gestik 86f., 88f., 96, 189, 191f.
Gleichklinger 63f., 68-70, 185
Gliedern 51, 53, 113, 180, 182, 185, 189
Gliedsatz 146-149, 187, 199
Grafik 54
Groß- und Kleinschreibung 49, 59f., 68-70, 184, 196
Grundwort 161, 196f.

H
Handlung 22, 26-29, 36, 75, 78, 79, 82-84, 108-111, 115, 175f., 179f., 181f., 189f.
Handlungsart 132-135, 195
Handlungskern 23, 27, 29, 176
Hauptsatz 124-126, 130, 143, 144-146, 151, 153, 186f., 199
Hauptteil 53, 173, 175
Held 72f., 75, 78, 81, 83
Hilfsverb 132, 134, 193
Homonym 163f., 197
Höhepunkt 22, 32f., 175
Hörspiel 178
Hyperbel 198

I
Ich-Form 78, 82, 175
Icon 199
Indefinitpronomen 59, 125, 193
Infinitiv 62, 131, 133, 148, 187, 194
Infinitivgruppen 148f., 187
Informationen beschaffen 9f., 18f., 85, 106, 116f., 161, 167, 169, 171, 178f.
Informationen weitergeben 10, 40-51, 54f., 79f., 107f., 179f.
Inhaltsverzeichnis 54
Innere Glaubwürdigkeit 24, 35, 175
Innere und äußere Handlung 32, 78, 82, 175, 182
Internet 76, 80, 167, 169, 179, 181
Interpretieren, szenisch 86f., 191
Interpunktion > Zeichensetzung
Interogativpronomen 125, 193
Interview 19, 109f., 118f., 160f., 179, 190f.

J
Jugendbuch 72f., 81-84, 88, 176, 179f.
Jugendsachbuch 54f., 76, 169, 176, 179f., 185

K
Kameraeinstellungen 113-115, 181
Kameraperspektive 105, 109, 114f., 181
Kasus 122, 126, 128, 142, 188, 192, 196
Klappentext 54

Klassenzeitung 51
Kleinschreibung > Groß- und Kleinschreibung
Komma > Zeichensetzung
Kommunikation 9, 180
Kommunikationsmodell 9
Kompositum 61, 102f., 159, 161f., 171, 196f., 198
Konjugation 122, 129-131, 194
Konjunktion 120, 126f., 144f., 151, 184, 196
Konkreta 192
Konsonant 61-64, 65, 70, 180, 185, 198
Konsonantenhäufung > Schärfung
Konsonantenverdoppelung > Schärfung
Körperhaltung 87, 88, 187, 191f.
Korrekturblatt 70
Kürzungsprobe 151
Kurzvortrag 80, 85, 180, 190

L

Laut 180
Lautmalerei 159
Lesetagebuch 179
Lexikon 50, 76, 159f., 167, 171, 179, 185
Lied 92-94, 99, 136
Lügengeschichte 34f.

M

Märchen 84, 181
Markieren > Unterstreichen
Medien 104-118, 162, 181
Mehrdeutigkeit 163f., 197
Meinungen äußern/begründen 12-14, 172, 174, 190
Metapher 78, 102f., 164f., 177, 198
Metrum 93-95, 178
Mimik 86f., 88f., 189, 191f.
Mindmap 52, 108, 168f., 179, 182, 189, 197
Modalverb 193
Moderation 118f.
Modus 195
Motiv einer Figur 75, 176, 179
Münchhausengeschichten 34f.

N

Nacherzählen 74, 75, 78, 85, 93, 176, 182
Namen 60, 83f., 160, 166f., 184, 198
Namenslexikon 167, 198
Nebensatz 124-126, 143, 144-149, 151, 153, 184, 186f., 193, 199
Neologismus 91, 158f.
Nomen > Substantiv/Nomen
Numerale 195
Numerus 126, 131, 192

O

Oberbegriff 168f., 197
Objekt 124, 134, 138-140, 146, 148, 188
Objektivsatz 146, 148, 187
OPAC 117, 174
Ort der Handlung 23, 26f., 86, 109, 112, 115, 179, 181
Ortsangabe > Adverbiale

P

Pantomime 100, 165, 189
Partikeln 126-128
Partizip 131, 142, 188, 194f.
Passiv 132-135, 195
Perfekt 129f., 133f., 194
Person der Handlung 22f., 26-28, 36, 75, 80, 88, 109f., 112, 115, 175f., 179, 182, 189-191
Personalform 131, 186f., 194f.
Personalpronomen 123f., 193
Personenbeschreibung 141-143
Personifikation 102, 177, 198
Perspektive > Erzählperspektive/Kameraperspektive
Piktogramm 199
Plakat > Filmplakat/Wandplakat
Plural > Numerus
Plusquamperfekt 129f., 133, 194
Possessivpronomen 59, 123f., 193
Prädikat 186f.
Prädikativ 188
Prädikatsnomen > Prädikativ
Präfix 61, 171, 197
Präposition 59, 120f., 128, 139f., 142, 196
Präpositionalobjekt 139f., 188
Präsens 33, 42, 49, 129f., 133f., 173, 176, 194f.
Präsentieren 26, 33, 55, 106, 167, 179f., 182f.
Präteritum 42, 46, 129f., 133f., 172, 175f., 194
Proben 30f., 62-64, 68, 127, 138-140, 142f., 146f., 149, 151, 183f., 187f.
Produktionsleiter 110
Produzent 112, 181
Projekt 15, 18f., 25-33, 51, 67, 85, 99, 115, 118f., 131, 149, 150f., 165, 183
Projektfahrplan 26, 183
Pronomen 123-126, 188, 193

R

Radio 118f., 178, 181
Rap 94, 136
Recherchieren 76, 80, 169, 178f.
Rechtschreiben 56-71, 80, 150, 184f., 196f.
Rechtschreibprogramm 66f., 69
Rechschreibredaktion 68f.
Redeeinleitung 199

Redensart 164f., 198
Referat 54f., 80, 85, 180, 190
Reflexivpronomen 124, 193
Refrain 136
Regisseur 109, 112, 115
Reihenfolge, zeitliche 42, 44, 49f., 53, 173
Reim 92-94, 98, 177
Relativpronomen 124f., 193
Relativsatz 142f., 146, 188f.
Requisiten 87
Rhythmus 93-95, 97, 136, 178
Rollenspiel 7-15, 41, 75, 96, 100, 111, 169, 189f.
Rubrik 168f.

S

Sachbuch > Jugendsachbuch
Sachstil 176
Sachtexte 50f., 55, 108f., 111, 112f., 166, 170, 185, 191f.
Sage 72-78, 84, 185
Satz 136-153, 186-189
Satzarten 146, 186f.
Satzbau > Syntax
Satzgefüge 124, 145, 148f., 154f., 187
Satzglied 88, 134, 138-143, 146, 148f., 151f., 183, 186-189
Satzgliedteil > Attribut
Satzreihe 145, 149, 187
Satzzeichen > Zeichensetzung
Schärfung 61f., 184
Schaubild 130, 146, 163
Schauplatz 22f., 26f., 86, 109, 115
Schauspieler 109f., 112
Schluss 37, 53, 108, 173, 175
Schreibkonferenz 29-33, 37, 50, 149, 189
Schreibplan 29, 52f., 189
Schülerzeitung 45f., 52f., 150f., 172
Schwank 86f., 189
Schildbürgergeschichte 86f., 189
Sender 9, 180
Serien 108-111
Signatur 116f., 174
Silbe 65, 93f., 178, 180, 198
Silbentrennung 65, 70, 185, 198
Singular > Numerus
s-Laute 62, 65, 68-70, 184
Soap Opera 108, 181
Spannung 31f., 83f., 175
Spannungskurve 33, 84
Spiel, szenisches 15, 75, 111, 189f.
Sprechabsicht 8, 9, 180, 190
Sprichwörter 81, 164f., 198

Stadtplan 47f.
Standbilder 86f., 191
Stammschreibung 185
Stationenlauf 67
Statist 109f.
Stegreifspiel 190
Steigerung > Adjektiv
Stichpunkte 19, 50-52, 182
Stichwortregister 54
Stichwortzettel 55, 180
Stil 17, 30f., 37, 150, 152f., 174, 176
Storyboard 115
Strophe 92-94, 97, 177
Subjekt 124, 132, 134, 138, 148, 186, 188, 195
Subjektsatz 146, 148, 187
Substantiv/Nomen 59, 62, 64, 120, 122-128, 142, 171, 184, 188, 192f., 196f.
Substantivierung/Nominalisierung 60, 184
Suffix 61, 171, 185, 197
Synonym 160-162, 197f.
Synonymenwörterbuch 162
Syntax 31, 96, 136-153, 176
Szene 86f., 96, 100, 111, 114f., 189f., 191

T

Takt 92-95, 178
Tatsachenkern 76, 78, 85, 186
Tempus 33, 37, 42, 46, 49, 129-131, 133f., 194f.
Textart 52f., 191f.
Texterschließung 50f., 75, 79, 82-84, 113, 152f., 171, 176, 185f.
Textgattung 74, 79f., 97, 101, 175
Textsignale 36f., 81, 82, 84, 176
Textverständnis 58, 75, 79, 92-95, 152, 167, 171, 176
Thesaurus 162
Titel 112, 115
Titelbild 54, 111
Trennung > Silbentrennung

U

Überarbeiten 29-32, 66f., 150f., 189
Überreden 11f., 172, 190
Überzeugen 11f., 17, 172, 174, 190
Umlaut 180, 184f., 197
Umstellprobe 31, 127, 138f., 149, 151, 183, 187f.
Unfallanzeige 43-45
Unterbegriff 168f., 197
Unterstreichen 19, 51, 111, 113, 185

V

Verb 59, 62, 120f., 124, 129-135, 140, 184, 186-188, 193-195
Verb, transitives 134
Verbform, infinite 131, 194
Vergleich 102, 177, 198
Verhalten von Figuren 75, 86, 176, 179, 182
Verlängerungsprobe 62-64, 68, 185
Vers 92-94, 98, 177
Verständigung 9, 180
Vokal 60f., 63, 65, 68-70, 171, 177, 180, 184f., 198
Vokaldehnung > Dehnung
Vollverb 132, 193
Vorgangsbeschreibung 48-50, 126, 130, 173
Vorlesen/Vortragen, sinnbetontes 82, 88f., 100, 143, 152f., 178, 192
Vorlesewettbewerb 88
Vorstellen > Vortrag > Buchvorstellung
Vortragen eines Gedichts 93-99

W

Wandplakat 68, 119
Wegbeschreibung 46-48, 173
Weglassprobe 138, 142, 147, 149, 183
Weitererzählen 24, 29, 36f., 45, 81, 82, 84, 144, 169, 176, 179
W-Fragen 42f., 46, 147, 172f.
Wirkung 9, 82, 96, 98, 100, 103, 112, 136, 144, 153, 176, 183, 190
Wortarten 120-135, 139, 158, 171, 184, 192-196
Wortbedeutung 156-171, 197f.
Wortbildung 158f., 196f.
Wörterbuch 50, 63f., 68f., 159-162, 164, 171, 185, 198
Wortfamilie 197
Wortfeld 30f., 160-162, 168, 197
Wortkörper 163, 198
Wortkunde 156-171, 196-198
Wörtliche Rede 80, 175, 190, 199
Wortneuschöpfung > Neologismus
Wortstamm 171, 185, 197
Worttrennung > Silbentrennung
Wortwahl 30f., 42, 49, 78, 93, 95f., 151, 169, 175f., 182, 197

Z

Zählprobe 127
Zahlwörter, unbestimmte 59, 125, 195
Zeichen 199
Zeichensetzung 58, 68-70, 80, 96, 142-145, 148f., 153, 186, 188f., 199
Zeit der Handlung 23, 26, 112, 115, 179, 181
Zeitadverb 130
Zeitenfolge 130
Zeitstufe 130, 194
Zeitungsbericht 45f., 147, 149, 150f., 172
Zopfdramaturgie 108-111, 181
Zukunft > Futur
Zusammenfassen 55, 97, 111, 113, 167, 176, 185
Zusammensetzung > Kompositum
Zwielaut > Diphthong

Originalfassungen bearbeiteter Gedichte von den Seiten 94/95

Text 3   **Herbstlandschaft**   Karl Krolow

Kartoffelsäcke am Raine!
Das Laub des Ahorns glüht rot.
Und mittags noch einmal die kleine
Grillenmusik. Wie ein Boot
5   zieht die herbstliche Wolke vorüber
mit Schatten und Regengrau.
Der Rübenacker liegt trüber
unter dem Wäscheblau
des kalten Himmels. Es fallen
10   die Eckern im plötzlichen Wind.
Und unter den Füßen knallen
Schneebeeren, die reif nun sind.

Text 4A   **Herbstbild**   Friedrich Hebbel

Dies ist ein Herbsttag, wie ich keinen sah!
   Die Luft ist still, als atmete man kaum,
Und dennoch fallen raschelnd, fern und nah,
   Die schönsten Früchte ab von jedem Baum.

5   O stört sie nicht, die Feier der Natur!
   Dies ist die Lese, die sie selber hält,
Denn heute löst sich von den Zweigen nur,
   Was vor dem milden Strahl der Sonne fällt.

Text 4B   **Herbst**   Peter Huchel

Oktoberbüsche, kahl und nass,
   verfaulter Nüsse Riss,
      im raureifübereisten Gras
         des Nebels kalter Biss.
5   Wie eine Wabe, ausgeleert,
         die Sonnenblume starrt.
Der Wind, der durch die Dornen fährt,
   klirrt wie ein Messer hart.

Text 5   **Schneekristall**   Josef Guggenmos

Ein Schneekristall lag
mir auf der Hand, ewig schön,
eine Sekunde.

Textquellenverzeichnis

Die Rechtschreibung der Fremdtexte ist der neuen Rechtschreibung angepasst. Bei Texten, die in der bisherigen Rechtschreibung abgedruckt sind und deren Schreibung nicht bedingt ist durch die Entstehungszeit oder schöpferische Eigentümlichkeiten, haben die Rechteinhaber einer Umstellung nicht zugestimmt. Diese Texte sind mit * gekennzeichnet.

Hier nicht aufgeführte Texte sind Originalbeiträge der Verfasserinnen und Verfasser.

Seite 21: Wells, Herbert George: Die Zeitmaschine. Aus dem Englischen von Annie Reney. Wien: Zsolnay Verlag, 1993.
Seite 21: Enzensberger, Hans Magnus: Wo warst du, Robert? München: Carl Hanser Verlag, 1998, S. 15.
*Seite 34: Die Enten an der Schnur. In: Kästner, Erich: Die wunderbaren Reisen und Abenteuer zu Wasser und zu Lande des Freiherrn von Münchhausen. Zürich: Atrium Verlag, 1951.
Seite 36: Die Nacht der toten Soldaten. In: Recheis, Käthe (Hg.): Die Uhr schlägt Mitternacht. Haarsträubende Gespenstergeschichten. Düsseldorf: Hoch Verlag, 1976.
Seite 44f.: Ich war der große Held. In: Olsson, Sören/Jacobsen, Anders: Berts erste Hirnhilfe. Kalender 1998. Aus dem Schwedischen von Birgitta Kicherer. Hamburg: Verlag Friedrich Oetinger, 1997.
Seite 50f.: Knöchelspiel. In: Grunfeld, Frederic von (Hg.): Spiele der Welt I. Dt. Bearb. v. Eugen Oker. Frankfurt am Main: Fischer Taschenbuch Verlag, 1985, S. 96f. © S. Fischer Verlag.
Seite 55: Verner-Carlsson, Casper/Nordqvist, Sven: Das große Buch vom Angeln. Dt. v. Angelika Kutsch. Hamburg: Verlag Friedrich Oetinger, 1994, S. 5. Seite 58: Luther, Martin: Vom frosch und der Maus. In: Dithmar, Reinhard (Hg.): Fabeln, Parabeln und Gleichnisse. Beispiele didaktischer Literatur. München: dtv, 1988, S. 125.
Seite 74f.: Daidalos und Ikaros. In: Antike Sagen. Bearbeitet von Elisabeth Schulte-Goecke. Paderborn: Verlag Ferdinand Schöningh, 1950, S. 24f. (gekürzt).
Seite 76f.: Sagenkreis um Dietrich von Bern. In: Deutsche Heldensagen, nacherzählt von Gretel und Wolfgang Hecht. Frankfurt/Main: Suhrkamp Verlag, 1980, S. 11f. (Auszug).
Seite 78f.: Äsop: Der Esel im Löwenfell. In: Zimmermann, Pedro (Hg.): Das Hausbuch der fabelhaften Fabel. Zürich: Haffmanns Verlag, 1989, S. 94.
Seite 79: Äsop: Der Wolf im Schafspelz. In: Zimmermann, Pedro (Hg.): Das Hausbuch der fabelhaften Fabel. Zürich: Haffmanns Verlag, 1989, S. 30.
Seite 80: Luther, Martin: Entstehung der Fabel. In: Poser, Therese (Hg.): Fabeln für die Sekundarstufe. Stuttgart: Reclam Verlag, 1990, S. 50.
Seite 80: Äsop: Die Mücke und der Löwe. In: Zimmermann, Pedro (Hg.): Das Hausbuch der fabelhaften Fabel. Zürich: Haffmanns Verlag, 1989, S. 25.
Seite 80: Lessing, Gotthold Ephraim: Der kriegerische Wolf. In: Zimmermann, Pedro (Hg.): Das Hausbuch der fabelhaften Fabel. Zürich: Haffmanns Verlag, 1989, S. 58. Seite 81: Äsop: Mit fremden Federn. In: Zimmermann, Pedro (Hg.): Das Hausbuch der fabelhaften Fabel. Zürich: Haffmanns Verlag, 1989, S. 93.
Seite 81–84: Boie, Kirsten: Der durch den Spiegel kommt. Hamburg: Verlag Friedrich Oetinger, 2001, S. 140ff.
Seite 86f.: Die Schildbürger, nacherzählt von Erich Kästner. Zürich: Atrium Verlag, 1954, S. 22–32.
Seite 93: Salis-Seewis, Johann Gaudenz von (Text), und Reichhardt, Johann Friedrich (Melodie): Bunt sind schon die Wälder (bearbeitet von Karin Comfere).
Seite 94, 205: Herbstlandschaft. In: Krolow, Karl: Gedichte und poetologische Texte. Stuttgart: Reclam Verlag, 1985.
Seite 95, 205: Herbstbild. In: Hebbel, Friedrich: Werke. Bd. 3. Darmstadt: Wissenschaftliche Buchgesellschaft, 1965, S. 51.
Seite 95, 205: Herbst. In: Huchel, Peter: Gedichte. Karlsruhe: Stahlberg Verlag, 1950.
Seite 95, 205: Guggenmos, Josef: Schneekristall. In: Gelberg, Hans Joachim (Hg.): Überall und neben dir. Gedichte für Kinder. Weinheim/Basel: Beltz Verlag, 1989, S. 58.
Seite 96: Schnee. In: Thenior, Ralf: Lyrik-Katalog. München: Goldmann Verlag, 1978, S. 58.
Seite 97: Hacks, Peter: Ballade vom schweren Leben des Ritters Kauz vom Rabensee. In: Der Flohmarkt. Gedichte für Kinder. Berlin: Eulenspiegel – Das neue Berlin, 2001, o.S.

Textquellenverzeichnis

Seite 98: Der Januar. In: Kästner, Erich: Die dreizehn Monate. Zürich: Atrium Verlag, 1955.
Seite 100: Völkert-Marten, Jürgen: z. B. Wörter. In: Wiemer, Rudolf Otto (Hg.): Bundesdeutsch. Wuppertal: Verlag Peter Hammer, 1974, S. 44. Seite 100: Schnellimbiss. In: Manz, Hans: Lieber heute als morgen. Weinheim: Beltz & Gelberg, 1988, S. 31.
Seite 101: Nießscherzo. In: Schwitters, Kurt: Das literarische Werk. Hg. v. Friedhelm Lach. Bd. 1. Köln: duMont Schauberg, 1973, S. 244f.
Seite 101: schweigen. In: Gomringer, Eugen: worte sind schatten. die konstellationen. 1951 bis 1968. Reinbek bei Hamburg: Rowohlt Verlag, 1969, S. 27.
Seite 103: Krolow, Karl: Kurzes Unwetter. In: Rühm, K. (Hg.): Herz tröste dich. Poesie für jeden Tag. Freiburg: Herder Verlag, 1984.
Seite 106: Tabelle nach: Bartsch, Paul Detlev: Slow Motion contra Stress und Hektik, Baukastenspiel. In: PRAXIS DEUTSCH, Nov. 1996, Heft 140, S. 43f., Friedrich Verlag, Velber.
Seite 108f.: http://labi01.rz.fh-muenchen.de/medzent/paonline/unthilfen.html#fern (nach Gisela Stanglmeier).
Seite 111: Lisham, William: Vater der Gänse. Dem Geheimnis des Vogelzugs auf der Spur. Aus dem Amerikanischen von Margit Enders. München: Droemer Knaur, 1996, S. 27ff.
Seite 112: www.spe.sony.com/movies/flyawayhome/production.htm, frei übersetzt aus dem Englischen von Christine Debold.
Seite 112f.: www.spe.sony.com/movies/flyawayhome/production.htm, frei übersetzt aus dem Englischen von Christine Debold.
Seite 144: Sklenitzka, Franz S.: Die Monsterjäger. Würzburg: Arena Verlag, 1998, S. 5. © Dachs-Verlag, Wien.
Seite 145: Sklenitzka, Franz S.: Die Monsterjäger. Würzburg: Arena Verlag, 1998, S. 12. © Dachs-Verlag, Wien.
Seite 152: Regener, Sven: Herr Lehmann – ein Roman. Berlin: Eichborn Verlag, 2001, S. 73 (Auszug).
Seite 153: Regener, Sven: Herr Lehmann – ein Roman. Berlin: Eichborn Verlag, 2001, S. 73 (bearbeitet von Christiane v. Schachtmeyer).
Seite 153: Regener, Sven: Herr Lehmann – ein Roman. Berlin: Eichborn Verlag, 2001, S. 73 (bearbeitet von Christiane v. Schachtmeyer).
Seite 161: „Auto", „betrügen" nach: Der Duden. Bd. 10: Das Bedeutungswörterbuch. Mannheim/Leipzig/Wien/Zürich: Dudenverlag, 2002.
Seite 166: http://home.t-online.de/home/Wontolla/17name.html.
Seite 170: Die Praxis der Archäologie. Auszüge aus: Henschel, Horst/Koschik, Harald/Schulz, Horst: Der Limes im Raum Weißenburg-Gunzenhausen – Unterrichtsmaterialien zu Stätten aus der Römerzeit. Schriften des Kunstpädagogischen Zentrums im Germanischen Nationalmuseum Nürnberg, 1984.
Umschlagrückseite: lichtung. In: Jandl, Ernst: poetische werke. Hg. v. Klaus Siblewski. © 1997 by Luchterhand Literaturverlag, München, einem Unternehmen der Verlagsgruppe Random House GmbH.

Falls es trotz aller Bemühungen einmal nicht gelungen ist, den Rechteinhaber ausfindig zu machen, zahlt der Verlag gegen Nachweis der Rechte für die Abdruckerlaubnis die angemessene Vergütung.

Bildquellenverzeichnis

Seite 9: dpa, Frankfurt;   Seite 13: Christoph Rössle, Aachen;   Seite 15: Johann Jilka, Altenstadt;   Seite 20: defd, Hamburg; Arena Verlag (Würzburg);   Seite 22: Christoph Rössle, Aachen;   Seite 25: H. Rupprecht, Unterhöslwang;   Seite 33: Stephan Baumann, München;   Seite 48: Tourismuszentrale Hamburg GmbH;   Seite 49: Johannes Schmidt-Thomé, München;   Seite 50: Archiv Hansmann, München;   Seite 54 li.: Verlag Friedrich Oetinger GmbH, Hamburg (aus: Verner-Carlsson, Casper: Das große Buch vom Angeln/Cover);   Seite 59, 60: Christoph Rössle, Aachen;   Seite 66: dpa, Frankfurt;   Seite 76: Museo Nazionale Romano;   Seite 111: Crown Publishers Inc., Foto Joseph Duff;   Seite 112: MCMXCVI Columbia Pictures Industries, Inc.;   Seite 113.1 u. 113.3: defd, Hamburg;   Seite 113.2: kpa, Köln;   Seite 114.1 u. 114.2: defd, Hamburg;   Seite 114.3 u. 114.4: Hipp-Foto, Berlin;   Seite 116: Orell Füssli Verlag, Zürich (aus: Inkiow, Dimiter/Rettich, Rolf: Das Buch erobert die Welt. Vom Schreiben und vom Büchermachen. 1990);   Seite 128: Verlag Friedrich Oetinger GmbH, Hamburg (aus: Maar, Paul: Tier ABC);   Seite 141: Stephan Baumann, München

Das Papier ist aus chlorfrei gebleichtem Zellstoff hergestellt, ist säurefrei und recyclingfähig.

© 2004 Oldenbourg Schulbuchverlag GmbH, München, Düsseldorf, Stuttgart
www.oldenbourg-bsv.de

Das Werk und seine Teile sind urheberrechtlich geschützt.
Jede Nutzung in anderen als den gesetzlich zugelassenen Fällen bedarf
der vorherigen schriftlichen Einwilligung des Verlages.
Hinweis zu § 52 a UrhG: Weder das Werk noch seine Teile dürfen ohne eine
solche Einwilligung eingescannt und in ein Netzwerk eingestellt werden.
Dies gilt auch für Intranets von Schulen und sonstigen Bildungseinrichtungen.

Dieses Werk folgt der reformierten Rechtschreibung und Zeichensetzung.

1. Auflage 2004
Druck 07 06 05 04
Die letzte Zahl bezeichnet das Jahr des Drucks.

Alle Drucke dieser Auflage sind untereinander unverändert und
im Unterricht nebeneinander verwendbar.

Umschlagkonzept: Mendell & Oberer, München
Umschlag: groothuis, lohfert, consorten GmbH, Hamburg
Umschlagillustrationen: Monika Horstmann, Hamburg
Umschlagabbildungen: IFA-Bilderteam, Ottobrunn; Interfoto München (Bibliothek)
Lektorat: Anne-Kathrein Schiffer, Jana de Blank, Cornelia Franke (Assistenz)
Herstellung: Johannes Schmidt-Thomé
Illustration: Helge Glatzel-Poch, Bad Tölz; Beate Speck–Kafkoulas, München;
Bärbel Witzig, Freiburg
Satz und Reproduktionen: Oldenbourg:digital GmbH
Druck: Stürtz AG, Würzburg

ISBN 3-486-87806-9